寻找童书的真生命

世界童书创作者访谈录 2

XUNZHAO TONGSHU DE
ZHEN SHENGMING
SHIJIE TONGSHU CHUANGZUOZHE FANGTANLU ER

王欣婷 著

接力出版社
Publishing House

目　录

麦克·巴内特　　　　白冰

幾米

叶广芩

陈志勇

史蒂夫·詹金斯

马爱农

曾孜荣

克里斯·范·奥尔斯伯格

李星明

薛涛

史军　　　　郝广才

CONTENTS

序言

自2018年起，我开始采访作品入选“爱阅童书100”书目的创作者。这个书单汇集了国内外众多优秀童书，这些图书背后的创作者们，个个“身怀绝技”。每次在选择受访者的时候，我都像走进游乐场的孩子，选择太多，时间太少！

在采访了五十余位童书作者和绘者后，很高兴“寻找童书的真生命”系列的第二本就要由接力出版社出版了。一个人如何成为今天的他（她）？一个创作者，如何成为这样的创作者？“成为”的过程，是我在采访中，最关注的问题。因为这“成为”的过程中，凝聚着最宝贵的生命历程，也蕴藏着无限的可能。

我敬爱的文学评论家和儿童文学理论家刘绪源先生说过，上乘的文学作品是有“质感”的，这种质感由那些“编不出来”的部分组成，它源自作者生命中的积累、发现和感悟。这样的文学作品，是有“真生命”的。

在一次次采访中，我知道了许多童书“真生命”的源头。

如果说文学需要“真生命”，那么我多希望我的采访也能有“真生命”。这种“真生命”是真诚的发问和回答，是有价值的记录，是为读者呈现一个有血有肉的个体。

感谢每一位受访者，是他们真诚的分享，让我们看到作品背后那一个个生动的故事，一个个立体的人。

王欣婷

2022年7月31日

麦克·巴内特

最不按常理出牌的童书作家

麦克·巴内特

巴内特简练的文字背后都显现出他对儿童深刻的洞察和了解，以及对儿童理解力的尊重。

三十六岁，创作出版二十五本图画书和三部系列小说，与画家乔恩·克拉森（Jon Klassen）合作作品两次获得凯迪克银奖，作品被翻译成三十多种语言，销售超过二百万本，幽默感十足，大胆又创新，讲起故事来能让孩子笑得前仰后合。他，就是麦克·巴内特（Mac Barnett）。

今年4月，应信谊图画书的邀请，巴内特来到中国，在不同城市进行了为期两周的巡回演讲，深圳也是巡讲城市中的一站。这让我们有机会邀请巴内特来爱阅公益基金会坐坐，并进行面对面的采访。

确定要采访这么一位重量级的美国童书作家后，一开始我紧张得心怦怦跳，可随着准备工作的逐渐深入，紧张变成了期待。巴内特的每一本书都太有意思了，采访问题写了好几页纸，我都等不及要和他好好聊聊了。

不过，真正见到巴内特前我的手心还是直出汗。巴内特的车到了，他从不远处走来，脸上洋溢着笑容，一句响亮的“嘿，我是麦克”一下子就把我的紧张化解了。我很快发现巴内特开朗、随和又健谈，在与他的交流过程中，巴内特关于童书创作以及整个行业的深度思考让我恨不得第二天就把采访稿写出来。

2011 年 10 月，巴内特撰写并发布了《图画书宣言》。在这之前，《纽约时报》的头版刊登了一篇宣判图画书正在衰落的文章，引起美国国内激烈的讨论。巴内特通过发布《图画书宣言》，表达了自己对如何创作优秀图画书的一些想法。

初看他的《图画书宣言》，我有不少疑问，比如，什么叫“即使是哄孩子入睡的书，也应该给他们带来奇异的梦”？“作者和绘者之间的界限无关紧要”又是什么意思？他为什么说“我们谴责‘儿童友好’这个说法”？我把问题一一抛出，听到巴内特的回答和解释后，我忍不住频频点头。

采访完巴内特，我深刻感受到，那些优秀的童书，它们

清浅的故事背后是有深邃的思想支撑的。不论是入选2018年“爱阅童书100”的《狼、鸭子和老鼠》，还是获得凯迪克银奖的《山姆和大卫去挖洞》和《穿毛衣的小镇》，又或是“形状三部曲”，巴内特简练的文字背后都显现出他对儿童深刻的洞察和了解，以及对儿童理解力的尊重。巴内特故事里那些让大人抓耳挠腮的开放式结局，在孩子看来是大胆的冒险和欲罢不能的挑战。

巴内特和许多优秀的图画书绘者合作，他的文字为绘者的创作留下了广阔、丰富的空间。在这些绘者中，乔恩·克拉森可以说是巴内特的最佳搭档之一了。

巴内特住在奥克兰，克拉森住在洛杉矶，两地车程约六小时。但他们每天都通电话，哪怕是没有合作作品的时候。不少好的点子就是在这样的交流中产生的，比如《山姆和大卫去挖洞》就源于两人关于书的开本的讨论。这种图画书创

注：全文中《山姆和大卫去挖洞》（[美]麦克·巴内特文，[美]乔恩·克拉森图，杨玲玲、彭懿译）的图片来源于信谊图画书，明天出版社出版。

作方式并不普遍，但对于巴内特和克拉森来说却是非常有效的。

在基金会采访完巴内特，我也一起参加了他晚上在诚品书店的分享活动。活动一开始，巴内特拿起一本《正方形》，竟然还算字正腔圆地用中文说出了书名。然后是《三角形》《圆形》《狼、鸭子和老鼠》…… 他全都用中文说了出来！

接下来是讲故事的时间。在此之前我来来回回读了几遍“形状三部曲”，但自己默读再多次，都不如听巴内特讲一次。

“嗞——嗞——嗞——”讲到三角形假扮蛇来捉弄正方形，巴内特把“嗞嗞”声拖得好长好长，直到惹得全场的孩子大笑。

巴内特说：“我把故事写下来之前一定会先大声朗读，用这种方式去感受它，因为图画书一般是大声朗读出来的。”

还真是，“形状三部曲”经过略带表演的朗读，完全把听者带入了不同的世界。

在《图画书宣言》的最后，巴内特写道：“我们宣告，每天都有新的生命降生，让我们也创作新的童书。”

他确实是这么做的。

成为一个为孩子写故事的人

那些我们承认从未出现过的虚构事物中，

也蕴含着深刻的真理。

爱阅公益：您曾在波莫纳学院师从大卫·福斯特·华莱士（David Foster Wallace）学习文学。大卫·福斯特·华莱士是非常有名的作家，当他的学生是一种怎样的体验？

巴内特：他是一位非常好的老师，对我们的要求也非常严格，尤其是在词语的使用和语法上。对他“红笔修改”的害怕促使我简化写作风格，我只写我自己知道在语法上站得住脚的句子。在某种程度上，我回归到非常基础、非常简单的小学阶段的写作，然后我再由此构建自己的风格。

爱阅公益：您师从大卫·福斯特·华莱士的时候并不是学习儿童文学，但这段经历对您之后的童书写作还是有很大的帮助，对吗？

巴内特：当然。我告诉华莱士我想做他的学生的时候，他有点为难地说："我对童书写作一无所知。"我说没关系，我知道怎么和孩子聊天，我不需要学习如何为孩子写作，我只需要学习如何写作。

童书写作的哲学和实践跟成人写作是一样的，都是创作优秀的艺术作品。我认为优秀的艺术作品就是用美好的方式讲述世界的真相，不过，孩子的真相和大人的真相是不一样的。

爱阅公益：您是什么时候决定要给孩子写故事的？

巴内特：在我二十岁的时候。大四开学前的那个夏天，我在一个夏令营第一次给孩子们讲我自己编的故事，从那时候起，我决定给孩子写书。

爱阅公益：我之前听说过一些您在夏令营工作时的趣事，特别是关于一个叫莱利（Rilcy）的女孩的。能和我们分享一下这个故事吗？

巴内特：当然可以。我在夏令营当辅导员，夏令营里有个女孩叫莱利，她妈妈每天都会在她的午餐包里放水果。而莱利总会把水果从包里拿出来，扔到灌木丛里。我看到后跟她说："莱利，你不能这么做。你得把水果吃掉，不能扔进灌木丛。"

然后她问我："为什么？"

我没有说水果对你有好处，而是说："因为如果你每天都这样把水果扔到灌木丛里，那些灌木丛很快就会被许许多多甜瓜侵占。我们可不想这样。"

她说："不，我觉得不可能。"

到了星期五，我早早起床去超市买了一个大甜瓜放到灌木丛里。吃午餐的时候，莱利又把水果扔到了灌木丛里。我对她说："你应该去灌木丛那儿看看会发生什么。"然后她开始在灌木丛附近搜寻。

当她翻出一个比她的头还大的甜瓜时，她惊讶得瞪大了眼睛。所有的孩子都围了过去，他们大叫道："太神奇了！我真不敢相信会发生这种事！"

然后其中一个孩子问："为什么甜瓜上还贴了标签？"

哎呀！

我接着跟孩子们说："这就是为什么我一直告诉你们，不要把标签扔到灌木丛里，这么做会破坏大自然。"

莱利一整天都抱着那个甜瓜，她感到特别骄傲。她知道她不可能在几天的时间里真的种出一个超级大甜瓜，但同时她也知道，她真的种了。

这就是虚构作品，这就是艺术作品，艺术是巧妙的欺骗。

那些我们承认从未出现过的虚构事物中，也蕴含着深刻的真理。它既是真的，又不是真的。孩子们更善于信以为真，更善于跨越在相信与不相信的界限之间。孩子们对虚构事物的欣然接受是多美好的一件事啊！

爱阅公益：您在这次夏令营的过程中决定要给孩子写故事之后，又是怎么开始的呢？您的第一本书是怎么出版的？

巴内特：大学毕业后的第一年，我写了第一本书。这中间还有个有趣的巧合。有一天我回到学校，跟所有的朋友说了我的一本图画书的构思。他们听后觉得我的点子对图画书来说有点奇怪。

我说："哦，不，不，你们不明白。有一本书启发了我为孩子们写作，它叫作《臭起司小子爆笑故事大集合》。"

我正跟朋友们说着这本书是多么棒时，其中一个朋友说："你知道吗？这本书是我爸爸写的。"

我不知道啊！我一直不会念作者的姓，他叫乔恩·谢斯卡（Jon Scieszka）。

第二天，朋友跟我说，她把我的书跟她爸爸说了，她爸爸觉得很有趣，想等我写完之后看一看。

所以我写完后就把书寄给了美国儿童文学巨匠乔恩·谢斯卡，他把书寄给了他的经纪人——后来也成了我的经纪人，我们已经合作十五年了。一切就是这么开始的。

爱阅公益： 从把稿子寄给经纪人到出版用了多长时间？

巴内特： 我们几周内就把稿子卖出去了，但四年之后才出版。图画书的出版需要很长时间，尤其是对写作者来说。写完后要发给出版社，然后要等绘者的空当，他们在你的作品前面可能还有两个、三个或四个项目要做。然后绘者可能需要六个月到一年的时间完成绘画。这之后印刷又需要一年，所以从把故事卖给出版商到出版需要很长的时间。

创作没有年龄上限的图画书

我从来都不想写一本让九岁的孩子读了
会觉得不好意思的书。

爱阅公益：您通常从哪里获取灵感？

巴内特：灵感无处不在。在我看来，作家非常善于观察。当我发现喜欢的东西，或是遇到让我困扰的事物时，我都会一刻不停地思考。不管是我喜欢还是不喜欢的书，让我大笑还是生气的言语，让我心生欢喜还是感到不公的事情，当我对一件事产生强烈的感受时，我就会抓住不放。

总是试着弄明白为什么你会关心这些事情的心态，会让大脑成为思想的沃土，让这些想法可以发展成故事。

爱阅公益：从想法发展成故事很难吗？

巴内特：这要看情况。有时候很容易，有时候很难。我觉得有时候在写作前想得越多，反而让写作变得越困难。在头脑中建立起完美的东西很简单，但落笔时这个东西就不再那么完美了，总会有缺陷的。

你必须克服创造出有缺陷的东西时的痛苦，写出来的东西不如脑中的想法好时的痛苦。如果想法一直停留在脑中，就永远写不出一本书。

爱阅公益：您说过《臭起司小子爆笑故事大集合》和《晚安，月亮》对您的影响很大。能聊一聊这两本书对您和您的写作有什么影响吗？

巴内特：《臭起司小子爆笑故事大集合》用幽默、奇异的方式进行童话故事的再次创作。它很有趣，也很有实验性，是一本很聪明的书。它采用了许多富有挑战性的文学技巧，非常有深度，但孩子们能够理解这些。

我在夏令营工作时，给四岁的孩子们读过这本书。《臭起司小子爆笑故事大集合》使用的一些技巧，我在大学学习的作品里也使用了。我要通过本科的学习，来培养理解这种后现代写作的智慧，可当我读这些故事给四岁的孩子听时，那些让我发笑的笑话同样让他们哈哈大笑。

孩子们能听懂所有的笑话，这让我了解到四到六岁的孩子有多聪明。我发现，我喜欢给孩子们读和讲的故事都是那种有些奇怪、荒谬、有趣、具有挑战性的故事。

儿童是这类故事的主要受众，事实上，儿童比成人更有

可能接受富有挑战性的故事。作为成年人，当我们接触到不理解的东西时，有时会把它们推开，因为我们感觉智力受到了挑战。而当孩子们不明白一件事时，他们会勇敢地试着去理解，因为这就是孩子。

《晚安，月亮》是美国有史以来最受欢迎的童书之一。这本书非常奇异和具有实验性。很多美国孩子都非常熟悉这本书，它确实很大胆、新颖、具有刺激性。

插画选自《晚安，月亮》

注：全文中《晚安，月亮》（[美]玛格丽特 · 怀兹 · 布朗文，[美]克雷门 · 赫德图，阿甲译）的图片来源于天略图书，北京联合出版公司出版。

故事和图片里发生了很多奇异的事情，在我看来，这是一种和睡觉的意义有关的深思，美丽而富有诗意。

《晚安，月亮》被一次又一次模仿，但我认为没有作品能达到这本书的奇异程度。最勇敢的书也是最受欢迎的，这样真好。

爱阅公益： 您写一本图画书通常需要多长时间？

巴内特： 要看情况。有时候速度会很快，但即使一周内写完一本书，也总是要再回过头修改，要花几个月不断调整，等图画出来后，还要继续修改。

有时候速度可能会很慢，有一本图画书我花了四年时间才写完，名字叫《克洛伊和狮子》。

当我有了一个图画书的点子后，我一般会在落笔之前把

插画选自《克洛伊和狮子》

注：全文中《克洛伊和狮子》（[美]麦克·巴内特著，[美]亚当·雷克斯绘，诸葛雯译）的图片来源于童立方，北京联合出版公司出版。

这个故事至少给别人大声讲一次。写《雷欧：看不见的真朋友》这本书时，我在落笔前一遍又一遍地讲这个故事，讲了好几个月。有时候我会自己给自己讲，比如遛狗的时候，我一边爬坡一边录下书中的句子。录音大概是这样的——

“这是雷欧。”气喘吁吁的声音。

“大部分人都看不见他。”喘得更厉害了。

“雷欧是个‘幽灵’。”

注：全文中《雷欧：看不见的真朋友》（[美] 麦克 · 巴内特著，[美] 克里斯蒂安 · 鲁宾逊绘，唐彦云译）的图片来源于江苏凤凰美术出版社。

插画选自《雷欧：看不见的真朋友》

我把故事写下来之前一定会先大声讲出来，用这种方式去感受它，因为图画书一般是大声朗读出来的。

爱阅公益：您写作的时候知道儿童读者的确切年龄吗？

巴内特：不知道，因为不论在哪个年龄段，即使是在同一年龄段，每个孩子对事物的理解也都不一样。孩子们会在不同的时期对不同的事物感兴趣。有时候，我会有这种感觉：我真的很想给一群四岁的孩子读这本书，或者这本书最适合八岁的孩子。不过，它们可能也适合比我感觉的年龄更大或者更小的孩子。

对我来说重要的是，如果我在为年纪非常小的孩子写书，我想确保年纪大一点儿的孩子接触到这本图画书时，也能发现适合他们的东西，故事要有多个切入点和层次。我从来都不想写一本让九岁的孩子读了会觉得不好意思的书。

书籍有时会有一个底线，低于年龄底线的孩子会很难理解。但我不希望我的书有年龄上限，让超过这个年龄的孩子觉得故事以一种居高临下的方式与他们对话。

爱阅公益：您的很多作品句子都很少，另一半或者更多的内容是通过画面讲述的。您如何向编辑和绘者传递您的想法？您有笔记说明哪些信息应该通过画面表现吗？

巴内特：有时我会在稿子中写一些东西，但只在必要的时候才会写。如果一位聪明的绘者能理解我在稿子中暗示的画面，我就会把给绘者的笔记删掉。我的笔记以前就相当克制，现在更加简洁了，只有在绝对需要的时候我才会用。

爱阅公益：您看到绘者的作品时，有觉得他们解读错了的时候吗？还是通常都会感到惊喜？

巴内特：通常都会感到惊喜。文图就应该这么合作，因为图画书的文本不是全部。如果我写了一本不需要图片就能看懂的图画书，那我就失败了，图画书应该需要配上图片才能看懂。

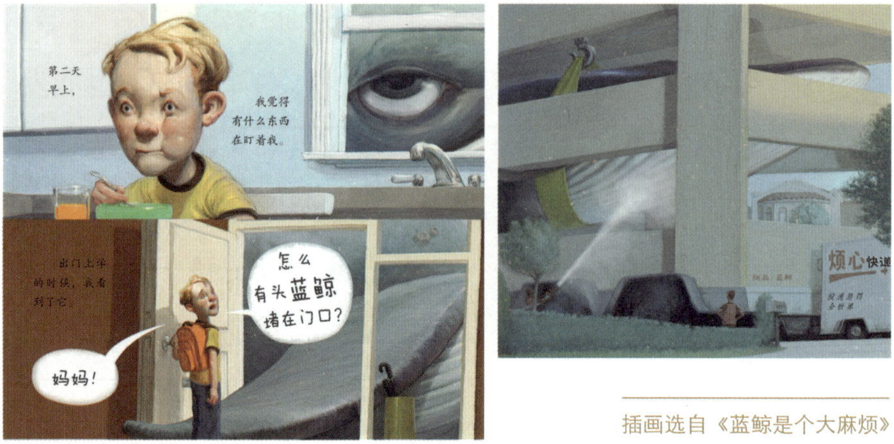

插画选自《蓝鲸是个大麻烦》

如果绘者画出我意料之外或者超出写作内容的东西，那是最令人兴奋的事。我把文字写完后，还有很多出版工作要做。交出故事的控制权，这很有趣。故事是什么样子，角色是什么样子，房子是什么样子，天气是什么样子，由绘者决定，这些也都是创作决策的一部分。

爱阅公益：您和亚当·雷克斯（Adam Rex）合作过很多图画书，包括您的第一本书《蓝鲸是个大麻烦》。能谈谈跟他的合作吗？

巴内特：亚当是我开始创作图画书后，遇到的第一个从事图画书工作的人，他还在为《蓝鲸是个大麻烦》画草图时，我们就成了朋友。他是一位才华横溢的画家，能画任何风格

注：全文中《蓝鲸是个大麻烦》（[美]麦克·巴内特著，[美]亚当·雷克斯绘，诸葛雯译）的图片来源于童立方，北京联合出版公司出版。

的作品，包括他最擅长的油画。我想，如果他生活在 15 世纪的意大利，一定会在意大利各地画画，他真的是那种典型的天才油画家。他也是最有天赋的童书作家之一。他太有才华了，让我羡慕，嫉妒！

爱阅公益：您和乔恩·克拉森也合作过很多本书，和乔恩·克拉森的合作与同亚当·雷克斯的合作很不同吧？

巴内特：是的。我跟不同人的合作都不同，这是由合作伙伴的性格决定的。我和乔恩的合作非常密切，我们几乎每天都会通电话，试着一起解决出现的问题。

至于亚当，我会看他的草图并给予一些建议，但我不指望我的建议被采纳。完成文字稿后，故事就属于绘者了。

爱阅公益：您觉得图画书里什么样的图画是优秀的？

巴内特：我觉得适合故事的图画就是好的图画。我想我们都希望图画书的文字和图画风格多样，图画风格与文字风格应该是非常和谐的。

惊喜连连的《狼、鸭子和老鼠》

这本书的核心是惊喜。每翻开新的一页，

我们都尽量带给读者惊喜。

爱阅公益：您的书《狼、鸭子和老鼠》入选2018年“爱阅童书100”书目。这真是一个非常有创意和有意思的故事。您是怎么想出这个点子的？

巴内特：是从一幅画面开始的。我创作图画书经常是这样的，因为图画书的故事要通过文字和图片讲述。尽管我不擅长画画，但首先让我兴奋的是一幅画面。

《狼、鸭子和老鼠》的创作开始于鸭子和老鼠在另一个动

注：全文中《狼、鸭子和老鼠》（[美]麦克·巴内特文，[加]乔恩·克拉森图，杨玲玲、彭懿译）的图片来源于信谊图画书，明天出版社出版。

物肚子里一起吃饭的画面。鸭子和老鼠已经被吃掉了，同时他们也在吃东西。一切都从这里展开。

爱阅公益：您一开始是怎么想到这幅画面的？

巴内特：我也不知道。我不知道那一刻是怎么发生的。有那么一个时刻，想法就从大脑外面钻到里面了。

爱阅公益：那您是如何从这幅画面开始让故事继续发展的？

巴内特：在这之后，我想是角色带着我往前走。在这本书里，鸭子和老鼠之间的关系尤其重要。

在故事开始，老鼠被吃掉了。他很害怕，觉得一切都结束了，这是一场灾难。然后他遇到了鸭子，鸭子和老鼠的人生哲学完全不同，两种性格相互碰撞。鸭子教给老鼠如何生活，最后老鼠对鸭子的哲学的理解比鸭子更加深刻。

爱阅公益：这个故事的结尾是民间传说式的。您开始写这个故事的时候就是这么想的吗？

巴内特：不是的。我在书店里写的这本书，当时我和妻子泰勒（Taylor）在纽约。我的第一稿写到这本图画书的倒数第二页就停止了。我把初稿给泰勒看，她跟我说这本书还差一个情节的发展，你需要再把故事往前推进一些。

很多时候，故事的结尾已经藏在前面的内容里了。在这个故事里，它的复现是每个动物的“嗷呜”。这听起来很像狼嗥。故事已经深受传统动物寓言的影响，在我写最后一页前，故事已经是朝这个方向发展的了。

这本书的核心是惊喜。每翻开新的一页，我们都尽量带给读者惊喜。到最后一页，是最后一个惊喜。

爱阅公益：这个故事里所有的角色都在某个时刻说过“嗷呜”，是有意这样设计的吗？

巴内特：每个角色都说过“嗷呜”是非常重要的。说“嗷呜”的时刻是他们极度绝望的时刻。

在这个非常短的故事里，书里的每个角色——狼、鸭子、老鼠和猎人——都被逼到了绝境，他们以为一切都结束了。我们可以看到每个角色在生死攸关时的反应。

爱阅公益：这本书是您自己选择和绘者乔恩·克拉森合作的吗？

巴内特：每次和乔恩合作，我们的工作方式都有点不同。我们共同创作的第一本书叫《穿毛衣的小镇》。这本书的创作源于乔恩在大学时画的一幅画，画中一个女孩和她的狗穿着相配的毛衣走在雪地里。

我看到这张画时真的很喜欢，是这张画给了我故事的灵感，所以我根据乔恩的画写了故事，然后寄给了乔恩，希望他会喜欢，那时我们已经是朋友了。乔恩确实很喜欢这个故事，然后他创作了这本书。

《山姆和大卫去挖洞》是我们共同创作的第二本书。这本书源于我们一起吃早餐时关于书的开本的讨论。我们谈到如果有一本又高又长的书，应该如何利用这种形状的优势，创作由上往下，或者由下往上的故事。我们决定让故事往下移动。然后我就开始写了，乔恩也开始在餐巾纸上画画，我们一起想出了那个故事。

《狼、鸭子和老鼠》的创作方式则不同，故事是我完成以后，在没有画家的情况下卖给了出版公司。一般来说图画书的出版都是这么操作的，但也并不总是这样。我的编辑看了故事后说乔恩

插画选自《狼、鸭子和老鼠》

很适合这个作品。乔恩已经知道这个故事了，因为我们总是跟对方分享自己的创作。幸运的是，乔恩也觉得他的风格很适合这本书。

爱阅公益：我之前了解到，在美国，作者和绘者一般不应该直接沟通。为什么会有这样的规矩？

巴内特：我想编辑经常给出的理由是他们不希望作者对绘者指手画脚，甚至辱骂绘者。我们听过一些很不好的事情，作者打电话给绘者，对他们大呼小叫，跟他们说你毁了我的故事。

我认同如果所有内容都先经由编辑，就能把故事的控制权集中在编辑手中，我也明白编辑为什么希望掌握控制权，但这不一定是我想要的方式。我的妻子泰勒是一名童书编辑，她编辑图书时，通常和作者、绘者一起交谈，我认为这种工作方式更好，但这并不是最典型的方式。

爱阅公益：幽默是您这本书里非常重要的元素。您认为乔恩的画面对您表达幽默的方式有影响吗？

巴内特：有影响，这是一定的。乔恩是一个非常有趣的人，也是一个非常有幽默感的绘者。乔恩知道他的图片能让我开怀大笑，所以当他画出他觉得有趣的东西时，就会给我发截图。

这本书里让我笑得最猛的画面是这一幅，鸭子和老鼠在狼的肚子里做汤，背景里有好几把刀挂在狼肚子里。这真是太搞笑了，这不是文本里的笑话，是乔恩自己加进去的。这让整本书更有意思了，增添了许多幽默感。

“形状三部曲”中的友谊

三角形非常喜欢正方形，

他简直对正方形着迷。

爱阅公益：您最初想到“形状三部曲”的点子是什么时候？

巴内特：这本书的创作开始于乔恩画的一幅画，画里有一个长着眼睛的三角形，一个长着眼睛的正方形和一个长着眼睛的圆形。然后我们开始讨论如何创作一本关于这些角色的书。

我们做的第一件事是确定每个角色的个性。三角形总是搞

注：全文中《三角形》（[美]麦克·巴内特文，[加]乔恩·克拉森图，信谊编辑部译）、《圆形》（[美]麦克·巴内特文，[加]乔恩·克拉森图，杨玲玲、彭懿译）、《正方形》（[美]麦克·巴内特文，[加]乔恩·克拉森图，何宇译）的图片来源于信谊图画书，明天出版社出版。

恶作剧，他喜欢制造混乱，总是把事情搞砸，三角形很淘气。

正方形非常可靠，也有点无聊。在英语中，如果我们称某人为“正方形”，意味着他们有点无趣，会一遍又一遍地做同样的事情，正方形喜欢建造东西。

圆形很神秘，飘来飘去。她也是最负责任的，但也有一点儿自恋。我们在开始写这些角色的故事前，先要确定他们是如何互动的。

爱阅公益：这三本书分别在不同的时间出版。您是同时还是分开创作这三本书的？

巴内特：我们是在几年的时间里写出来的。先写的《三角形》，然后是《正方形》，最后是《圆形》。

爱阅公益：为什么先写《三角形》？

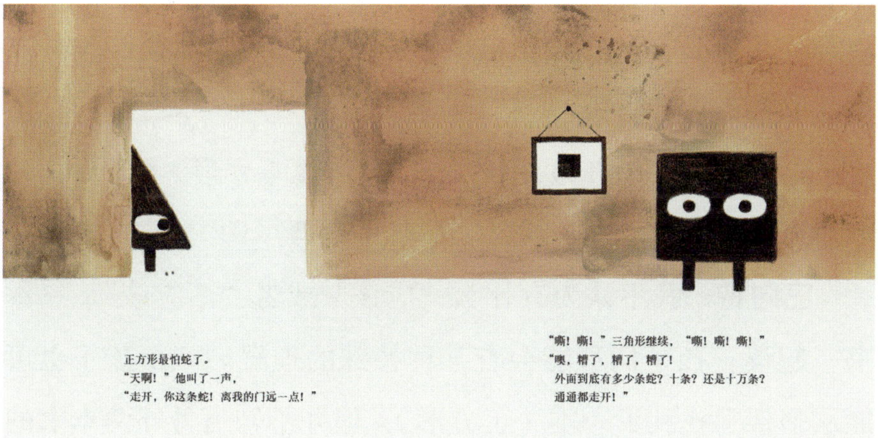

插画选自《三角形》

插画选自《圆形》

巴内特：三角形这个角色定位非常清楚，我们知道三角形和正方形之间的关系。三角形非常喜欢正方形，他简直对正方形着迷。

在故事里，他早上起来想到的第一件事就是先捉弄一下正方形。通过对孩子的了解和我们自己的生活经验，我和乔恩都觉得这是一种在孩子之间很常见的友谊，但描绘这种友谊的书并不常见。

爱阅公益：三部曲是按《三角形》《正方形》《圆形》的顺序出版的，读者应该按照这个顺序读吗？

巴内特：我不认为有什么“应该”或者“不应该”。三本书一起读，孩子们可能会有某种特殊的理解。一个孩子也可能从书架上找到了一本《正方形》，但并不知道另外两本书的存在，这也没问题。我们希望三部曲中的任何一本都能被孩子们独立阅读，并且也能享受其中的乐趣。

爱阅公益：您的《图画书宣言》中有一条是这样写的：“我们谴责默认使用光面纸。”我发现您的很多图画书用的都不是光面纸，“形状三部曲”也是如此。

巴内特：是的，没错。纸张一般取决于故事和图画的风

插画选自《圆形》

格。在没有任何前提条件的情况下，我更喜欢哑光纸。但有些时候光面纸可能更合适。

我刚开始工作时，出版商经常自主选择光面纸。绘者不想要光面纸，我也不想要光面纸，但是从来没有人问过我们的意见，这个决定是没有经过讨论的。

宣言中的这句话是关于纸张的，因为我重视纸张带给人

的感觉，纸张对阅读一本书的体验非常重要。但这句话也是关于更广泛的思考和工作方式的。出版中的每一个设计选择都应该被认真讨论。

这本书的开本有多大？用哪种纸张？装订成什么样？封面应该如何设计？所有这些决定都很重要，它们都不应该被草率地对待。

爱阅公益： 您为什么觉得现在很大一部分图画书都使用光面纸？

巴内特： 这是由不同时代的风潮的变化所导致的。我知道有时候光面纸更耐受指纹以及其他脏东西的损害。

风潮一直在改变。曾经有一段时间，大多数图画书用的都是光面纸，我印象中在20世纪90年代到21世纪

插画选自《正方形》

初流行的是光面纸，而现在市面上的哑光纸书籍要比五年前多很多了。

有时候光面纸确实比较合适，但我认为，在纸张的选择上，最重要的是让图画书阅读的效果最好。

爱阅公益：您为什么认为您的作品用哑光纸效果更好？

巴内特：我是认为乔恩的作品用哑光纸效果更好。他的品味非常典雅，很多让他汲取灵感的书都是在20世纪四五十年代和60年代出版的，那是哑光纸的时代。

光面纸看起来很光鲜亮丽，但乔恩的作品并不光鲜亮丽，他的作品看起来温馨怀旧，我觉得哑光纸能最好地展示他的作品。

爱阅公益：正如您刚才提到的，开本对图画书也很重要。“形状三部曲”的开本是正方形，您为什么做出这个选择？

巴内特：这个系列的基础之一就是几何，我们想在一个边框里展示出每一个角色——三角形、正方形和圆形，而正方形是可以作为这几个形状的完美边框的。在三角形和正方形的房子里、墙上也挂了方形的画框，画框里面画着不同的形状。

与二手书相伴的童年

不读故事的时候，

就在脑子里编故事。

爱阅公益：您创作的图画书比小说多很多。

巴内特：图画书和小说的写作方式完全不一样。很多时候，你会发现非常有才华的小说家觉得写图画书很困难，伟大的图画书作家也可能写不出好的小说，因为这是两种不同的哲学。

爱阅公益：您所有的小说都是系列小说，对比单本小说，您更喜欢创作系列作品吗？

巴内特：也不是的。我有很多关于单本小说的点子，但最后似乎总是写成系列了。我已经向自己保证了，下一本一定要写成单本小说。

爱阅公益：我真的很喜欢“布里克斯顿兄弟”（*Brixton*

注：全文中《淘气二人组 1：冤家路窄》《淘气二人组 2：召回校长》（[美]麦克·巴内特、[美]乔里·约翰著，[美]凯文·康奈尔绘，刘勇军译）的图片来源于安徽少年儿童出版社。

Brothers）和“淘气二人组”中的角色。所有内容都很有趣、很生动，充满童趣。对于已经不再是孩子的成年人来说，创造儿童角色有时很难。您有什么诀窍吗？

巴内特：我和自己的童年有着深刻的连接，我记得当小孩是什么感觉，记得我喜欢的东西和让我产生困扰的东西。我现在也经常和孩子们在一起，每年我都有几周的时间在美国或其他地方和孩子们交谈。我喜欢和孩子们聊天，听听他们在想什么。

爱阅公益：在“淘气二人组”这个系列中，主角米尔斯和尼尔斯特别爱搞恶作剧。您小时候也是个爱搞恶作剧的孩子吗？

巴内特：我小时候有一点儿爱搞恶作剧，但我非常怕被卷进麻烦里和被大人批评。我脑子里总是有各种各样的点子，如果我那么做了，肯定要惹大麻烦。我不会真的做，我只是想一想，以及读这方面的书。

爱阅公益：您是在哪里长大的？能聊一聊您的童年吗？

巴内特：我在加利福尼亚州北部一个叫卡斯特罗谷（Castro Valley）的小镇上长大。学校离我家有半个小时的路程，朋友们跟我都不住在同一个社区，家里只有我和我妈妈。我大部分时候都是一个人独处，我喜欢读书，看电视，玩电子游戏，这三件事里都有很多故事。我想我只是一个痴迷故事的孩子。我花了很多时间读故事。不读故事的时候，就在脑子里编故事。

爱阅公益：您母亲给您读过很多故事吗？

巴内特：对，很多。这是我童年的一个重要部分，她每天晚上都给我读故事。

爱阅公益：您最喜欢的故事有哪些？

巴内特：我所有的书都是我妈妈在旧货市场买的二手书，所以从小陪着我长大的都是上一代和上上一代的图画书。我很幸运，因为从 20 世纪 40 年代到 1975 年对美国图画书来说，是非常好的时代。

我喜欢莫里斯·桑达克（Maurice Sendak）、玛格丽特·怀兹·布朗（Margaret Wise Brown）、婉达·盖格（Wanda Gág）、詹姆斯·马歇尔（James Marshall）、汤米·温格尔（Tomi Ungerer）等作家。

爱阅公益：您之前说过乔恩也深受那个时代的影响。

巴内特：是的，乔恩在他祖父母家读过很多图画书，和我读的书是同一时代的。乔恩和我都非常喜欢经典的故事，在这一点上我们很有共鸣。

《图画书宣言》里坚定有力的声音

每天都有新的生命降生，

让我们也创作新的童书。

《图画书宣言》中文翻译：

宣言！

我们已听腻了图画书正深陷危机，也不愿假装它没有面临任何困难。

因此我们相信：

模仿、懒惰和怯懦正在毒害一种伟大的艺术形式。

图画书应该新颖、诚实、有刺激性、美好。

童书配得上拥有成年人的对话。

成年人的对话并不意味着让孩子离开房间。

我们在为孩子、与孩子共读的成年人、喜欢童书的成年人写书——顺序是这样的。

我们应该了解我们的历史。

我们必须停止一次又一次写同样的书。

我们需要更有力的批评，以此来保持我们的原创性。

作者和绘者之间的界限无关紧要。

道德和意义之间的界限至关重要。

孩子的所见、所感、所想都应该成为滋养我们的谷物。

图画书是一种形式，而不是一种体裁。

好的设计有助于阅读。

图画书封面朝外的时候最好看。

规整的结局往往不诚实。

即使是哄孩子入睡的书，也应该给他们带来奇异的梦。

我们谴责：

“儿童友好”这个说法。

拿惯例当拐杖。

默认使用光面纸。

那些一边赞美不守规矩的经典，一边珍视今天的平淡无奇的健忘症患者。

我们宣告：

每天都有新的生命降生，让我们也创作新的童书。

签署人：麦克·巴内特（Mac Barnett），布莱恩·比格斯（Brian Biggs），苏菲·布莱科尔（Sophie Blackhall），丽莎·布朗（Lisa Brown），凯文·康奈尔（Kevin Cornell），卡森·埃利斯（Carson Ellis），伊索尔（Isol），劳瑞·凯勒（Laurie Keller），乔恩·克拉森（Jon Klassen），马修·梅尔斯（Matthew Myers），陶纽（Tao Nyeu），肖恩·奎尔斯（Sean Qualls），亚伦·雷尼尔（Aaron Renier），亚当·雷克斯（Adam Rex），克里斯蒂安·鲁滨逊（Christian Robinson），乔恩·谢斯卡（Jon Scieszka），丹·桑塔特（Dan Santat），雷蒙·斯尼奇（Lemony Snicket），埃琳·斯蒂德（Erin E. Stead），菲利普·斯蒂德（Philip C. Stead），斯科特·特普林（Scott Teplin），玛丽娅·范·李肖特（Maria van Lieshout）

爱阅公益：您为什么写《图画书宣言》?

巴内特：我写这个宣言的时候，许多人对图画书的未来非常担忧。《纽约时报》的头版刊登过一篇文章，它宣判图画书正在衰落，而且有消亡的危险。

那篇文章也遭到很多人的强烈反对。很多人说不会这样的，图画书是有魔力的，永远不会消亡。我当然不同意那篇说图画书已毫无前途的文章，但我也不同意图画书捍卫者的观点。我不认为图画书有魔力，好的图画书才有魔力。这个宣言表达了我对如何创作好的图画书的一些想法。

爱阅公益： 您是哪一年写的这个宣言？

巴内特： 2011 年 10 月。

爱阅公益： 您在宣言中说“规整的结局往往不诚实”，可以谈谈为什么这么写吗？

巴内特： 很多时候，一个故事会朝着特定的方向发展，然后一切会以非常规整的方式结束。例如，人物的命运会在倒数第二页突然发生戏剧性的变化。但是，等一等，为什么会发生这样的变化？为什么角色会改变？

生活不是这样的。如果改变不是通过情节铺垫而来的，那么这就是超越事实的叙事框架。我们永远都应该去寻找真相，比如我们应该问：不同人物在这个时间和这个地点相遇会有什么真实的结果？他们会如何互相影响？

我认为最糟糕的莫过于给孩子们讲一个安慰性的谎言，我们必须告诉他们真相。有时候真相让人不安，有时候真相令人欣慰，但不管怎么样，我们都必须道出真相。

爱阅公益： 这也和您所说的给孩子们留下理解的空间有关吗？您许多书中的结局都是开放式的，有许多不同的解读方式。

巴内特：是的。这就是为什么书籍这么有意思。阅读是一种解读。孩子们很聪明，看着他们解读一部作品，厘清作品的意义，真的很让人兴奋。我没有一个需要刻在孩子脑子里的道德思想，书里也没有等着孩子挖掘的“我学到了什么”。

意义对我来说比道德更有意思。意义的产生是双向的，当我们的书与孩子的智慧相遇，意义就在我们和孩子之间产生了。

爱阅公益：您在宣言中还写道：“即使是哄孩子入睡的书，也应该给他们带来奇异的梦。”您能解释一下这句话吗？

巴内特：睡前故事是童书的一个重要类型，但我们不应该让孩子觉得无聊。这不是无趣、没创意或单调乏味的借口。即使是哄孩子入睡的书，也应该激发他们的想象力。

爱阅公益：宣言里您还写道：“我们谴责‘儿童友好’这个说法。”

巴内特：这可能是一个集中在美国的现象。当成年人自己不喜欢一本书的内容，他们就会用“儿童友好”这个概念来进行质疑，其实儿童能够理解这些书。那些展现真实童年的书可能会让成年人感到不舒服。为了保护他们自己对真实童年状态的无知，成年人把一本书贴上“对儿童不友好”的标签。

爱阅公益：您说“作者和绘者之间的界限无关紧要”，这句话是什么意思？

巴内特：故事是由作者和绘者共同创作的，绘者在图画书里做出的决定是作为创作者的决定。如果我在写小说，人物的样子、天气如何等等我会自己描述，但创作图画书时，我不会写这些，这些是由绘者决定的。

有时候，我的书上会写“故事作者：麦克·巴内特，绘者：某某某”。这样写不对，因为故事并不是我写的。故事是我的文字和绘者的图画的结合，故事在文字和图画的重叠处产生。

爱阅公益：您是如何选择签署宣言的作者和绘者的？

巴内特：我找了一些让我钦佩的作家和画家，他们创作的图画书令人兴奋。这些人有的我认识，有的我是通过电子邮件请他们签名的。他们是一群——当然并不是唯一一群——我认为正在创作让人兴奋的作品的人。

爱阅公益：发布这个宣言后得到了哪些回应？

巴内特：得到的回应让人激动。有些人真的很喜欢这个宣言，虽然我并没有亲耳听到所有人的反馈。也有些人不太喜欢我的宣言，但如果每个人都同意我的观点，就没有必要发布这个宣言了。

爱阅公益：您认为宣言对这个行业有影响吗？

巴内特：希望如此。我无法估量影响具体有多大。当我去拜访一位作者或者绘者，或者在出版社与别人会面时，有时候我会看到宣言被打印出来贴在他们的桌子上。他们这么做对我来说意义重大。

爱阅公益：您的很多书已经被引进到中国。您 4 月份还在中国待了两周，感觉如何？有什么想对中国读者说的吗？

巴内特：中国对图画书的热情和把图画书作为一种艺术形式的尊重让我很兴奋。我认为，尊重图画书就是尊重儿童，尊重他们的智力、创造力以及他们理解艺术作品的能力。我很高兴看到中国正全方位地拥抱图画书这种艺术形式。

我想对所有来见我以及读过我的书的人，说一声谢谢。

采访时间：2019 年 4 月 18 日，5 月 9 日

叶广芩

年逾古稀，
她依然是颐和园
里的『耗子丫丫』

叶广芩

叶广芩的故事里有浑然天成的幽默，有毫无粉饰的童真与童趣，有孩子的好奇与探索，有人对动物发自内心的关心和在意，有邻里间的关照，还有玩伴间的友谊。

《耗子大爷起晚了》是年过七十的叶广芩的第一本儿童文学作品。在此之前，她的名字在文学界已有举足轻重的地位，不论是讲述大宅门里贵胄后裔的生活，还是描绘平常百姓的热闹和困苦，又或者是挖掘秦岭深处人与自然的故事，叶广芩总能自由地穿梭于现实和艺术之间，用她极有生命力的语言为读者勾画出百态的人生和宽广的天地。

这样一位作家把注意力投向儿童文学，真是一件令人兴奋的事情。在《耗子大爷起晚了》里，耗子丫丫和根本不会带孩子的三哥（老三）一起住在颐和园，白天老三去上班，耗子丫丫只得百无聊赖地独自探索。但也是在这段有些寂寞的时光里，耗子丫丫遇到了耗子大爷、乌龟 005、北方男孩老多、南方姑娘梅子，还有老宋、老宋奶奶、老李……

耗子丫丫就是叶广芩。一位迈入古稀之年的老者为 21 世纪的孩子写自己童年的故事，孩子们会有兴趣吗？当我看到与我们同游颐和园的二十多个孩子争着要坐在叶广芩旁边时，对这个问题的答案我愈加确信。

这些孩子来自北京同一所小学的不同年级，他们已经读过《耗子大爷起晚了》，这次有机会和叶广芩一起逛一逛颐和园，并分享自己根据书中内容创作的绘画作品和作文，他们兴奋不已。

“叶奶奶，叶奶奶，005 最后到哪儿去了？”有小朋友问。

“叶奶奶，叶奶奶，这口井是书里的井吗？”又有小朋友问。

还有小朋友把房檐上的小兽的名字全都背了下来。游走在颐和园里，他们充满了好奇和欣喜，他们走进了耗子丫丫的世界，与六十多年前颐和园里发生的那些趣事，建立起属于自己的联系。

确实，《耗子大爷起晚了》是不过时的。叶广芩的故事里有浑然天成的幽默，有毫无粉饰的童真与童趣，有孩子的好奇与探索，有人对动物发自内心的关心和在意，有邻里间的关照，还有玩伴间的友谊。

因湖南教育频道要拍摄一个短片，我趁机也跟着叶广芩一起在颐和园里游走了一上午。当我们走到通往叶广芩幼时居住的院子前的小路时，拍摄团队请叶广芩坐在院门口一扇红门前，摄影师在另一边用镜头拍摄着。叶广芩坐在台阶上，眼泪一下子就流了下来。我想，她一定是又看见了那个四处乱逛的小耗子丫丫。

叶广芩说："孩子学龄前的时光，是人生中非常重要的一个阶段。我常常回忆，我人生的定格和定型是在什么时候？我觉得是学龄前这段时间。一个人性格的形成，对世界的认知和态度，决定了他们今后的大概走向。"

可想而知，五六岁时在颐和园的这段时光，对叶广芩来说是多么重要和珍贵。

叶广芩说，她写儿童文学写得得心应手，这种小孩子的状态，她觉得简单又舒服。

《耗子大爷起晚了》与颐和园里的日子

没有颐和园这段日子，

就不会有我今天的性格。

爱阅公益：您进行文学创作多年，而古稀之年创作并出版第一本儿童文学作品。为什么会想到写这本书？

叶广芩：我以前一直为成人创作，比如《采桑子》《状元媒》《去年天气旧亭台》等等。在这些作品里，或多或少总有一个叫丫丫的小女孩，她用孩子的视角为读者阐述整个家族和老北京的故事。

2017年，北京出版集团邀请我到布拉格的“十月作家居住地”居住，我在那里生活了一个多月。布拉格是一个千塔之城，童话般的尖塔五颜六色，粉的、天蓝的、白的、黄的……推开窗户往外看，外面的景象就如童话世界一般。在这种氛围中，我像飘起来一样，脚不着地了。

注：全文中《耗子大爷起晚了》（叶广芩著）的图片来源于北京少年儿童出版社。

那段时间我还去了德国的哈瑙小镇，在那里参观了格林兄弟故居。院子很大，有很多大橡树，我看到两只小松鼠，在树上爬上爬下的。小松鼠并不避讳人，其中一只见我过来了，就停下来，拿小眼睛使劲盯着我，我也看着它。它不怕我，我也不怕它。这种感觉是人和动物平等的视觉交流，我想也是孩子看整个世界的感觉。

在这种环境里，格林兄弟给我们写了很多优美的童话，这些童话伴随我们长大。这时我就想，我是不是也可以用跟小松鼠交流的心态，去写一些给孩子们看的故事。我想起了我在颐和园住的时候的那只小耗子，于是，我就决定要写《耗子大爷起晚了》这本书。

回到北京的第二天，北京少年儿童出版社的副总编辑李天舒就找到了我。她说，听说您有写儿童文学的想法，请写一部作品吧。我说，那我试试看。

爱阅公益：创作这本书花了多长时间？

叶广芩：三个月。现成的素材都在脑子里，信手拈来。真真假假的事情，写小说的人很擅长，对我来说不太难。

爱阅公益：我们常说，当人慢慢步入老年，会再次回归儿童般的状态。随着年龄的增长，反而更加贴近童年的自己了。您有这种感觉吗？这也是您写《耗子大爷起晚了》的一个原因吗？

叶广芩：因为人活熟了。我七十多岁了，什么都看透了。看透了这种状态，就和用孩子的眼光来看世界有异曲同工之处。

人熟了，文熟了，返璞归真了。我年轻的时候读孙犁的散文，觉得他的语言太平淡，这么平淡的语言，我也能写。但是我写不出来，因为功夫还不够。当你有了一定的阅历，到了一定的年龄以后，再回过头来看走过的人生路，会有一种淡然的、居高临下的感觉。这就是写儿童文学的最好状态，那是一个绝不是孩子，但又是孩子的状态。

写文章有三个境界，先是“看山是山，看水是水”；然后是“看山不是山，看水不是水”；最后是“看山还是山，看水还是水”。第二个境界“看山不是山，看水不是水”是我们搞写作的人，到了四五十岁的时候必经的阶段。而到了我这个阶段，则是“看山还是山，看水还是水”，但是比最初的“看山是山，看水是水”高了很多。这是一个螺旋形的上升过程，这个阶段写东西游刃有余，作品也有穿透力。

爱阅公益：小时候您的家在雍和宫附近的胡同里，又有一段时间您到颐和园里和哥哥老三一起住。为什么第一个儿童文学作品选择写颐和园里的事情？

叶广芩：颐和园是北京，也是中国著名的皇家园林。大家到北京来几乎都要去颐和园看看，它有代表性，有典型性。我常常想，颐和园作为北京的园林，不光有湖光山色、亭台楼阁，还有更多蕴含在其中的历史文化和别人不知道的，只有我这个小丫头所体会的对于颐和园的感情。

爱阅公益：在颐和园的这段时光，是您多大的时候？

叶广芩：是五岁一直到上学之前这段时间。孩子学龄前的时光，是人生中非常重要的一个阶段。我常常回忆，我人生的定格和定型是在什么时候？我觉得是学龄前这段时间。一个人性格的形成，对世界的认知和态度，决定了他们今后人生的大概走向。

我在颐和园的日子其实是非常寂寞的，哥哥每天去上班，把我放在家里，到点了让我去食堂吃饭，直到哥哥晚上下班了才能再见到他。

但正是这种孤单，为一个孩子奠定了一种既耐得住寂寞，又会用眼睛去观察生活，全身心地与街坊邻里交流的生存状态。没有颐和园这段日子，就不会有我今天的性格。

爱阅公益：在大人眼里，颐和园或许是很气派的皇家园林，孩子眼里的颐和园是什么样的？

叶广芩：小孩子的眼光和大人是完全不一样的。在大人看来无足轻重的东西，在小孩子眼里是全部。比如说颐和园房檐上的几只小兽，我们每个人都从下面走过，没有谁去关注过它们，但是颐和园里的孩子会去关注它们。故事里我的玩伴老多就问，这上面都是什么呀？

我回答不出来，就去问我哥哥，哥哥说问这些事是吃饱了撑的。我又问老多的叔叔，他说爱是谁是谁。他们对孩子的问题满不在乎。

孩子的好奇得不到解答，依然执着地寻找答案，直至找到古建筑老工人。这种追问对于孩子来说是非常重要的，也是我在颐和园和小朋友一起受到的非常好的教育。老多后来入了建筑行，从对颐和园房檐上小兽的研究，到终身从事建筑业，可见这件事情对他的影响是多么大。

又比如，大人们经过颐和园东宫门外的丹陛石，也就是看到了一块雕刻精美的石头而已，但是孩子不一样，孩子趴着仔细地寻找细节。我就看到了三只伸着爪子的小壁虎，北京话叫蝎拉虎子。当时只是觉得好玩，但是后来有了一定阅历和知识才知道，壁虎也叫守宫，是要喂朱砂的，喂到一定程度，它就有了神性，可以守卫宫殿里面的女性。

爱阅公益：听说决定要创作《耗子大爷起晚了》后，在动笔前您去了两趟颐和园。再次重游有什么感受？

叶广芩：要写这本书了，我想我得走一趟，找一找过去的感觉，就带了几个年轻人，跟我一块儿到颐和园去。

到了北宫门外，我回想起当年沿着马路修建的一个个小店铺，那些老宋、老宋奶奶、老李都不见了，现在那里变成了一片树林。但是埋老宋的小山坡还在，山坡上的小庙还在，它们勾起了我的记忆，但这和我的真实童年又是不一样的，我觉得这种感觉是生活赐予的。

艺术来源于生活，但一定要高于生活。如果如实地把过去这些街坊邻居都写下来，那是很琐碎的。给予生活艺术生命，在于艺术创作上的提升。《耗子大爷起晚了》也是如此，里边的故事来源于生活，但又不完全是生活。

爱阅公益：《耗子大爷起晚了》这本书的书名源于老北京的一首童谣，这首童谣对您的童年有怎样的意义？

叶广芩：这首童谣是我小时候和小朋友们在胡同里做游戏时经常念的。大家围成一个圈，把“耗子大爷”围在里边，一边转一边喊：“天长了，夜短了，耗子大爷起晚了，耗子大爷起来了没有啊？”

然后里边的“耗子大爷”就说：“耗子大爷刚睁眼哪。”

“耗子大爷”的回答很随机，他想起什么就说什么，一会儿是“吃点心哪”，一会儿是“剔牙哪”，一会儿是“喝茶哪”，他表达的全是老百姓的生活细节。

这首童谣体现了老北京人生活中方方面面的情境。

爱阅公益：小耗子、小乌龟这些动物在这本书里也是主角。很多时候，孩子对包括动物在内的世间万物有比成人更强的感知和更深的感受。您小时候真的能和耗子、乌龟这些小动物对话吗？

叶广芩：现在我也可以和动物对话。我有一本书叫《秦岭有生灵》，写我在秦岭生活的九年时间里和那些动物结交的情况。所有的动物都是有感知的，都是可以和人沟通的，包括最让人害怕的大豹子。

我在秦岭的时候，有一次豹子跑到村里去吃羊，把羊咬死后在羊圈里睡觉，被老乡们逮了关在笼子里，抬到我所在的楼观台动物抢救中心。我听到消息后就跑去了，我跪在豹子的铁笼子旁边，近距离看着豹子，跟豹子说：“你这个傻豹子，你咬完了人家的羊，就快跑呀，怎么还在里边睡起觉来，你不是等着人把你逮来吗？”

豹子听了就看着我，然后嗷一声大叫，它不让我说了，它觉得丢人，也可能害羞了。后来老乡们告诉我，豹子喝了羊血以后是会醉的，它跑不了。

《耗子大爷起晚了》里边人和动物的交流，也是教给小孩子要善待动物，理解动物，要学会和动物交流，众生皆平等。

而且小老鼠在民间是很吉祥的动物，和刺猬、蛇、黄鼠狼一样都是家神。它们的出现是一个家族兴旺的象征。人和动物的和谐相处，是自古以来就存在的。

爱阅公益：在颐和园里，您跟哥哥老三住。之前在您的另一本书里读到，所有哥哥里，您跟老三的关系最好，他在临终前还写了八页的信给您。不过，在颐和园里他对您的照顾并非无微不至，属于放养。能聊一聊您与老三吗？

叶广芩：当年老三本身是一个未婚男青年，根本没学会带孩子，只是有意无意、有一搭没一搭地带着。但正是这种有一搭没一搭，给了我很大的空间，也才有了寂寞，有了灵动。

对今天的孩子来说，我们也不要关注得过多，手把手地撒不开。

爱阅公益：耗子丫丫在颐和园里独自探索的时光，主要是跟大人打交道。能聊一聊书里其他的大人吗？

叶广芩：这些大人在实际生活中，有的真的存在，有的不存在。

老三是个美食家，虽然不常做饭，但是厨艺非常好。老三还是一个充满烟火气的年轻人，他交女朋友的时候，往自己身上喷花露水，把脏衣服都藏到床底下去。

小丫丫到老宋、老宋奶奶那儿吃烧饼从来都不用记账，他们把丫丫当成自己的小闺女。这种老者对小朋友的关爱，在过去的邻里之间经常出现，我现在回想起来，觉得非常珍贵。在我的人生历程里能有这样的关爱，遇到这样的善良，是非常难得和值得铭记一辈子的。

今天，当我们关起单元门，再走出来，邻居之间互相都不认识。这样的生活缺少一种烟火气，缺少邻里的交往和大人对孩子的关爱。

爱阅公益：书里还有特别多好吃的，读着读着就饿了。这段在颐和园有些寂寞的时光里，吃对您来说有没有什么特别的意义？

叶广芩：吃是人生中很重要的一部分，不管是大人还是小孩，对饮食都有一种偏爱，没有人会说自己不喜欢吃好吃的。一本书里，要把一个地域的好吃的推荐给全国的小读者，也是一件很重要的事情。

我是北京人，从小生活在北京，对北京的小吃情有独钟。早晨起来有面茶、炸油饼、糖油饼、豆腐脑等等。到中午了，各式各样的面，炸酱面、打卤面、炝锅面等等。我想让孩子们充分体会到，把我们的饮食文化传承下去是很重要的。一个爱吃的民族，是一个有希望的民族。

儿童文学的创作和“放羊”的童年

我对小时候的记忆非常清晰，连还不会走路的时候，
有人抱着我在院子里走来走去我都记得。

爱阅公益：这是您第一次为儿童写书，但在您之前的一些成人文学作品里，也经常讲起小时候的事情。您在为儿童创作时，会有哪些不同的考虑和视角？

叶广芩：为儿童写书，语言要更鲜活，更直接，更干净。

爱阅公益：从您的作品里能感受到，您对童年的事情记得很清楚。

叶广芩：我对小时候的记忆非常清晰，连还不会走路的时候，有人抱着我在院子里走来走去我都记得。

爱阅公益：我们常说，能够清晰地回顾自己童年的人，是非常适合儿童文学创作的。

叶广芩：我觉得我适合儿童文学的创作，我创作起来非常愉快。有时候成人写儿童文学容易“作”，心里想着“我要

写儿童文学了，我要以一种儿童的状态来写”。而我不是，我就是一个小孩子，这种状态我觉得很简单，也很舒服。

《耗子大爷起晚了》这本书非常幽默，这种幽默来自站在高处往下看。我本无心讲笑话，笑话逼人来。

爱阅公益：之前聊了在颐和园的时光，那其他时候呢？您的童年是什么样的童年？

叶广芩：“放羊”的童年。

爱阅公益：回到胡同里也是这样吗？

叶广芩：也是这样的。就是不再寂寞了，太不寂寞了，太充实了！一天到晚都忙不过来。

爱阅公益：您小时候是个什么性格的孩子？

叶广芩：很开朗，用北京话说就是“浑不论”。有一种北京大妞的做派，北方女孩的痛快豪爽，什么都不怕，敢作敢当。但是我长大以后就很内敛了，不太爱出头露面。

爱阅公益：您从小就读很多书是吗？

叶广芩：读的书很多很多。还是小朋友的时候，看《小朋友》杂志，里面基本上都是图画。认得一些字以后就到图书馆去，图书馆有一个学习小组。最开始的时候净看民间故事，后来看童话故事，再后来慢慢进入传统文化，《西游记》《水浒传》这些书，是四五年级就开始接触了。我上中学的时候基本上把“三言”、“两拍”、《红楼梦》等书籍都读了。再后来十七八岁的时候，我又读了很多外国著作。我家里的书也很多。

爱阅公益：写这本书的时候会担心您的童年故事和现在的孩子有隔阂吗？

叶广芩：我担心今天的孩子不能接受20世纪50年代的儿童的生活状况，觉得太遥远。但是我也觉得，从孩子的角度来说，孩子的本质是一样的。他们对于社会的认知，他们的追求和好奇，以及整体的成长路径应该是一样的。

不同的是今天的孩子选择更多，他们有各种各样的游戏、玩具，还有学习班等。过去的孩子没有这些，就是傻玩。这种傻玩对于今天的孩子来说，就是从手机、从游戏里抬起头来，看一看周围的世界，看一看这个社会，也回过头来看一看他们的父辈和爷爷奶奶的童年是怎么过的，然后从中得到新的启迪。

爱阅公益：之后还会继续创作儿童文学作品吗？

叶广芩：会有续集《花猫三丫上房了》，写丫丫从颐和园回到胡同的家里的故事。胡同里的那种热闹，那种房上房下、出城下河、摸鱼等是非常有趣的，也是老北京孩子快乐童年时光的回放。

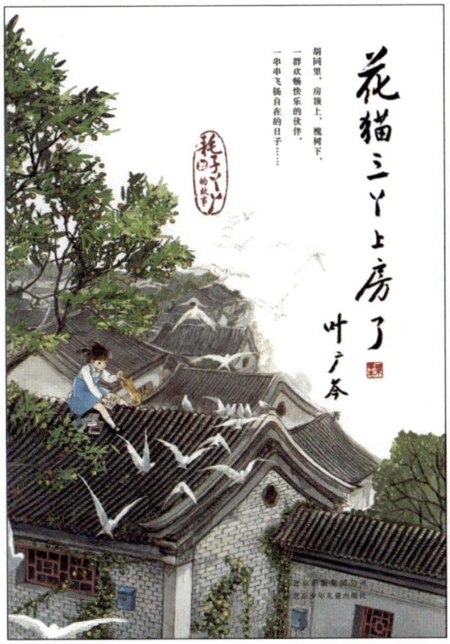

这些故事让今天的孩子了解老北京孩子的童年，也给家长和老师一个思索的空间，我们今天的孩子是不是太累了？是不是给他们安排的事情太多了？

我们那时候都是“散养”，但是谁也没有变得多么不可救药，变得输在起跑线上。什么叫起跑线？我到现在都不知道。我也有个小孙女，我从来不说起跑线，随她去。孩子就是孩子，应该让他们自由地、快乐地生活，让他们学会玩，让他们在玩当中认识社会，认识人生。

注：全文中《花猫三丫上房了》（叶广芩著）的图片来源于北京少年儿童出版社。

大宅门的规矩和平民的烟火

其实我就是一个胡同串子①，结交的那一帮人都是小三儿、小四儿这些人物，上房，出城，下河，绝没有任何高低贵贱的分别。

爱阅公益： 您从小就喜欢写作，就知道自己有文学创作的天赋吗？

叶广芩： 从小就喜欢写作，从小就编戏，编剧。我把爸爸的硬纸壳一剪，剪出一个小窗户，掏出一个月亮门，再掏出一个大门，然后把家里洋画上的小人儿都铰下来，拿铁丝拦腰一拴，从小窗口伸出来，自己演戏。一边唱一边演，词都是自己编的，故事情节也是自己编的。

爱阅公益： 您是从农场调回西安，当护士以后才开始写小说的吗？

叶广芩： 只是自己的爱好，而且也没地儿投稿。

爱阅公益： 您是什么时间开始写小说的？

① “胡同串子”是北京话，指的是无所事事，整天在胡同里闲逛乱窜的人。

叶广芩：1979年。

爱阅公益：有什么契机吗？

叶广芩：我在医院当护士，值夜班没事儿干，就写点东西。看杂志上有别人写的小说，我想他能写，我也能写，就写了。

爱阅公益：您的家族祖姓叶赫那拉，这是在清朝和满族十分显赫的姓氏。您的家庭兄弟姐妹众多，有十四个孩子。能聊一聊家族和家庭对您和您的写作的影响吗？

叶广芩：对我有不小的影响。我家里的书非常多，父母、哥哥、姐姐都是很有文化的人，他们有的是故宫博物院的研究员，有的是美院的教授，他们的艺术感受能力非常强，也给了我这方面的熏陶，使我觉得文学艺术是融入生活、融入血液里的事情。因此对于戏剧的喜爱、对于文学的喜爱很自然地传承下来了。

爱阅公益：在您的作品里，除了写家族大宅门的故事，也写很有烟火气的平民生活。您说“穷杂之地给予我的是另一个生活侧面”，“写平民，我有自信”。

叶广芩：其实我就是一个胡同串子，结交的那一帮人都是小三儿、小四儿这些人物，上房，出城，下河，绝没有任何高低贵贱的分别。

这种生活可能也来源于我妈妈，她出身穷苦人家，是朝阳门外南营房四甲 57 号穷旗人的闺女。

我从小跟着她回姥姥家，在姥姥家过得如鱼得水，那里都是小市民，唱大鼓的，说相声的，撂地摊的，卖虫子药的，等等。我觉得姥姥家比我的家更亲切、更舒坦。

真正的平民生活对于一个作家的认知和将来生活的走向是很重要的。我在陕西省周至县当了九年书记，跟农民打成一片，大家从来不把我当个书记。

爱阅公益：您在陕西秦岭的经历很有意思，能跟我们多分享分享吗？

叶广芩：我 1992 年从日本学习回国以后，到陕西省周至县挂职。那是大熊猫自然保护区，在那里生活，和老百姓同吃同住，生活很艰苦，但是这九年的时光给我的写作注入了新的血液。如果我闷在家里继续写家族小说，总有灵感枯竭的时候。到了秦岭，我的知识面得到了很大的扩充，动物的，自然的，植物的，生态的，这是另外一个写不尽的题材。作家就应该不断地充实自己，不断地向生活挑战，不断地向自己挑战。

爱阅公益：您的很多小说，像《老虎大福》《熊猫“碎货”》等，就是当时在秦岭写的，对吧？这些故事都是真实的故事吗？

叶广芩：基本上是真实的。比如《老虎大福》，1964 年秦岭最后一只老虎在“破碾子”被打死，我写了这件事情。在《熊猫“碎货”》里，人们把被救的小熊猫关在房间里，熊猫后来竟然咬烂了窗框，将窗户帘一掀，跑了。这些在秦岭的故事，我是编不出来的，生活中的经历都是小说的素材。

在日本“睡到自然醒”

关于耗子丫丫的三本书写完以后，

还有很多东西可以写呢。

爱阅公益：现在您长居日本，为什么又搬去日本了？

叶广芩：因为我的孩子在日本工作。我和我爱人年龄也大了，我们有意识向孩子靠拢。我爱人已经八十多了，我也七十多了，到最后身边没有一个子女也是非常不现实的，所以这几年在日本待的时间稍微长一点儿。不过回国可以做很多事情，很充实，写作不能离开本土。

爱阅公益：您现在的日常生活大概是什么样的？

叶广芩：每天睡到自然醒，醒了以后做早饭。早饭大概在九点，以青菜为主，鸡蛋、牛奶、蔬菜沙拉，很健康。然后开始写作，一直写到下午三点。到下午三点，又开始做晚饭，晚饭是四五点吃。吃完以后就开始玩了，在电脑上打游戏。

爱阅公益：打什么游戏？

叶广芩：连连看。

爱阅公益：晚上呢？

叶广芩：晚上等太阳落山了，就出去溜达，在家附近走走，生活非常规律。

爱阅公益：未来您有哪些计划？

叶广芩：关于耗子丫丫的三本书写完以后，还有很多东西可以写呢。写老虎的，熊猫的，金丝猴的，蛇的，一本一本可以接着往下写。可能别人都写过这种动物小说，但是我相信我写的肯定不一样。

采访时间：2019 年 5 月 22 日

史蒂夫·詹金斯

科学是一个过程，一种看待世界的方式

史蒂夫·詹金斯

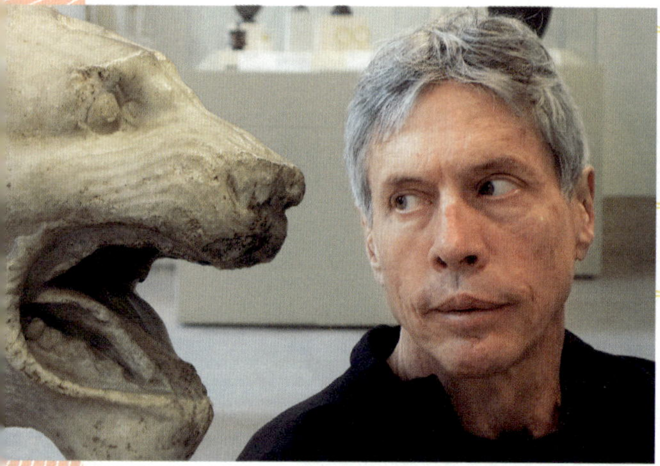

有激情的创作和无激情的创作，孩子们是能看出区别的。

早上九点，我准时坐在电脑旁。打开 Skype（一款即时通信软件）的页面，我在 Steve Jenkins 这个名字旁的电话标志上点了一下。等史蒂夫·詹金斯接通，我们的采访就可以开始了。

詹金斯很快便接了电话，突然间，电脑屏幕上蹦出詹金斯的样子，他正笑呵呵地跟我打招呼。这让我有点措手不及，因为我点的明明是语音通话。我手忙脚乱地捣鼓了一通，才把自己的摄像头打开。

这大概是最像聊天的一次采访了。其实在这之前詹金斯已经用文字回复了我发给他的问题，但依然提出可以再通过Skype采访。

“给你看看我的花园，很漂亮吧？你知道我为什么要搬离纽约了吧？”他把摄像头转向窗外。

“我和我妻子的平面设计网站现在还能找到，你要不要去看看？Jenkins & Page Design（作家个人网站的名称）。搜到了吗？”

“你去网上搜搜克里斯 · 范 · 奥尔斯伯格（Chris Van Allsburg）的作品。”

……

这样的氛围甚至让我因为自己的好奇而问了一些拉家常的问题，比如：您儿子现在在哪里工作呀？为什么您女儿要来北京教舞蹈呢？您和孩子们住得远吗？詹金斯也都欣然作答，就像个邻家大叔。

不过，詹金斯可不是普通的“邻家大叔”，今年已经六十七岁的他创作了六十九本图画书，基本以动物科普类为主。他将《波士顿环球报》号角图书奖、《纽约时报》最佳童书奖等奖项揽入囊中，《这样的尾巴可以做什么》在2004年获得凯迪克银奖。

在当当网上搜索“史蒂夫 · 詹金斯”，你会在页面上看到一系列风格独特、色彩鲜艳明亮、让人耳目一新、书名“脑洞”大开的作品。詹金斯的所有作品都用剪纸拼贴的方式创作，他喜欢有触摸感的媒材，也喜欢创造写实中又带有惊喜的图画，比如说，用大理石纹路的纸来表现羽毛。

詹金斯曾是一名成功的平面设计师，自己的孩子出生后他对图画书的创作产生了兴趣。慢慢地，兴趣变成了职业。他与同样是平面设计师的妻子罗宾合作了许多作品，两人可谓是神仙眷侣。从詹金斯和罗宾设计感极强的作品中不难看出，在设计上的专业训练和多年的设计师工作，对他们的创作产生了不小的影响。

聊到科普和非虚构类的图画书创作，我问詹金斯，他认为什么样的作品是低质量的。他回答说：“‘低质量’的非虚构类图画书在我看来是用没有背景和激情的方式呈现信息的。这些书一般是出版社为了填补想象中的市场空白而推出的产品，并非作者对某个主题感兴趣的结果。”

詹金斯正是因为对科学和动物世界怀有浓厚的兴趣才不断创作和动物有关的书籍。他从小就养过各种各样的动物，房间里装满了养动物所需的瓶瓶罐罐，甚至一度家中的成员还包括一条鳄鱼。就像詹金斯所说，有激情的创作和无激情的创作，孩子们是能看出区别的。

有趣的动物知识、鲜亮的画面、简洁抓人的文字，支撑在它们背后的是詹金斯的科学观。“科学是一个过程——一种看待世界的方式，提出问题，提出假设，以及通过验证这些假设来判定什么是世界真实的面貌。科学不是教条，科学不是知识的罗列。”詹金斯说。

与动物为伴的童年

但我爸爸却送了我一个基本款的相机，他告诉我，
每拍一张野生动物的照片，就给我五十美分。

爱阅公益：您几乎所有的书都是关于动物的。您从小就养了各种各样的动物，蜥蜴、乌龟、蜘蛛等等。能跟我们聊聊您的童年，以及和动物们的故事吗？

詹金斯：跟很多小朋友一样，我对各种各样的生物着迷。我对动物的好奇也得到了父母的鼓励，我想这也是很重要的因素，但为什么我长大后也对动物很感兴趣则更难以解释。不管怎么样，动物的方方面面总能勾起我的兴趣。

我觉得大部分人都轻视了动物。没错，它们不能像人类一样使用复杂的语言和工具，但是它们精妙地适应了周遭的环境，培养出各种各样的生活方式。

爱阅公益：您在成长过程中，是一直住在能养很多动物的大房子里吗？

詹金斯：小时候我们家一直住在郊区，一般都靠着农田和树林。

我父亲是物理学家。在我成长的过程中，他一开始是在读博士，博士毕业后在大学里教书，我们搬了好多次家。

住在弗吉尼亚州的乡村时我养的动物最多，那时候我父亲在弗吉尼亚大学教书，我们家旁边没有任何其他房子，只有树林，所以我有机会去探索，去抓蜘蛛、蜥蜴等不同的生物。我的房间不算很大，但是里面摆满了笼子、盖子上扎了出气孔的罐子和饲养动物的玻璃容器。

爱阅公益：我了解到您还养过鳄鱼，您是怎么抓到鳄鱼的？

詹金斯：鳄鱼不是我自己抓的，它是我哥哥养的。我们那时候可以在宠物商店里买鳄鱼宝宝，这在美国还挺流行的。不过现在已经很少有人这么干了，因为买回去的鳄鱼经常几个月后就死了，它们并不开心。不过，家里养一条鳄鱼还挺有意思的。

爱阅公益：您父亲对您的影响应该很大吧？能跟我们谈谈父亲对您的影响吗？

詹金斯：父亲对我的影响很重要。他做天文实验的时候会把我带到他的实验室和野地里。去户外的时候，他把仪器搭在一个小棚子里，测量流星进入大气层对地球磁场的影响。我记得有一次，我们在棚子里见到了一条响尾蛇，对于一个九岁的孩子来说，这真是太令人兴奋了。

父亲还买科学书籍、显微镜、化学仪器给我。不过，他从没给我一定要当科学家的压力（虽然我小时候一直想当科学家）。

大约在我十二岁的时候，我的很多朋友都在玩 BB 枪，它是能射出“子弹”的玩具枪，小朋友们可以用它射杀一只鸟或其他小动物。我也想让我爸爸帮我买一个。但我爸爸却送了我一个基本款的相机，他告诉我，每拍一张野生动物的照片，就给我五十美分。在当时，五十美分可比现在的价值大多了。

爱阅公益：您父亲真是一位好父亲啊。那您母亲呢？

詹金斯：我母亲也特别好，她马上九十岁了。我父亲大约十年前去世了。我母亲就像美国 60 年代的家庭主妇，我这么说没有任何贬义。她对科学并不是特别感兴趣，但是她对我想做的任何事情都很支持。

从平面设计师到童书作者

从孩子们几个月大开始，我们每天晚上都给他们读书，给两个大孩子一直读到他们长成青少年。

爱阅公益：您曾一直认为您会成为一位科学家，可上大学前的最后一刻您改变了主意，选择了艺术院校。您为什么改变主意呢？

詹金斯：这可以说是个意外。当时我有一个比我大的朋友在读艺术院校，更准确地说是设计学校，我常跟他讨论他都在做些什么。艺术和设计也一直是我的兴趣。

坦白地说，高中变得越来越无聊，我意识到比起学习科学课程，艺术院校能给我更多的改变。现在再回顾过去，我发现科学方法和解决一个设计问题的过程有很多相似之处，两者的系统性都很吸引我。

爱阅公益：从艺术院校毕业后，您做了什么？

詹金斯：我在北卡罗来纳州待了几年，这也是我读艺术院校的地方。我几乎在北卡罗来纳州的首府罗利（Raleigh）的每一个设计公司都工作过。然后我意识到，如果我要继续做我想做的设计工作，就需要一个更大的平台。我妻子当时又考上了库伯联盟学院（Cooper Union），一所在纽约的艺术和设计学校。这一切都刚刚好，所以我们一起搬到了纽约，她去读书，我开始工作。

爱阅公益：但您现在已经不住在纽约了，对吧？

詹金斯：我和妻子在纽约住了十六年，孩子也是在纽约出生的。我们喜欢纽约，这里充满能量，也很有意思。但是后来我们有些疲惫了，搬到了科罗拉多州的博尔德（Boulder），这里既有文化，也被自然环绕。

爱阅公益：您现在是童书作家了，尤其专注于创作动物科普类的图画书。您是什么时候决定为孩子创作的？

詹金斯：我和妻子罗宾在纽约的设计事业挺成功的，创作图画书开始于兴趣，在我们刚刚有孩子的时候。从孩子们几个月大开始，我们每天晚上都给他们读书，给两个大孩子一直读到他们长成青少年。他们十三四岁时，虽然早就开始独立阅读了，但仍旧会钻到我们的被子里来听故事。到这个阶段，我们读的是像“魔戒”三部曲这类的长篇小说。对于他们来说，这就是一个特别舒服的习惯。

一开始我只觉得创作图画书是一件有意思的事情，我从没想过要把它作为自己的职业。但是，慢慢地，我和罗宾开始收到版税了，这也让我们意识到我们可以成为作者和插画师，这比当平面设计师有意思。

爱阅公益：您和孩子最喜欢的书和作者有哪些？

詹金斯：我想我们最喜欢的作者是威廉 · 史塔克（William Steig）。他创作了许多离奇古怪的图画书，书里有趣的人物经常是动物。他创作第一本童书的时候大概已经六十五岁了。

我们也很喜欢《我爸爸的小飞龙》，这本书写于 20 世纪 30 年代，是一系列有趣的书中的一本。

我们还喜欢莫里斯 · 桑达克和克里斯 · 范 · 奥尔斯伯格。克里斯 · 范 · 奥尔斯伯格应该是对我成为插画师影响最大的人。最开始我也想用铅笔画画，就像他一样，但没画多久我就改成用拼贴创作了。

科普图画书的创作

在我的电脑上大约有五十个类别的文件夹，
我会把各类的网页收藏在文件夹里。

爱阅公益：能给我们介绍一下您创作一本图画书的过程吗？

詹金斯：我的书几乎都从非常简单的笔记和涂画开始，我一边画很多草图，一边做大量的研究。一般情况下，我们会搜集大量的信息；有些时候在准备的过程中，我们会调整一开始的想法。

我举一个例子。我们将一个关于动物里的父母的书卖给了出版商，但是我们却不断推迟进度，因为我们总看到各种各样关于这类内容的书籍。这让我们不断思考该如何创作一本不同的书。

后来发现我们没有看到一本跟动物里的兄弟姐妹有关的书。当我们自己去查找相关资料时，也很难找到信息。这让我们觉得这可能是一个好点子，最终我们创作的也是关于动物里的兄弟姐妹的书，这本书的名字叫《大象姐姐和小象弟弟》。这就是一个因为研究让我们改变创作方向的例子。

在这之后，图画和文字的创作同时进行。写文字的时候，我需要找到一种叙述的声音。它是幽默的吗？它是一板一眼陈述事实的吗？它会列举出很多信息吗？

与此同时我也在书本和网络上收集图像。如果我和我的妻子合作，罗宾一般会做前期的研究、动物的选择和版面设计。当然，这期间我们也有很多反反复复的讨论。

然后我会把这些图片变为我自己的图画，也是在这个时候，我开始制作剪纸拼贴。

插画选自《大象姐姐和小象弟弟》

注：全文中《大象姐姐和小象弟弟》（[美]史蒂夫 · 詹金斯、[美]罗宾 · 佩奇著，曾菡译）的图片来源于爱心树童书，新星出版社出版。

插画选自《大象姐姐和小象弟弟》

爱阅公益：您和您的妻子罗宾合作了很多本书。您如何选择是自己创作还是与她合作呢？

詹金斯：在我们开始创作图画书以前，罗宾和我作为平面设计师就已经合作很多年了。我们分享点子和承担责任的方式简单又自然。我们合作的很多书都是她的构想。

有些时候，因为我们其中一方需要忙其他的事情，或者我们希望自己探索一个想法，我们会独立创作一本书。

爱阅公益：您在个人网站上提到："这些年来我的孩子们问我的问题，是许多创作的灵感来源。"能给我们举一些孩子们给您启发的例子吗？

詹金斯：我的大儿子喜欢问跟"最"有关的动物问题，

“最大的动物是什么？”“跑得最快的动物是什么？”等等。他的问题直接让我写出了《最大、最强、最快》(*Biggest, Strongest, Fastest*)。

再举一个例子。我女儿两岁的时候我带她坐飞机，飞机起飞时她往窗外望去，她问我为什么房子和汽车这么小。对于她这个年龄的孩子来说，这是一个很正常的问题。作为回应，我创作了《一直一直向下看》，这本无字书从在太空俯瞰地球开始，然后视角一页页地向同一个位置拉近。这本书从视觉上解释我们在天空中看到的那些图案——农夫的田地、交叉的道路、机场的跑道——都是什么。

爱阅公益：除了您自己的孩子，您还从哪里获取灵感？

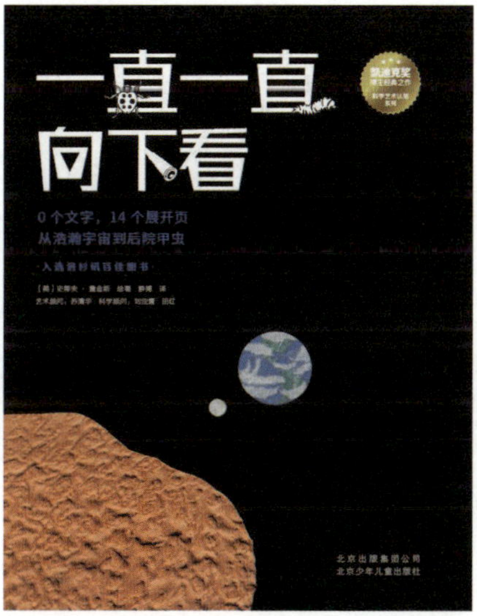

詹金斯：罗宾和我常在对方那里得到灵感。我想如果我不跟罗宾一起合作，我的创作会更困难一些。晚上我们躺在床上的时候，我或者罗宾常常会想到一个点子，然后我们会说：“明天记得要提醒我，这是一个好主意。”如果我只是把想法装在脑子里，第二天起来的时候很可能什么都记不住了。

注：全文中《一直一直向下看》([美]史蒂夫 · 詹金斯绘著，静博译）的图片来源于北京少年儿童出版社。

现在我们的很多点子来自研究。我们为一本书在网上搜集资料的时候，有时候不相关的信息也会跳出来。如果我们找到什么关于动物的有趣信息，哪怕放在这本书里不合适，我们也会把它收藏起来。在我的电脑上大约有五十个类别的文件夹，我会把各类的网页收藏在文件夹里。当我决定要创作的时候，这些多个月甚至多年里收集的素材就能被用上了。

爱阅公益：您会去世界各地观察动物吗？

詹金斯：我去过一些特别的动物栖息地：亚洲雨林、珊瑚礁、大山、沼泽和沙漠。但是还有很多很多地方我没有去过，我还没去过非洲和澳大利亚。书籍、电影、动物园和自然历史博物馆让我可以不用离家太远便能了解世界。

爱阅公益：您会把书读给您的孩子听吗？他们有什么令人意想不到的回应吗？

詹金斯：我不太确定有没有意想不到的回应，但是在孩子们小时候，我一定会把我们的书读给他们听。为孩子朗读的过程非常重要，哪怕他们并没有说什么，我自己也会看到或者听到不太对劲的地方，这跟朗读给自己听不太一样。当我们读给孩子听的时候，我们开始通过他们的耳朵去聆听。

剪纸拼贴中的“虚”与“实”

孩子们看到图像后也可能会想：

我也能做出这样的图画。

爱阅公益：您的所有作品都是用剪纸拼贴的方式完成的。能为我们再介绍一下这种创作方式吗？

詹金斯：我喜欢有触摸感的媒材，我也喜欢创造写实中又带有惊喜的图画，比如说，用大理石纹路的纸来表现羽毛。我平时要花大量时间盯着电脑做研究和写作，用纸张创作让我能暂时离开屏幕，得到一些休息。

爱阅公益：您具体是如何用剪纸拼贴创作的？

詹金斯：我从用铅笔画草图开始。画好草图后，我会复印好多张草图，然后把这些草图和有颜色的纸粘在一起。接着我沿着草图的边缘，将复印纸和有颜色的纸一起剪成我想要的形状。

拼贴技术要从大片的纸张开始粘贴，然后再慢慢叠加。如果我贴错了地方，把纸掀开的时候纸会被撕破。

爱阅公益：所以您不能犯任何错误？

詹金斯：如果是小地方，一般我能通过一些方式把它遮盖起来。如果我贴错了一大张纸，那我就得从头来过了。

爱阅公益：需要从头再来的时候多吗？

詹金斯：也不算很多。大概做到三分之一的时候我需要为一个画面设计好几个版本。

爱阅公益：拼贴用的纸是您自己做的吗？

詹金斯：刚开始我用的纸都是买来的，基本是去美术用品商店里买。这些纸很多都来自亚洲，因为那儿有深厚的造纸传统。其他的纸张来源国还包括墨西哥、意大利、菲律宾、法国等等。

后来我开始遇到困难了，我无法找到能够表现某一种动物形态的纸张。我便开始自己制作糊染纸（Paste Paper）。首先我把墙纸胶浆和丙烯颜料混合在一起，然后我将这个混合物涂在有颜色的纸上。

在胶浆干之前，我还会用梳子等物品在湿颜料上画出一些纹路。当胶浆干了以后，它遇到水也不会溶解。这样一来，我们可以在原本的纸张上加上不同颜色的新层次。第一层干了，又可以再加一层。用这种方法，我能够做出复杂的、多层次的和多重颜色的纸张。我在很多作品里都用了糊染纸。

我一般不为某一幅画面做纸，我只是事先把纸做好，但并不确定要用在哪里。我喜欢发现一种纸适合一只动物时的惊喜。

爱阅公益：您做的剪纸拼贴有多大？跟实际打印纸张的尺寸是什么比例？

詹金斯：一般我做的剪纸拼贴和打印尺寸差不多，只大一点点。剪纸拼贴有一点儿立体的效果，我们能在每一层的边缘看到浅浅的影子。当读者仔细观察拼贴画面时，他们会发现图画不是画上去的，因为它很有层次。如果我在做剪纸

插画选自《一秒有多长》

注：全文中《一秒有多长》（[美]史蒂夫 · 詹金斯著，李亦然译）的图片来源于爱心树童书，新星出版社出版。

拼贴的时候把尺寸做得太大，当画面被缩小时，这种层次就不见了。

假如我做的作品尺寸太小，在放大图片时一些小错误和不精准的地方也被放大了。

爱阅公益：那做得比打印尺寸大一点点的好处是什么呢？

詹金斯：这样能缩小我制作剪纸拼贴时犯的小错误，尺寸变小后它们就消失了。

爱阅公益：拼贴作品完成后，您是通过照相把它们变成电子版的吗？

詹金斯：在我们的办公室里有一台扫描仪，但并不是特别高清。我们只是用它来做页面设计，以及给编辑展示书籍的样子。

剪纸拼贴作品完成后，我们把艺术作品寄给出版商。然后他们一般再寄到中国或者菲律宾等有能够进行高清扫描的精密仪器的地方。

拿到高清扫描版后，我再做一些必要的调整，比如我常会把阴影调得更加干净一些。

爱阅公益：把作品寄到别的地方的时候可要特别小心啊。

詹金斯：是啊，我打包的时候非常小心，但是每次把艺术作品寄出去的时候我都挺紧张的。我大概寄出去过六十本书，很幸运的是，到目前为止还没有丢失过一本。

爱阅公益：在您看来使用剪纸拼贴这种媒介的一些优势是什么？

詹金斯：剪纸拼贴很图像化，我认为它强烈的色彩和质感对孩子很有吸引力。这种创作方式也促使我不要过于关注小细节，比如画动物的毛发。

用剪纸拼贴并不能创作出完全写实的图画，也没法表现出绘画里细腻的渐变，所以很自然地，剪纸拼贴更加图像化。对于一个孩子来说，拼贴的图像看上去像一个真实的东西（也就是动物），但同时也像纸张。我喜欢这两者间的张力。孩子们看到图像后也可能会想：我也能做出这样的图画。这令我欣喜。

爱阅公益：您创作一页画面或者一本书需要多久？

詹金斯：这要看情况了。一幅画面可能需要半天，或者好几天。一整本书的图画创作需要好几个月。

爱阅公益：您在艺术院校学的是平面设计，这种学习背景给了您哪些影响？

詹金斯：设计帮助我学习图像的语言，这是一种依赖对比、比例、色调、视觉韵律等元素的语言。

抓人、有趣的文字

我用跟孩子说话的方式为他们写作。

爱阅公益：除了插画的部分，您大部分作品的文字也是自己写的。我很喜欢您文字的讲述方式，一下子就抓住了读者的注意力，语言很有趣、简洁。能跟我们聊一聊文字部分的创作吗？

詹金斯：我用跟孩子说话的方式为他们写作。我不希望以居高临下的姿态写书，孩子们能理解的概念比很多作者以为的要多。与此同时，我会根据读者的年龄调整主题和词汇。我写作的时候一般把阅读对象当成自己，如果语言读起来过于复杂，我会再简化一点儿。

爱阅公益：您如何做动物方面的研究？

詹金斯：我读很多很多关于动物的书。我在网上查找资料，不过这不容易，因为网上有很多不准确的信息。但网络也是了解新发现的好地方，那些知识还没有成书。

爱阅公益：您如何确保书中信息的准确性？

詹金斯：我努力从多个来源求证，特别是在使用网络的时候。我也会向专家们请教，比如古生物学家、生物学家、行星科学家等等。我在网上收集资料时常用大学、博物馆和其他可信度高的网站的信息，比如美国国家地理等。尽管如此，我有时候还是会在书出版后发现错误，这让人很难过。

爱阅公益：读您的书的时候，我总不断感叹您怎么能知道这么多有趣的知识。比如在《一秒有多长》里，您列举了好多冷门的在某一个时间单位里能发生的事情。

詹金斯：我为这本书做了大量的研究和数学计算。举个例子，我知道地球到太阳的距离约为 1.5 亿公里。简单的计算可以得出地球绕太阳运行轨道的周长。然后我可以算出一小时、一天和一年里有多少秒，一年里有 31,536,000 秒。我再用地球运行轨道的周长除以秒数，得出来约为 29.79 公里。也就是说，地球每秒绕太阳运行大约 29.79 公里。

这本书里的其他信息则更难获得，因为不同来源的数据很不一样，比如我们每天产生多少吨垃圾。

爱阅公益：您书里的很多动物并不常见，您是有意这么选择的吗？

詹金斯：是的，我一般会将熟悉和不熟悉的物种混在一起。以熟悉的物种作为背景来介绍冷门的物种，我认为这很重要。年轻的读者能够觉得“噢，我知道这个动物”也挺重要的。

大部分时候，那些冷门的动物是我自己刚通过研究知道的，我想把它们那些令我惊讶的外貌和能力分享给读者。

爱阅公益： 您的很多书都跟比例有关。为什么您常探究

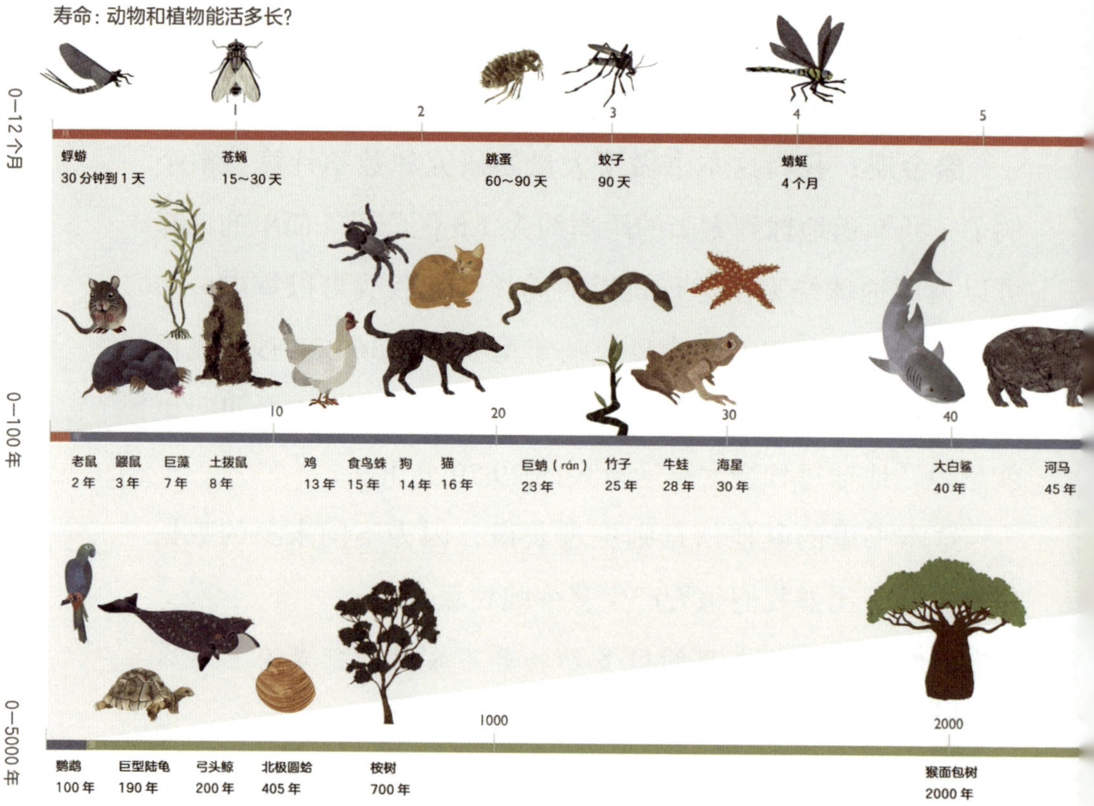

插画选自《一秒有多长》

这个方面？

詹金斯：我认为理解比例——也就是事物的大小——是年轻读者们最早认识世界的方式之一。时间这个概念和动物的习性或许会比较难理解，但是动物的大小很容易理解，特别是当我提供熟悉的参照物作为对比的时候，比如人体。

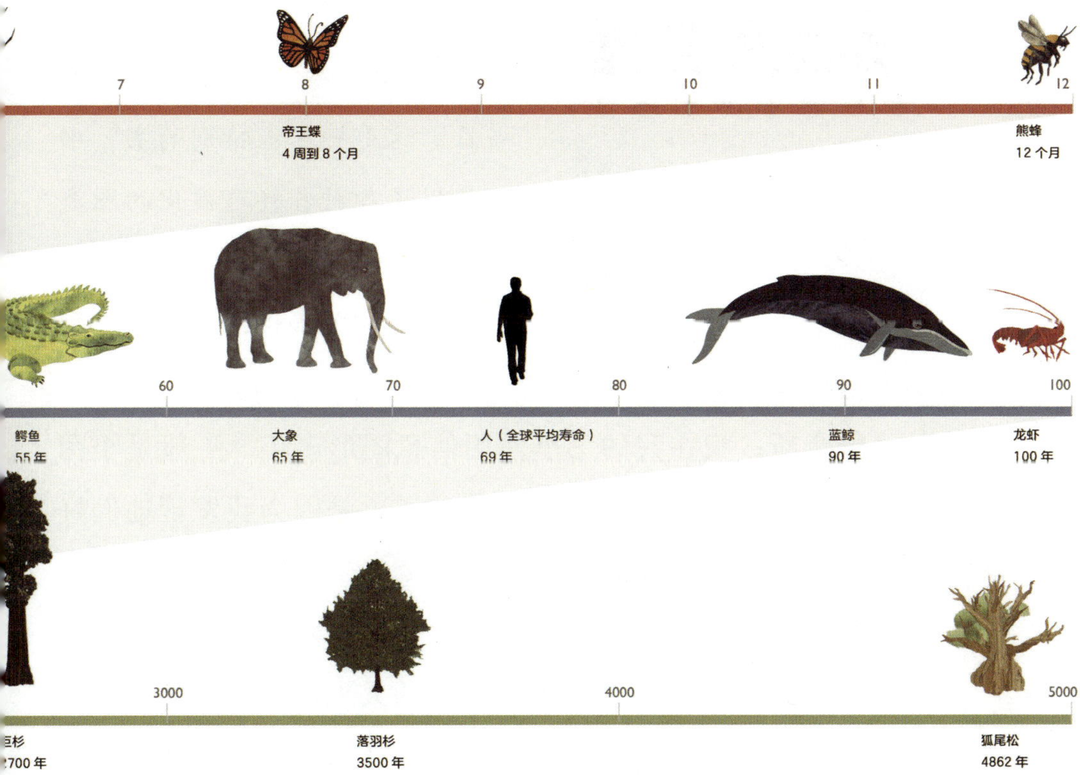

《动物大数据》里的可视化表达

在理解视觉信息这方面孩子们比我们大人厉害。

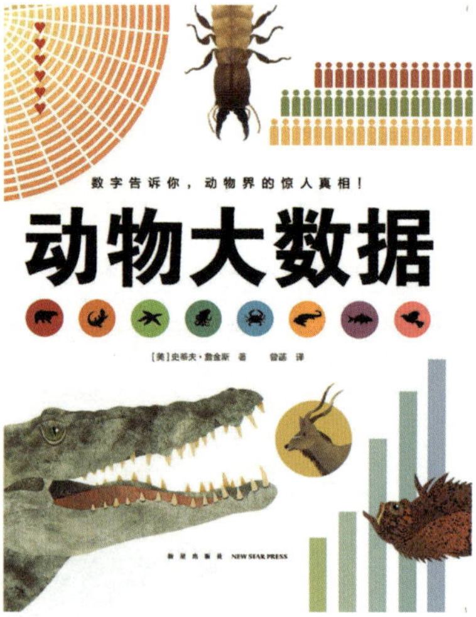

爱阅公益：《动物大数据》入选了 2018 年“爱阅童书 100”书目。这是一本很特别的书，书里您用了各种各样可视化的图表来介绍动物。孩子们不仅能够更好地理解相关知识，还能学习到如何可视化地展示信息。

詹金斯：我在我的书里使用信息图形多年，一般是小图表。我开始思考呈现信息图形给孩子，是因为我发现他们好像有能力阅读这类信息。

举个例子，他们在玩电脑游戏的时候要看十几种不同的信息，这对我这样一个视觉能力强的人来说都很难驾驭，但孩子们理解起来却毫不费劲。所以我认为，在理解视觉信息

注：全文中《动物大数据》（[美]史蒂夫·詹金斯著，曾菡译）的图片来源于爱心树童书，新星出版社出版。

这方面孩子们比我们大人厉害。

《动物大数据》也是希望用不同方式可视化地表达信息，因为我认为这对年轻读者来说是非常重要的读写能力，在未来更是如此。

做这些信息图形时，重要的是要让它们简单得能够被孩子们理解，但同时又可以让孩子们获得从不同途径提取信息的经验。

爱阅公益：创作这本书用了多久？

詹金斯：大约一年。

爱阅公益：所有的内页排版也是您自己设计的吗？

詹金斯：是的。

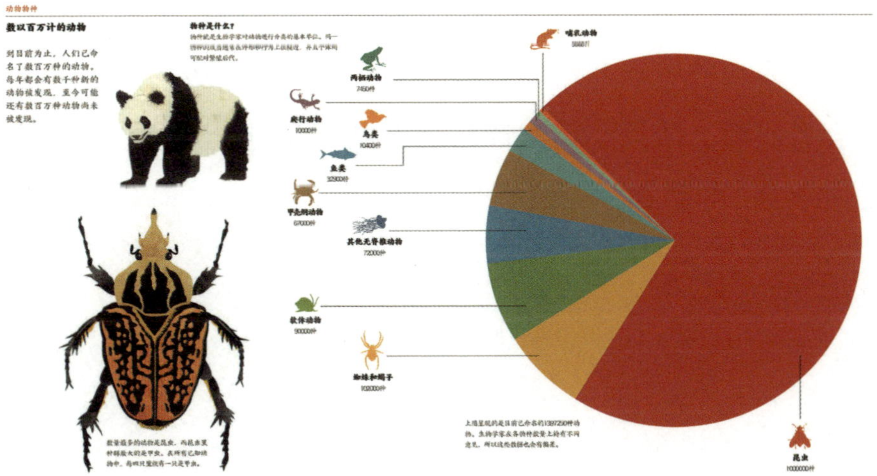

插画选自《动物大数据》

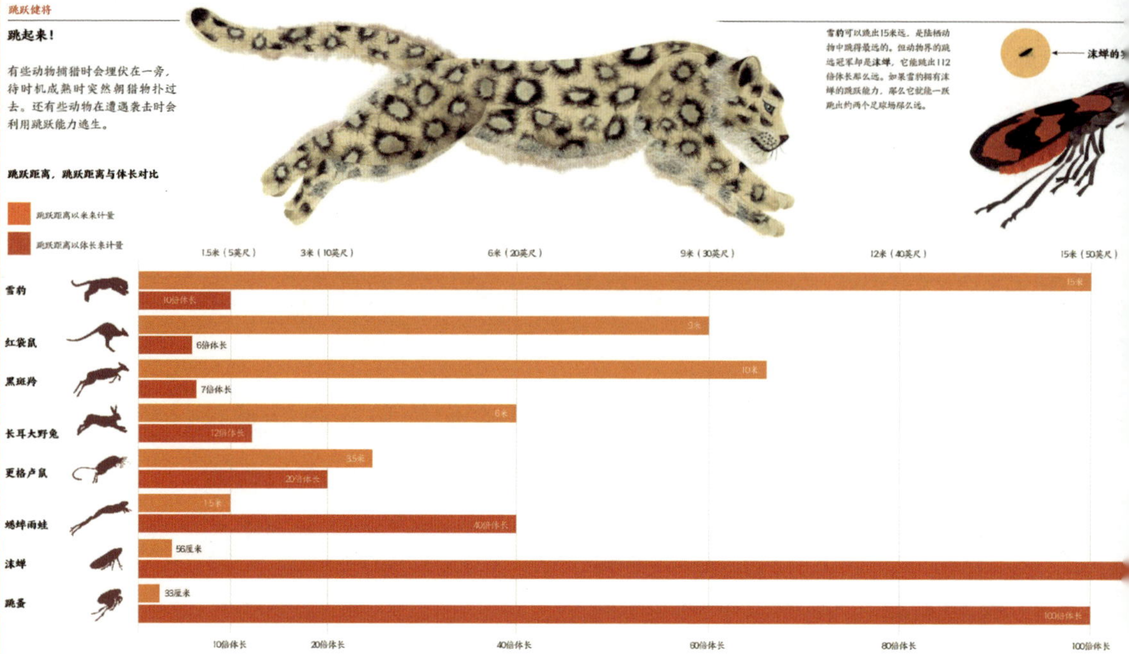

插画选自《动物大数据》

爱阅公益：您心中的读者年龄是？

詹金斯：我想的是一年级的学生可以理解这本书，但或许需要家长的一点儿帮助。同时七年级和八年级的学生可能也会有兴趣，所以整体阅读年龄大概是六到十三岁。最合适的应该是二年级或三年级（七到九岁）。

科学是一个过程

用一种新鲜的、抓人的方式呈现内容，

而不是仅仅重复让读者昏昏欲睡的信息。

爱阅公益：您觉得什么是科学？

詹金斯：科学是一个过程——一种看待世界的方式，提出问题，提出假设，以及通过验证这些假设来判定什么是世界真实的面貌。科学不是教条，科学不是知识的罗列。

爱阅公益：您为什么觉得科普图画书对孩子很重要？

詹金斯：这些书可以很抓人，跟视频和讲座不同的是，它们让孩子能够根据自己的节奏来学习和消化新的知识。对这些很快会成长为大人的孩子来说，能够对能源、生物工程、人工智能，以及许许多多我们还没想到的东西做出判断是非常重要的。理解科学的方式方法能帮助他们做出更智慧的选择。

爱阅公益：当您在创作科普类图画书的时候，有哪些方面是您重点考虑的？

詹金斯：我认为最重要的是在读者能够理解的语境和背景下介绍知识和概念。就像建造大楼一样，我们需要地基。当然了，内容本身也应该有趣。

爱阅公益：您觉得创作科普图画书对您来说最大的挑战是什么？

詹金斯：用一种新鲜的、抓人的方式呈现内容，而不是仅仅重复让读者昏昏欲睡的信息。

爱阅公益：您觉得什么样的科普或者非虚构类书籍是优秀的？

詹金斯：并没有某一种公式。但我认为一本好书能吸引读者，鼓励他们提出更多的问题，更理想的是，能够让他们更深入地探索同一主题。

爱阅公益：您觉得什么样的科普或者非虚构类图画书是低质量的？

詹金斯：“低质量”的非虚构类图画书在我看来是用没有背景和激情的方式呈现信息的。这些书一般是出版社为了填补想象中的市场空白而推出的产品，并非作者对某个主题感兴趣的结果。我想小朋友是能够看出区别的。

爱阅公益：您有什么想对中国读者说的话吗？

詹金斯：我特别高兴我的书，以及我和妻子一起创作的书在中国找到了读者。我女儿曾经在北京的高中教过几年现代舞。她喜欢学生们对学习的执着和热情，我去北京探望她的时候也见证了这一点。

中国，以及中国人在新世纪里一定会有非常重要的位置。我相信不论是中国孩子还是美国孩子，他们对世界如何以及为什么成为今天的模样理解得越多，我们的未来才会越光明。

采访时间：2019 年 6 月 7 日

曾孜荣

用会讲故事的中国画，带孩子们穿越千年时空

曾孜荣

让艺术能够更多地走入大众、亲近大众。

京城郊外的早晨冷清而宁静。

一支运货的骡队走过田野上的小路。

树林掩映着低矮的茅屋。

一名农人走到屋外，准备开始新一天的工作。

——《汴京的一天》

在人迹稀少的幽静山谷里，坐落着一座简朴的宅院，两位白衣隐士正在水榭上观景赋诗。

高高的山头上飞过一群鸟，列队朝着远方，很快就细若不见。

走过狭窄的小桥，在山中穿行几里，就来到了另一处院落。屋里屋外，人们各自忙碌。

正堂的中轴线前方有一座亭桥，一位白衣人正陶醉在杨柳依依的宜人景致中。

——《千里江山》

不论身处何处，只要翻开曾孜荣编著的“中国名画绘本”系列，四周的一切仿佛立刻安静下来，时间凝固，仅剩我与画中的世界。无论是汴京郊外的小路上，还是气势磅礴的山河之间，又或是洛神与曹植相遇的水边，我都置身其中，徜徉其间。

对我而言，《清明上河图》《千里江山图》《洛神赋图》等中国古代长卷终于不再遥不可及、艰深难懂，而是一幅又一幅充满故事的画面，一幅又一幅直抵人心的壮美河山。跟着曾孜荣的文字指引，我慢慢地看，细细地观察，静静地感受，

注：全文中《千里江山》（[宋]王希孟绘，曾孜荣编著）的图片来源于爱心树童书，北京联合出版公司出版。

插画选自《千里江山》

原来中国古画这么有意思。

曾孜荣现任中信美术馆执行馆长，我了解到这个信息后，不停地在地图上搜索中信美术馆在哪里，却怎么也没找到详细的地址。后来我才知道，原来中信美术馆目前并非一个实

一艘客船扬帆破浪，航行于大湖之中。

对岸又是一处依山傍水的宅院。院子外的亭榭中，两个人面对面坐着，也许是好久不见的朋友，正在愉快地聊天。水边有人在钓鱼，船上有人在戏水。

院子里也有一座亭子，屋顶由茅草铺就，可供人观景、纳凉。

近处的水边，两个渔夫把打鱼的罾放入水中。等待鱼儿进网的这段时间，他们可以悠闲地坐在棚子里喝茶聊天。

山后的坡地上房屋林立。紧邻水边的重檐四角攒尖顶小亭子里，一个白衣人端坐其中，他的伙伴正赶来与他相聚。

体空间，而是集中信书店、中信出版社和互联网平台为一体，进行公众美育的新概念美术馆。

我和曾孜荣约在启皓中心的中信书店见面，在此之前，我对中信书店的印象还停留在开在机场的小门店。可一走进这里，我忍不住连连赞叹起来，这是书店，更是一个处处都让人感受到美的滋养的空间。

这里简直是一个植物园，绿叶葱茏，鲜花娇艳，在书架旁，还有不少引人驻足的画作。采访完曾孜荣后，我了解到这些画就是中信美术馆布展的一种形式，不局限于传统美术馆中，而是进入人流量更大、更贴近人们生活的场景。

2016 年曾孜荣从今日美术馆离开。让艺术能够更多地走入大众，亲近大众，这是曾孜荣加入中信的初衷。他希望美不仅仅封存在美术馆里。

在中信书店，我与曾孜荣找了一个并不算太安静的角落交谈，哪怕是周中的下午，这里也依然熙熙攘攘。在读曾孜荣的作品时，我实在太好奇这些文字背后隐藏着一个什么样的人。他怎么如此博学，从书法绘画，到诗词歌赋，到古人生活的方方面面，全都通晓。采访过后，我见到了一个如他的文字和思想一般儒雅的学者，一个谦卑的人，一个对艺术如痴如醉的美育工作者。

谈到他的新书“颜色里的中国画”系列，曾孜荣先是拿起一本《颜色里的中国画：蓝》，一页一页地翻，细细地讲，每一幅画面都让他兴奋。讲完了《蓝》，我想我们可以继续聊点别的，可他又翻开了《红》，然后是《黄》和《绿》，每一页的故事他都不舍得错过，都迫不及待地与我分享，就像他编写这些书和孩子们分享艺术一样。

我真的很感谢曾孜荣，他的书让我这样一个几乎从没认真欣赏过中国画的人，变得见人就讨论不同的皴法，恨不得把所有书里出现过的画都打印下来贴在墙上。最重要的是，仅需翻开他的书，或是从电脑上搜索图片，我就能从中国画中得到难以言喻的美的享受。

我想这就是曾孜荣所说的大众美育了。如果孩子们从小就能有机会沉浸在这样的故事与画面中，他们未来的人生定会有更深刻的体验和更丰富的乐趣吧。

没有地址的中信美术馆

我们发展得很快，但越是在发展中越会发现，

我们好像对中国本土文化的重视不够多。

爱阅公益：您现在是中信美术馆的执行馆长，能介绍一下中信美术馆和您的工作吗？

曾孜荣：我以前在今日美术馆工作了九年，那时候我们主要依托于一个美术馆来开展相关的艺术教育工作。2016 年之后我来到了中信美术馆，在中信我们并没有一个实体的空间来做美术馆，我们是一个新形态、新概念的美术馆。

全国有一百多家中信书店，在中信书店的空间里，我们试图把美术馆、书店和咖啡厅打通，人们会在书店里看到很多艺术的元素。它不仅仅是一个书店，同时也可能是一个画廊，一个美术馆，一个艺术咖啡厅，我们试图让艺术更多地走向大众。

除此之外，中信出版社每年出版很多图书，其中一部分

是我在做的艺术类图书。我把这些称为“纸上的展览”。

互联网方面，我每年大概都会跟一两个平台合作，开设一系列的网络艺术课程。我们跟豆瓣、喜马拉雅、今日头条、博雅云课堂、中信书院等都有一系列合作，这些都是在互联网上的艺术教育。

中信美术馆目前不是一个传统的美术馆，它把中信书店、中信出版和互联网的艺术课程融合在一起。

爱阅公益：您做的这些工作是面对普通大众的艺术普及，还是只是针对孩子？

曾孜荣：中信美术馆的定位是面向全社会的美学普及，但是具体到某一个项目和产品，它一定会有严格的区分，以及更精准的定位。比如说在书店里面我们做的是微展览，这些艺术品针对的是文艺青年。

出版的书籍也分两种，有些是针对成人的，比如我们刚刚出版的图像小说《彗星袭地之昆仑陨石》。而你们所了解的“墨·中国文化艺术启蒙”系列，它是针对青少年的。每一个具体的产品和项目会有不同的定位。

爱阅公益：2016 年您为什么选择从今日美术馆来到中信美术馆？

曾孜荣：坦白地讲，在今日美术馆工作九年后，我觉得很多事情都已经轻车熟路，或是变成重复性的工作。我不想在那里退休，想换个平台学习和挑战自我。

我也希望做更多普及性的工作。今日美术馆相对而言还是有一些象牙塔的性质，跟大众不是那么亲近。在中信书店，每天来来往往的人流可能都超过一个传统美术馆的观众，中信美术馆还有出版和互联网这些更为大众的方式。

爱阅公益：当时您在今日美术馆主要负责什么工作？

曾孜荣：在今日美术馆的时候，我是副理事长，还做过一段时间常务副馆长，分管的领域比较多，甚至包括行政和财务，还有艺术教育、出版、书店、商店等等。

在今日美术馆的时候，我就经常给来参观的观众开设艺术讲堂、艺术培训、艺术工作坊等，不过那个时候我没有借助太多互联网手段，出版书籍也不多。所以我觉得还不够大众化，于是才迈出了这一步，试图做更大众化的普及。

爱阅公益：您近几年编写的很多书对中国画的关注比较多，现在是特别专注做这一领域吗？

曾孜荣：咱们做什么事情都得有一个阶段性的方向，以前我在今日美术馆做的工作，相对而言更多是涉及中国当代艺术以及西方艺术。到中信以后，我们跟中信的领导沟通后，大家都有一种感觉，从改革开放到现在，中国市场经济发展了四十年，我们发展得很快，但越是在发展中越会发现，我们好像对中国本土文化的重视不够多。

也可以这么说，今天的时代有点像中国的文艺复兴。既然是文艺复兴，不可能所看到的都是西方的文化和艺术，我们也希望更多地回头看一看之前中国的艺术是怎样发展过来的。所以在阶段性的前提下，我比较多地关注中国艺术和绘画的呈现。

当然也不仅仅如此，我最近要出版的一本书叫《图画的游戏：LOOK！德国绘本的艺术创意》。这本书里面基本上都是西方的题材，包括西方美术史的资料、故事和创意等。但在阶段性的前提下，我还是以中国艺术普及为主要方向。

爱阅公益：读您的书觉得您特别博学。您从小就学画画吗？

曾孜荣：我从小就学书法，学了很多年，一直到现在都没有间断书法的训练。

爱阅公益：您如何开始出版与艺术工作的呢？

曾孜荣：我是江西人，20 世纪 90 年代江西有一位很著名的书法教育家叫席殊，我的第一份工作就是在他的书法学校里担任书法教师。1998 年，席殊到北京设立了席殊好书俱乐部和席殊书屋，我也就跟着来到北京。就这样，我跟书店、跟图书结了缘。

到 2004 年的时候，我去了大块文化公司。有那么两三年，我一直在做幾米绘本的相关工作，因为幾米的书都是大块文化出版的。

2007 年因为一个特别的缘分，我来到今日美术馆。当时今日美术馆的馆长是张子康先生，我给他做副手，负责的就是图书和艺术教育这一块。

爱阅公益：您平时特别喜欢看书吗？您了解好多东西。

曾孜荣：也不是啦，我 1998 年来北京做《好书》杂志编辑，我的工作都是跟图书有关的，自然有很多机会看很多的书。但实事求是地讲，也都是略知皮毛而已，系统的研究和学习并不是很深入。

直到 2007 年来到今日美术馆，因为工作性质更专注于艺术教育和普及，在这个阶段，我才较为专注地研究艺术教育。因为我做过编辑，杂书自然看了一些，然后再把两者结合起来，我希望让艺术教育这件事情变得既能深入又能浅出。

爱阅公益：所以从最早开始您对艺术的切入点都是艺术教育。

曾孜荣：对，无论是展览，还是出版，还是课程，那只是产品的形态，本质上它的目的都是艺术教育。

爱阅公益：您有最喜欢的画家或者风格吗？

曾孜荣：我喜欢的画家很多，如果要说最喜欢的话，可以举几个，在西方艺术史上，我很喜欢夏加尔（Chagall），在中国美术史上我又比较喜欢明朝的仇英。

爱阅公益：为什么您喜欢夏加尔和仇英？

曾孜荣：他们两个人都有一种共同的气质，那就是作品的色彩非常绚烂，我喜欢有色彩的艺术。同时他们又很浪漫，充满想象力，甚至很天真，你能够看到他们作品中的童趣。我很喜欢德国儿童文学作家凯斯特纳（Kastner）的观点，他认为保持童心对于艺术家和文学家是很重要的一点。

“墨·中国文化艺术启蒙·认识名画家”系列和《神仙中人赵孟頫》

艺术即生活，生活也即艺术。

爱阅公益：入选“爱阅童书 100”书目的《神仙中人赵孟頫》是您主编的“墨·中国文化艺术启蒙·认识名画家”系列中的一本。这个系列里还介绍了宋徽宗、八大山人（明末清初画家朱耷的号）、郑板桥、唐伯虎等中国古代著名画家。您之前说您从小练书法，选赵孟頫也跟您喜欢书法有关吗？

曾孜荣：这一套书出了三辑，第一辑叫“看懂名画”，我选了五幅名画，有《清明上河图》《步辇图》《韩熙载夜宴图》《洛神赋图》等等。

注：全文中《神仙中人赵孟頫》（曾孜荣主编，时光著）、《顾恺之和他的〈洛神赋图〉》（曾孜荣主编，高高亭、周剑箫著）的图片来源于中信出版集团。

插画选自《顾恺之和他的〈洛神赋图〉》

第二辑叫“认识名画家”，我又挑选了五位大众知名度最高的艺术家，赵孟𫖯、唐伯虎、宋徽宗、八大山人，还有郑板桥。

第三辑是“颜色里的中国画”。每一辑都有不同的定位。

“认识名画家”系列里，我们定位大众知名度最高的五位画家，赵孟𫖯显然是。赵孟𫖯不仅仅是画家，他还是著名的书法家。我们知道书法里有楷书四大家：颜柳欧赵，即颜真卿、柳公权、欧阳询、赵孟𫖯。

我在这本书里主要介绍了他的生平，他绘画作品的故事，以及他的艺术理念。赵孟𫖯最重要的一个艺术理念就是“书画本来同”，他把很多书法的元素融入绘画之中，他的绘画跟书法是一个完美的结合。

爱阅公益：“认识名画家”系列您的切入点是人物生平，然后通过人物的人生经历介绍他们的绘画和书法作品。

曾孜荣：有人说“艺术即生活，生活也即艺术”。我们要谈论一个艺术家的时候，不可能脱离他的生活单独去看他的作品。如果抽离出他的生平，我们很难真正地理解他。

我们真正了解赵孟頫的经历之后，可以知道他作为宋朝的皇室后人，遇到改朝换代时的无奈。蒙古人执政以后，对待汉族文人用了很多招徕的方式，他们希望汉族文人为他们服务。

但是大多数汉族文人都选择了归隐，像吴兴八俊[①]中大多数人就选择做隐士。但赵孟頫不一样，因为他是宋朝宗室后人，忽必烈对他格外重视，曾单独召见他。这对他来说是一种很大的压力，如果他不跟元朝政府配合，可能会面临很严重的后果，说不定会有性命之忧或牢狱之灾。

最后他做了一个痛苦的决定，加入元朝政府做官，从此专心书画，衣食无忧。但这也是很悲惨的，后人嘲讽他为“贰臣”，很多人都认为他的气节有问题。

①“吴兴八俊”指的是宋末元初八位杰出的画家、书法家、诗人，即钱选、赵孟頫、王子中、牟应龙、肖子中、陈天逸、陈仲信、姚式。

理解了他的生活经历后，我们再去看他的作品，就会理解他的作品非常之中庸。他的字写得漂亮到极致，但也有人批评说很妩媚，媚到没骨头。这就是给他的人格贴了一种符号和标签。

插画选自《神仙中人赵孟頫》

他的画同样非常平淡天真，非常淡雅，他把很多书法的技法用到了绘画中。他有一幅著名的《秀石疏林图》，就画了几块石头、几根竹子和几棵枯树。画里面的线条完全是书法的线条，他用草书的飞白法去画石头，又用篆书的方式去画枯树的树枝，还用永字八法①的点横竖撇捺去画竹叶。把书法用到绘画之中，他是独一份。

赵孟頫做了很多这种中庸式的融合，同时也是创新。但也有很多人认为他其实只是调和，没有独特的个性，就像他为人

① “永字八法”是阐述楷书点画用笔的一种方法，以“永”字八笔顺序为例，所以叫这个名字。

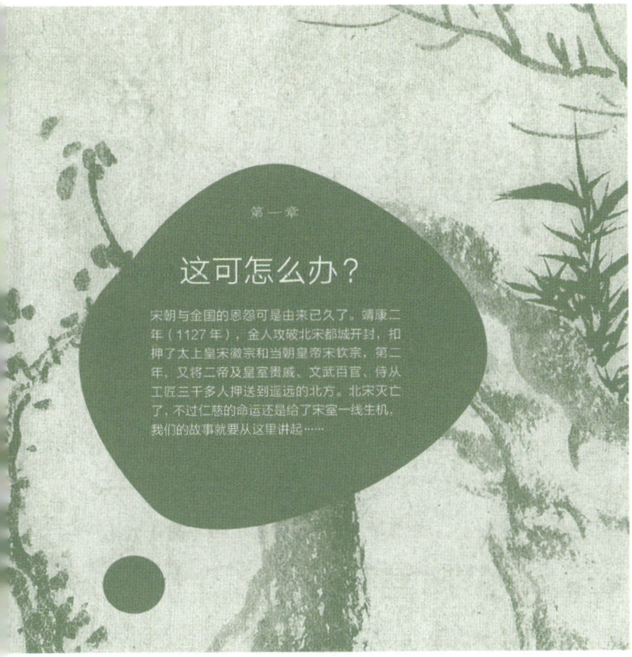

处事一样，一味地圆融。

爱阅公益：您是这套书的主编，作者还有其他人。您作为主编，具体要做哪些工作？

曾孜荣：我要对题目做出规划，把握图书的逻辑方向和框架，团队的成员会成为每一个分卷的作者，他们执笔完成最后的文字编写工作。

我的同事大部分都是妈妈，我对她们的要求是，你试想一下，如果你跟自己的孩子讲赵孟頫、唐伯虎的故事，你要用什么样的语言、方法和措辞来表达，然后你再怎样讲给千千万万的孩子听。

爱阅公益：您认为这一系列的目标读者年龄大概是多少岁？

曾孜荣：“认识名画家”系列我们设定的年龄是十岁以

上，十岁以上到青年其实都可以看，它是文化艺术启蒙读物。很多家长跟我说，和孩子一起阅读，他们的收获也很大。

爱阅公益： 我自己读也觉得十分受益。

曾孜荣： 对，所以我认为它还可以是一套亲子读物。

爱阅公益： 这套书从文字到整体设计和排版都很清雅，内容也很丰富，有深度。我感觉并不会为了迎合孩子而做得很简单，或者“孩子气”。策划这一系列书的时候，会担心孩子不感兴趣吗？

曾孜荣： 不会的，我们每一套产品都有精准的年龄段定位，这套书就是定位给十几岁的孩子看的。十几岁的孩子自己看或者跟家长一起看，我觉得没有任何问题，但它肯定不适合十岁以下的孩子看，除非家长挑出部分片段，读给孩子听。

爱阅公益： 你们在策划的时候会做市场调查，比如找一些孩子来试读吗？

曾孜荣： 我们当然会去尝试，比如要求每一个分卷的编写者去读给自己家的孩子听，或者是把文字打印出来，再找别的适龄青少年阅读，看他们能不能够理解。我们要反复做测试，最后才能形成定稿。

爱阅公益： 能介绍一下这一系列书的作者，比如说《神仙中人赵孟頫》和《天才皇帝宋徽宗》的作者时光吗？

曾孜荣：时光是中央美院的研究生，毕业以后加入我的团队。她是一位年轻的女士，孩子只有三四岁。

爱阅公益：这个系列的每本书后面都有让孩子自己动手

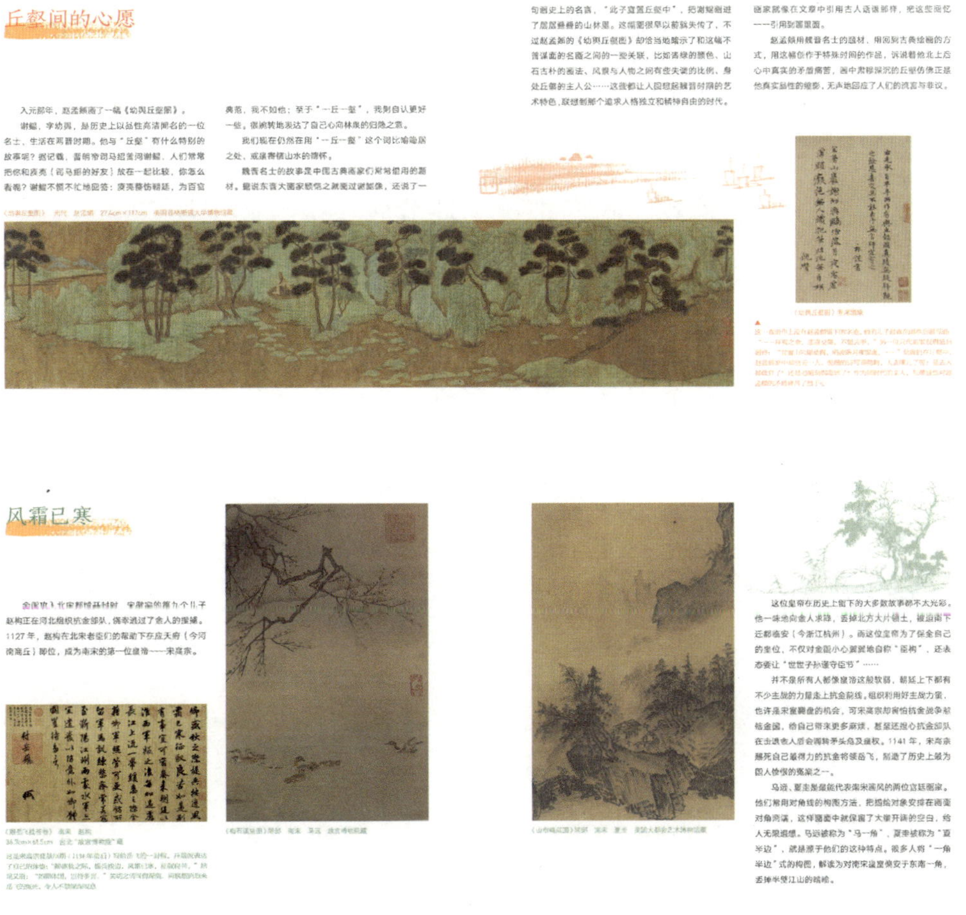

插画选自《神仙中人赵孟頫》

的“绘画工坊”，让孩子自己也可以参与到艺术创作中来。

曾孜荣：我们觉得一套完美的青少年读物要具备这样几个要素：

第一是故事性。无论是青少年还是小朋友，大家都是喜欢听故事的。

第二是知识性。相关的历史、文化、知识、背景，我们要糅合在里面。

第三就是游戏性。孩子希望阅读这本书的时候还能够做一点儿游戏，我们把这个环节放在“绘画工坊”里。

爱阅公益：策划这样一套书大概要花多长时间？

曾孜荣：每套书大概要花八九个月甚至一年的时间，我们有四五个编者一起来完成。

“中国名画绘本”系列和《汴京的一天》

我觉得大众需要了解的就是常识，

还有故事。

爱阅公益：“中国名画绘本”系列是您编著的，也就是说文字也都是您自己写的，对吗？

曾孜荣：是的，“中国名画绘本”系列是我单独完成的另一个项目。

爱阅公益：这个系列跟“墨·中国文化艺术启蒙”系列的切入点很不一样，您用讲故事的方式把读者带入画中，并不过多解读式地描述画作的背景与艺术性。

曾孜荣：对，“中国名画绘本”跟“墨·中国文化艺术启蒙”的定位完全不一样。刚才说了“墨·中国文化艺术启蒙”的定位是十岁以上，一直到青年的阅读群体，而“中国名画

注：全文中《汴京的一天》（[宋]张择端绘，曾孜荣编著）的图片来源于爱心树童书，北京联合出版公司出版。

绘本”的年龄定位要小一些，大概是五到十岁。

就如你所看到的，它的画面和文字非常简单，页数也不多。小孩子的注意力有限，他们不太可能长时间地阅读一本绘本。这个系列的文章短小精悍，但是图片的尺寸比较大，孩子能够很清楚地看到里面的细节。孩子在阅读几行简短的文字时会得到很多提示，然后他们再去看画面，就会注意到很多细节，这就是审美与美育。

爱阅公益：我特别喜欢您的这些文字，能说一下您是怎样创作这些文字的吗？

曾孜荣：很简单，就是看图说话，也没有什么深奥的。保持一颗童心，仔细地看画面，画面中的人物在干什么，画

插画选自《汴京的一天》

面画了些什么样的景物，画面在讲述什么故事，把这些好好讲出来就可以了。

爱阅公益：像《清明上河图》这样经典的作品，一定已经有很多解读吧？您为每一幅画面配上文字时，要查很多史料和背景知识吗？还是以自己的解读为主？

曾孜荣：我既然要做这个工作，肯定会阅读大量的参考书籍，比如说我要写名画中的服饰，我就要读沈从文先生的《中国古代服饰研究》等一系列学术著作。但是即便如此，我也不能说我的解读就是正确的。

“各有所见，难有定论”，对一个画面的解读，其实也像读《哈姆雷特》一样，一千个读者就有一千个哈姆雷特。我只能说我试图按照我的常识和逻辑去解读，而且这些逻辑是通的，但它不是定论，也不是唯一的说法。

爱阅公益：这些辅助材料的阅读，您是要去创作的时候才读的，还是之前已经有了很多积累？

曾孜荣：商务印书馆出版过一本书叫《如何阅读一本书》，是艾德勒（Adler）教授写的。它对我的影响很大。那本书里提到了阅读的几种方法，特别实用。

第一种方法是扫描略读，每本书粗略地看看封面、封底、内容简介，只要一分钟你就大概了解了它在讲什么，这个时候你心里会有个判断，这个题材你感不感兴趣，要不要深入研究。

第二种方法是检视阅读，将经过扫描略读筛选后，仍有兴致继续阅读的书籍快读一遍。当然，有一些书读到一半，兴趣索然，便放弃了。

第三种阅读是分析阅读，我们要精读细读，甚至反复推敲，摘抄笔记，分析一本书的结构、逻辑、语言等，特别是它带给我们的启示是什么。

书中最后还介绍了一种主题阅读。我们在工作和生活中会遇到各种各样的问题。这些问题怎么解决呢？艾德勒教授说，可以通过主题阅读来解决。我们遇到的问题很可能前人也思考过，这个时候你按照主题阅读来寻找若干相同主题的图书，顺藤摸瓜，会有很多收获。

我后来做艺术研究都是按照主题阅读进行的。比如说要写《汴京的一天》，我就会收集很多关于北宋时期东京（也就是汴京）的文史资料来阅读。读《东京梦华录》我会知道当时的人怎么用文字去描述汴京的繁华与市井百态。同时我也要看很多其他学者写的《清明上河图》的研究成果，比如故宫博物院鉴画专家余辉老师的研究给了我很多启发。

插画选自《汴京的一天》

收集了一系列关于北宋、东京、《清明上河图》的资料后，我再按照艾德勒教授说的几种阅读方法，去做筛选，有的略读，有的快读，有的反复仔细看，一定会有收获。当我把这些都消化了，再来看要写什么，就很清楚了。

爱阅公益：所以每本书的创作都要有一个主题研究？

曾孜荣：我肯定要先做一个主题研究，然后再来动笔。

爱阅公益：比如《汴京的一天》，您要读多长时间的书？

曾孜荣：至少要做几个月的准备。

爱阅公益：您是个记忆力很好的人吗？

曾孜荣：不是呀，这个世界上天才并不多，好记性不如烂笔头。

爱阅公益：一读您的文字就感觉到整个世界都安静下来，让人完全沉浸到了画里面。您有特别去思考文字的风格吗？

曾孜荣：我好像没有特意去想风格，就是好好说话，尽自己所能去说别人能够听懂的话。

爱阅公益：将连续的长卷画面分割成一页一页的绘本，这个工作困难吗？会遇到不知道从哪里切割的地方吗？

曾孜荣：中国艺术跟西方艺术有一个很大的不同之处，西方艺术通常是一个视角，好像是从窗口看出去的视角，或者是用照相机按下快门的静态视角。而中国绘画有一种举世独有的美学，也就是连贯性的画面叙事。

如果说西方绘画像照片，那么中国绘画就像电影和纪录片，它是动态的，有很多镜头，就像电影的一幕又一幕镜头。我在编写“中国名画绘本”的时候，其实是把一个长卷，一个纸上电影里的分镜头挑出来，一幕一幕展示给读者，然后配上解说文字。

爱阅公益：对于很多人来说，去看中国长卷可能会不知道从何入手，您能不能介绍一些欣赏长卷的方法？

曾孜荣：我觉得不用贪多，就像我们进入一个书店，突然面对成千上万本书会不知所措。这时候你只需要拿起眼前这本书，哪怕只看封面和简介就放下，你对这本书还是会有些许了解。

我们看一幅画的时候，切忌走马观花。我们进入博物馆或者美术馆，一口气看了很多张画，但是对每一张画都不曾停留一分钟。你至少得停下来一分钟，仔细看看眼前的画面中画的是什么。如果画的是人物，这些人物在扮演什么样的角色？如果画的是花鸟，这些花鸟在传达什么样的诗意？如果画的是山水，这些山水又是什么样的构图和布局？

当你真正静下心来花一分钟以上的时间去看一幅画的时候，这幅画可能真正吸引了你。我常会花一个小时去看一幅画，而不是看一眼就走。

爱阅公益：“中国名画绘本”系列您也是带着读者观察画面里讲了什么，发生了什么？

曾孜荣：对，我觉得就是讲解常识，处处遇见的常识。我不认为我有什么高深的诀窍和学术研究，那也不是大众所需要了解的。我觉得大众需要了解的就是常识，还有故事。

“颜色里的中国画”系列

这一套书我个人比较满意，
它的故事内容丰富，信息量很大。

爱阅公益：您新出版的“颜色里的中国画”系列以红、黄、蓝、绿四种颜色作为主题。请您跟我们聊一聊这个系列。

曾孜荣：我一直在想如何让每一套书有所不同。“墨·中国文化艺术启蒙”系列的第一辑是“看懂名画”，第二辑是“认识名画家”。第三辑就是“颜色里的中国画”，我试图从色彩的角度去讲艺术的故事，去呈现艺术。

颜色在绘画里是很重要的元素，而且孩子们对颜色特别敏感。红、黄、蓝是三原色，再加上一个调和色绿色，是大

注：全文中《颜色里的中国画：蓝》（曾孜荣编著）的图片来源于中信出版集团。

自然中最常见的几种颜色。中国画其实绚烂多彩，并非如我们以前所认识的大部分只是黑白的。

书里的每一幅画面都配有一个小故事，有文化和历史的背景。我们举几个例子吧，比如说《颜色里的中国画：蓝》，第一幅画面是敦煌的狩猎图，我们可以看到古人在山间狩猎的场面，两名勇敢的猎人正在骑马奔驰。前面这个人拉满了弓，回身射向一只扑来的猛虎，后面那个猎人正手执投枪，追逐三只奔跑的黄羊。老虎的凶猛，黄羊的惊慌，还有猎人的敏捷都画得很精彩，动感十足。

画面的底部是连绵起伏的蓝色群山，它像梳子的锯齿一般，大小均等，整齐地排列着。而且你看，我会告诉大家，蓝色的颜料是中亚地区人们偏爱的颜料，它通过丝绸之路传到了中国，在敦煌融入中国绘画。你看，这样一幅画面中，

插画选自《颜色里的中国画：蓝》

● 仇英《汉宫春晓图》局部　明代　约470年前

仙乐风飘处处闻

这一天阳光正好，后宫中的女子们将乐器搬到廊下，玩乐起来。仙乐飘落之时，两个蓝衣宫女翩翩起舞。有一旁围观的，有拍手相和的，还有正在赶来看热闹的……你看，左边那个舞蹈者的背影，像不像前面《韩熙载夜宴图》中跳六幺舞的王屋山？

这是仇英仕女画中的得意之作，仅仅是这一小段，人物众多却形态各异，而整幅画一共有五米多长呢！

画家想象出来的树

画面近景是一片蓝色：蓝色的石头、蓝色的树干，还有蓝色的树叶。大自然中其实没有蓝色的树木，这是画家想象出来的。

在蓝树、红叶之后，是氤氲（yīnyūn）的云雾，一座茅屋若隐若现——画家只用简单的几笔就勾画出房子的轮廓。

更远处，一座山峰跳出云烟的遮蔽，崭露头角。山上密密麻麻的绿色点子，表现的是茂密的树林。画中仿佛是雨后天晴的世界，万物被雨水冲刷后，颜色更鲜艳了。

插画选自《颜色里的中国画：蓝》

历史、知识、文化，还有画面的故事，我们都呈现出来了。

爱阅公益：读了您的文字，画面一下子更鲜活了。

曾孜荣：再比如说，这个是《楚辞》中屈原所写的《山鬼》的故事，然后还有宋徽宗在皇宫里看见仙鹤的故事，还有刘松年所画的罗汉，他在思考问题，你看画中的罗汉身穿蓝色上衣，双手拄着拐杖，头上笼罩着一层如雾如纱的蓝色背光。

这本书你别看它小，里面有三十四个故事，故事都很简单，但都很好地切入了历史文化。

爱阅公益：每一幅画都是您自己选的吗？

曾孜荣：都是我自己选的。

爱阅公益：这个系列是您编著的，意思就是说文字也是您自己写的吧？

曾孜荣：对，基本上是我独立完成的。

● 董其昌 《仿古山水册八开·仿杨升》 明代 约 390 年前

插画选自《颜色里的中国画：蓝》

爱阅公益：对每一幅画都得做大量的资料收集吧？

曾孜荣：这一套书我个人比较满意，它的故事内容丰富，信息量很大，特别值得去看，很多家长看后都觉得大开眼界。

游戏中的美术教育

孩子生下来就是画家，只要让他们尽情地去玩，
自由地使用色彩和点线面，去做游戏就好了。

爱阅公益：我有一个题外话的问题想咨询您。有的时候我们去看当代艺术会觉得很难懂，比如画上只有一个点，或者一张白纸。您觉得该如何去欣赏这类艺术呢？

曾孜荣：欣赏当代艺术跟传统艺术确实有很大的不同。传统艺术，无论是中国绘画还是西方绘画都有个共同之处，它试图去描摹我们的眼睛所看到的世界，因为古代没有照相机，也没有摄影机，画家扮演的就是今天摄影师的角色。这些画只要静下心来看，大家都能看懂。

在 19 世纪照相机发明以后，艺术家都感到很恐慌，怎么努力去画，都赶不上照相机咔嚓一下效率那么高。那我们人类所独有的是什么？是创意。这个时候艺术家开始尝试不用客观的视角去看待世界，而是带着主观的感情重新看待世界。

西方现代艺术兴起后，所有画家都不再追求画得像，他们表达的可能只是某种情绪、某种观念或者某种独创性。

对于这种独创性，你一定要一个个作品具体去看，这样才能够体会出来。比如你说有些作品就像白纸一样，什么都没有画，那你也可以理解成，他画的就是“白茫茫大地一片真干净”。但一定得是第一个这么做的艺术家才有创意价值，当第二个画家再去画一张白纸，他不过是落入窠臼、拾人牙慧而已，他并没有自己的独创性。

插画选自《顾恺之和他的〈洛神赋图〉》

每一个伟大的艺术家都是在做前人没有做过的事情。

爱阅公益：关于中国的美术教育，有时候我们会说，对比国外，中国或许会更多地注重于画得好，画得像，以及绘画技巧的层面。而国外的美术课堂会更多地鼓励创意，对技巧的要

插画选自《顾恺之和他的〈洛神赋图〉》

求没有那么严苛。您觉得是这样吗？您的观点是什么？

曾孜荣：我听过一个这样的故事。有一位美术教授，有一天孩子问她，妈妈，你上班是干什么的？然后她回答说，我是大学美术教授。但孩子不是很懂，她就换了一个说法，说妈妈上班就是教哥哥姐姐们怎么画画。然后孩子不相信地反问妈妈，你是说哥哥姐姐连怎么画画都忘记了吗？我都知道怎么画画，怎么还需要你去教？

这个故事很深刻地折射出我们艺术教育出现的问题，我们不需要太多的应试教育，我们应该更多地去培养孩子们的天赋。孩子生下来就是画家，只要让他们尽情地去玩，自由地使用色彩和点线面，去做游戏就好了。

其实中国古人也是这么认为的，《论语》里说“志于道，据于德，依于仁，游于艺”，游于艺就是应该把艺术当作游戏。

爱阅公益：那您觉得会有一个比较合适的轨迹吗？比如多少岁以前不要教技法，多少岁以后应该学习一些技法？

曾孜荣：我自己很熟悉美术史，无论东西方，美术史上很多大师都不是科班出身，比如说我们都知道的画《富春山居图》的黄公望，他年轻的时候一直想做官，四五十岁以后，对做官这件事情彻底绝望，出家做了道士，才开始画画。

西方也一样，像著名的画家亨利·卢梭（Henri Rousseau），他也是人到中年才开始画画。他们画画并不学别人，他们就画自己，真正的艺术家都是画自己的，不会总是去学别人。

只有一种情况，我认为可能需要注意技法的训练，那就是考美院，因为考美术学院必须要掌握一些套路和技法，但那也只是高中生需要去做的训练。

对于孩子，或者对于我们成年人来讲，平常我们自己想画几笔，其实不用管太多，只要自己多看，自然会知道很多种方法，很多种尝试，你去玩就好了。艺术本来就是做游戏。

爱阅公益：我一直觉得自己特别没有绘画天赋，别人都能画得很像，我就画不出来。

曾孜荣：我刚才已经说过了，艺术史上有了照相机以后，大家就不再追求画得像。为什么要画得像？宋朝的苏东坡就讲过："论画以形似，见与儿童邻。"你如果以画得像不像来评判一张画好不好，这是很低级的认识。你应该想我能不能通过这张画表达出我的感觉，只要表达出感觉来了，觉得好玩，像与不像都不重要，一点儿都不重要。

采访时间：2019年6月26日

李星明

只有经过孤独的
历练，才能
成为完全的自我

李星明

我觉得小朋友是非常重要的读者，他们的心灵是最干净、最纯粹的，所以我每次都会用自己最大的能量，花很多时间手绘，然后把它呈献给读者。

在绘本创作这个领域，1993年出生的李星明可以说是“血统纯正”“根正苗红”了。他本科毕业于中央美术学院的绘本工作室，在课堂里，老师们以“我们现在开始讲故事了”开始，让同学们浸润在大师们的经典里。从绘本造型基础到版面设计，李星明经过了系统的学习和训练。

李星明的处女作《水獭先生的新邻居》让每个读者眼前一亮，不论是他对绘本这种艺术形式的深刻理解，还是文字的艺术性和节奏感，以及水獭先生鲜活的形象，都很难让人相信，这是一个大学生的毕业作品。仅这一部作品，就让李星明步入最优秀的中国原创绘本作家的行列。

见到李星明前，蒲蒲兰的编辑在电梯里跟我说，大家都特别喜欢李星明，他有才华，很谦虚，还长得帅。和李星明聊了两个小时后，我发现编辑的总结果然精辟又到位。

走进采访的会议室，李星明已经先到了。他赶忙起身，身子稍微弯着，双手合十，非常客气，不停地说“谢谢”。李星明穿一身短衣短裤的运动服，头上戴一顶黑帽子，脸上挂着笑容，给人的感觉特别有活力，全身都是能量。因为知道我从广东来，作为茂名人的他，还用粤语跟我交谈了几句。

采访李星明前我有点担心能聊的话题不多，他这么年轻，目前只创作了两本绘本——《水獭先生的新邻居》和最新出版的《苏丹的犀角》，希望采访不要太快结束就好。

一和李星明聊起来，我就知道我的担心完全是多余的，李星明是我遇到过对自己的作品解读最细致的作者。他捧着两个心爱的“宝贝”，一页一页给我激情澎湃地讲，生怕漏了任何一个细节。当我准备聊一聊其他话题时，他又说：“等一等！我还有一些想补充的！”

听了李星明的讲解，我再一次深刻地感受到，那些读者可能只停留几秒就翻页的画面，是经过了画家斟酌再斟酌后的精心设计，画面里埋藏了许许多多的小线索。那些简短的文字，是作者和编辑一次又一次修改和打磨的结果。所以，好的绘本真是要多读几遍啊。

当我问李星明，你的文字怎么写得这么好，或者你的处女作怎么就这么优秀，李星明的回答不是展现自己的能力有多强，而是一次又一次对所有的老师和编辑表示感谢。李星明毫无避讳地说自己的文字其实很一般，是在经过央美的向华老师和文字编辑马皓月的不断帮助和修改后，《水獭先生的新邻居》的文本才变得像现在这么朗朗上口。

在创作新作品《苏丹的犀角》时，李星明遇到了很多困难，最后因为他的坚持，我们才得以看到这本关于濒危动物的珍贵绘本。“我觉得小朋友是非常重要的读者，他们的心灵是最干净、最纯粹的，所以我每次都会用自己最大的能量，花很多时间手绘，然后把它呈献给读者。”李星明说。

两个小时的采访很快就结束了，这是充满欢笑和思考的两个小时。

真是一次愉快的交谈啊！

《水獭先生的新邻居》里的孤独与自由

人只有经过孤独的历练才能拥有更大的格局，

才能成为完全的、自由的自我。

爱阅公益：请跟我们聊聊水獭先生吧。

李星明：水獭先生诞生于我大三时的作业。我毕业于中央美术学院，大三的时候刚刚进入央美的绘本工作室，第一堂课就是绘本造型基础，作业要求我们把自己跟一只动物相结合，创作出一个形象。我当时选的就是将水獭跟自己结合，然后创作了这个角色的原型。

爱阅公益：为什么会选择水獭呢？结合后的形象有哪些您自己的影子？

注：全文中《水獭先生的新邻居》（李星明文图）的图片来源于蒲蒲兰绘本馆，新世纪出版社出版。

插画选自《水獭先生的新邻居》

李星明：前面好几届的学长学姐们选的都是特别受欢迎的动物，我当时也考虑过小猫、小兔子、小狗等，但是后来因为看见他们画得太好了，我又没有什么自信可以超越他们，就另辟蹊径，选了一个很少有人了解，但又很可爱的动物——水獭。

我学美术有一个特别重要的理念，就是艺术要有独特性，我要跟别人不一样，这也是我选水獭的一个原因。

为了让水獭跟自己相结合，我当时做了很多功课。首先是画自画像，然后我去了北京动物园写生。其实水獭的眼睛没有那么大，因为我的眼睛比较大，我就把水獭的眼睛主观地放大了。还有一点是我觉得水獭跟我特别像，它刚好有黑眼圈，这跟我这种常年熬夜的设计系学生很像。

仔细观察，你还会发现它是歪嘴笑的，而我的嘴巴笑起来也有点歪歪的。

爱阅公益： 有了水獭先生这个形象以后，接下来您是怎样去创作的？

李星明： 有了这个形象以后，接下来的练习就是去画他的表情，开心的表情、疑惑的表情、伤心的表情等等。完成这些表情训练以后，再画他的全身像。最后的要求是给他画一个场景。我选的是水獭先生的家，为这个场景画了素描稿子。

创作完以后，我把作品发到了国际设计平台 Behance。没想到荣登了他们的首页，一下子第一波流量就来了。专业人士竟然都这么喜欢这个形象，我当时心想一定要给他创作一个故事。

爱阅公益： 然后就开始想故事了，是吗？

李星明： 我把写故事的想法和欲望放到心里，之后经历所有的事情时都会不停地去思考，比如，这件事情可不可以放到水獭先生的形象里面呢？那个灵感又能不能套在水獭先生身上呢？

爱阅公益： 您最后完成的毕业作品应该跟出版的绘本还是不太一样吧？

李星明： 形象几乎没有什么变化，当时已经做得算是很完善了，所以才拿了中央美术学院的一等奖，但故事和设计完成之后也经过了和编辑的讨论，进行了一些修改。

比如说《水獭先生的新邻居》有一个很大的腰封，这个大腰封是蒲蒲兰的美术编辑马跃提的意见。我自己原来设计的封面是腰封下面的这个，很纯粹，没有背景，只有一个水獭先生。但编辑提出的建议非常符合我想表达的故事内涵，于是就采用了。

爱阅公益：在这部作品的后记里，您提到作品最重要的内核跟孤独与自由有关。请再跟我们聊聊故事里的孤独与自由吧。

李星明：中央美术学院每年都会要求学生们去其他城市、地区或者国家写生。大三的时候，跟老师和同学们商量以后，我选择了云南，这个故事是我在泸沽湖的那段时间想出来的。

传说泸沽湖是非常漂亮的地方，不下雨时平静的湖面就像镜子一样，特别美，但是我去的那段时间每天都在下雨，我很无奈，只能待在房间里想东西。

这段时间老师又跟我们说，你们大三的同学赶紧想故事吧，晚上开会的时候要做个人汇报，有想法了就必须要说。我当时想的是两个故事，一个是坐火车的故事，另外一个就是水獭先生的故事。当时我一下子就想出了大概这样一个故事：水獭先生搬家了，搬到了湖心，接着很快就有邻居过来敲门。

后来我就跟我们的副教授杨忠老师——我们都叫她杨妈——说了这个故事。她说，好啊，那你就做这个故事。

后面这个故事怎么一步又一步发展，还有很长很长的一段故事。有了大概的构思后，我又觉得我自己想的故事好简单，分量可能不足以撑起一个毕业创作，毕竟毕业设计是四年来自己的总结。

我当时也有往另外一个方向想，我想让水獭先生以中国武侠的形象出现，但是后来经过了一大段时间的研究，我发现一年的时间之内我可能研究不好武侠。然后我就转了一个

插画选自《水獭先生的新邻居》

方向，又回到最初的样子，我想还是画一个穿着现代人衣服的水獭的故事。

后来有一天我看到了一本叔本华的书，叫作《要么孤独，要么庸俗》。读完以后，我觉得特别契合我想要表达的东西，所以就把书里的一些述说，以及我的感悟融进了这个故事。

爱阅公益：其实对于这个故事，我个人没有读出太多的自由与孤独。我的理解是寻求清静的水獭先生搬到一座岛上，很快就有友好的邻居来拜访，这种邻里间的陪伴也是很美好的。夜晚，邻居们走后，水獭先生回归一个人的生活，同样也很享受这种状态。这两者的结合大概是人生非常美好的一种平衡了。

李星明：我个人觉得创作一个作品，必须要有自己特别想要表达的东西支撑，但是读者们读出什么样的感悟和体验都是无所谓的，每个人都有每个人的理解，这是作者非常乐意看到的。

但是我创作的初衷和理由就是孤独感，可能有人看出来了，有人没有看出来，这都没有关系。我把自己创作时的感悟很好地浓缩到了这个作品里，我觉得也对得起我的青春了。

爱阅公益：就像您刚才提到的，这个作品得了中央美术学院毕业作品的一等奖，您觉得是哪些原因让您的作品脱颖而出？

李星明：我个人觉得是因为我的毕业设计比较完整。同时我的画是手绘原画，这应该也给了我很大的帮助。其他人展示的都不是原画，是在纸上画好了以后，用电脑 PS 修改，然后再打印出来展示的。

我认为手绘是一件非常神圣的事情，创作这本书的时候如果画错了我就重画，一定要画到特别满意为止。在画里，水獭先生的眼睛和有阳光的地方我还都用了金粉。在毕业展上，别人经过我的画的时候，他们首先会发现这是原画，然后还会发现我的画闪闪发光，十分耀眼。

爱阅公益：您现在创作是手绘比较多还是用电脑比较多？

李星明：一般是相辅相成的。我的绘本都是手绘的，因为我觉得手绘才能表现出温度感。在电脑上，如果我要画一个漂亮的渐变，鼠标一拉，就非常均匀地铺好了，一点儿错误都没有。

手绘可能没有那么均匀，可能会出现很多小瑕疵，但有时候这些小错误可能会产生意想不到的效果，反而成就了自己的风格。这些都是电脑代替不了的。

我觉得小朋友是非常重要的读者，他们的心灵是最干净、最纯粹的，所以我每次都会用自己最大的能量，花很多时间手绘，然后把它呈献给读者。

爱阅公益：《水獭先生的新邻居》是用哪一种媒材画的？

李星明：这本书用的是水彩，温莎牛顿的艺术家级的水彩，以及少量的日本进口水粉。水彩是全透明的，一层一层叠上去，给人很通透的感觉。水獭先生的眼睛则是用金色的颜料画的。

爱阅公益：故事画面有大量的留白，只有画面人物主体，没有背景。读者要通过动物们的动作和表情来想象房子此时的状况。能聊一聊这个设计背后的思考吗？

李星明：我个人认为好绘本的形象一定要有独特性。与此同时，构图也非常重要，在好故事的前提下，我很注重如何能够用好的构图呈现故事。

我的画风比较细腻，如果每一页都这么细腻的话，可能会让人视觉疲劳。但是如果使用留白的方式，就给人一种很干净的感觉，也能更好地凸显出我想要表达的内心孤独的感觉。

留白给人的想象空间也更大，像我画动物来敲门的时候，虽然我没有画后面有什么东西，大家也会去想象，但翻到后面读者才会知道，原来水獭先生的家是这个样子的，给人一种惊喜的感觉。我觉得想象力对孩子来说是非常重要的。

插画选自《水獭先生的新邻居》

爱阅公益：阿甲老师在导读里提到这本书让他想到约翰·伯宁罕（John Burningham）的《和甘伯伯去游河》，您创作的时候有受到这本书的启发吗？

李星明：我们大三都经过了各种专业的训练，大师的作品几乎都看过，肯定会有《和甘伯伯去游河》。这是一本很精彩、节奏感很强的书，看了以后我的内心很澎湃。我参考了书里的结构，但故事确实是原创的。

一般国外的作品很少会留白，只有我们中国画特别讲究留白。我觉得作为我们中国的原创作品，一定要把这种留白的艺术传达出去，让更多的孩子和读者去感受留白的美感。

读者也会发现我的书排版都是很讲究的。在我的理念里，文字和图画一样重要。很多绘本可能会把文字放到一个很不起眼的地方，但是我一定要留同样重要的地方给文字，做出漂亮的排版，让人们能欣赏画面的美，也能欣赏文字的美。

爱阅公益：一般来说我们可能期待美院的学生就是画要画得好，但我觉得您这本书的文字也非常好。想请您聊一聊文字打磨的过程。

李星明：其实我的文笔是很一般的，我写的时候想的是把这个故事讲清楚就好了。为什么可以变成现在这么好的一个文本，我一定一定一定要感谢我的老师们，杨忠老师和向华老师。是向华老师帮助我把好的地方保留，坏的地方去掉。他不停地给我建议，不停地帮我改，才变成现在这个样子。

接着我还要隆重介绍和感谢我的文字编辑马皓月，她也给了我特别多的建议和帮助，才能让我把文字从一开始只能说明白这件事，变成现在的样子。

爱阅公益：他们给了您哪些特别受用的建议？

李星明：我先来讲向华老师给我的建议。在所有动物一起修补被毁坏的东西这一画面，我们现在读文字，会发现每一句都是一样长的：

重新组装的床和桌子变得更结实；
混着细鹅毛的棉花被子更加柔软；
截短的蒲草可以编成细致的坐垫。

这都是向华老师亲手帮我改的，之前我的句子并不这么规整。

再举个例子，在熊造成破坏后的那一画面，文字读起来很有节奏感："门挤垮了，床散架了，桌子压塌了……"这些地方也都是向华老师一点点指导的。以前我写文字的时候会很羞涩，几乎是不会念出来的。向华老师给我的建议是一定要念出来，一定要读读读，读到非常顺为止。

绘本是一种声音的艺术，它是爸爸妈妈跟孩子的交流，爸爸妈妈怎么读这本书是非常重要的，如果文字卡壳了就很影响声音的艺术传递。文字方面，我建议以后的创作者写书时也一定要多读，而且要很大声地读出来。

然后要感谢的是马皓月。她帮我改了好多，我想讲两个非常精彩的部分。

第一个是水獭先生和新邻居一起拉大熊进房子这一画面。现在文字是这样写的：

“大家一起来帮忙！”水獭先生喊道，“加把劲儿！一、二、三……”

原来的版本是：

水獭先生喊道：“大家一起来帮忙，一、二、三。”

为什么后来的修改要用“水獭先生喊道”来把话分开呢？因为“大家一起来帮忙”和“加把劲儿！一、二、三”中间有一段时间的间隔。大家是先听到了水獭先生喊他们，然后都冲过去，握住大熊的手，再一起使劲。用这种文字表达的方式，自然而然地空出了中间这段时间，非常巧妙。

我想介绍的第二处修改是这本书的最后一幅画面。我自己原本写的是：“水獭先生终于可以安静地坐下来喝一杯蜂蜜茶了。”这给人的感觉好像是水獭先生很不耐烦：你们吵死了，我终于可以安静地坐下来喝杯蜂蜜茶了，很不友好。

然后出版后的第一版改成了：真是热闹的一天啊！

但我们还是觉得有点短，不是很像一个结尾，就又有了新的版本：

“蜂蜜茶真甜啊！”多么热闹的一天……

对应这个结尾的修改，我们也把熊带来蜂蜜的那一页，从“我带来了一些甜甜的蜂蜜”改成了“我带来了一些蜂蜜”。这样的话，蜂蜜到底甜不甜，结尾才知道。

我在后记里也写了，熊代表的是意外，它是一种破坏性的东西，帮人摆脱孤独的状态。水獭先生经过了一系列的内心成长才会感受到，熊以及他所象征的东西带来的蜂蜜是甜的，这是一个完美的结局。

爱阅公益：就像您刚才提到的，熊是意外的具象。您书里其他的动物也都代表了不同的东西。您是如何选择这些动物的呢？

李星明：这就是很神奇的一个地方，只要你下定决心去做一件事情，所有东西都是通的。

一开始创作的时候，我出于本能第一个想到的是河狸，第二个想到的是小兔子，然后是绵羊和小鸭子。可能这些都是受以前看的绘本里经典形象的影响。

后来我读了《要么孤独，要么庸俗》，它里面要表达的东

插画选自《水獭先生的新邻居》

西刚好跟我想说的非常契合，我把我的想法和书里的内容套在一起，发现都是我想要的东西。

比如说河狸先生代表的是友情。很多人都会把河狸和水獭弄混，因为他们有很多相似性。他们都生活在水里，都毛茸茸的，都有很长的尾巴，也很像老鼠。朋友之间就是要有相似性才能成为朋友，所以我就觉得河狸完美地代表了友情。

书里的第二个动物是犬羚。《要么孤独，要么庸俗》里面说，人本能地摆脱孤独感的方式还有爱情。我就想什么东西能代表爱情呢？之前想的小兔子太普通了，代表不了爱情。在网上查找的时候，恰巧就搜索到有一种叫犬羚的动物，又小又可爱，还是一夫一妻制的，完美地诠释了我想要的爱情的感觉。

绵羊代表亲情，因为他软乎乎的，非常温暖，完美地诠释了亲情。最后出现的是鹅妈妈和鹅宝宝们，选择鹅宝宝是因为我从小就喜欢交响乐，我最喜欢的音乐家拉威尔（Ravel）有一部组曲叫《鹅妈妈组曲》，我想以此来致敬他。鹅宝宝的数量刚好是四个，他们又分别代表了金钱、荣誉、地位和权力。

书里还有一个小细节，随着“亲情”“友情”“爱情”以及“金钱、荣誉、地位和权力”的到来，水獭先生请他们进门时身段也越来越低，越来越卑微。到“金钱、荣誉、地位和权力”的时候，水獭先生的身段是最低的，他几乎是蹲下来的。

熊代表的是意外，这个意外可能是一场灾难，可能是一场病痛，也可能是一场吵架，它们让人们重新回归孤独。房子代表我们的心房，熊很大，他闯进来以后，就把前面“亲情”“友情”“爱情”等带来的东西全都毁了。

随着读者的翻页，他们会读到第一个超级跨页。一切到达高潮，情感爆发，颜色充溢。这一跨页我没有放任何文字，哪怕没有文字，人们也能听到东西毁坏时丁零当啷的声音。

这个时候，什么都没了，回归了孤独。遇到这种情况，很多人可能会说“我要离开”“我要找朋友喝酒”，或者“我要重新找一个爱人”，我要把我失去的全部都要回来。

这当然也可以，但是这个时候你必须先要跟自己说，重新回归孤独也没有关系。人只有经过孤独的历练才能拥有更大的格局，才能成为完全的、自由的自我。当我们经历这一切后，再失去的时候，就不会害怕了，会内心平静地跟失去的一切说再见。

当你精神独立了，你也就可以完全地成为自我，那是唯一的自我。你会变得不再平庸，不再是社会要求的唯一标准的人。

我在结尾画了完全平静的湖面，代表内心极致的平静。经过孤独的历练，内心是很圆满的，所以我的故事也以一个圆来结束。

爱阅公益：哇，好详细的解读。

李星明：小朋友们在成长的过程中，特别是处于青少年时期的时候，都会认识到孤独感，会发现自己并非社会统一标准要求的那样的人。很多人就是因为害怕孤独，害怕跟别人不一样而自我“阉割”。我希望小朋友们能勇敢面对孤独，不要成为世间芸芸众生中平庸的一员。

我还想补充一下，我还有几个老师想要感谢。“咚、咚、咚！咦？有人来敲门”这一画面，是日本白杨社的编辑部长高林老师给了我意见才加上的。为什么加上敲门这一画面，这是因为别人第一次给你送东西，是非常需要勇气的。勇气一定要重点展示。

我也要感谢阿甲老师。熊把所有东西毁坏后，动物们一起修复毁坏的东西这一画面，是听了阿甲老师的意见后才加上的，他说没有这一画面的话，小朋友心里可能会有点不过瘾。这是让人很开心的一幅画面。

爱阅公益：您最近也出版了新书《苏丹的犀角》……

李星明：等一等，关于《水獭先生的新邻居》我还有一些想补充的！我们再来看看书的封面，在腰封上我们看到的是一个温馨的故事，腰封上有水獭先生和一盏灯，这盏灯在我的书里面代表的是理想。

继续往下翻，我们会发现很多画面都有这盏灯。它有一个寓意，真正的核心是水獭先生很孤独，但他却和他的理想在一起。

我们再看看书的环衬，环衬上我画的是水獭先生居住的湖区的地图，这些房子都是那些敲门的邻居住的房子，仔细观察，肯定能够猜到他们的主人。比如这个棉花园的主人，大家不用想就知道是谁了吧？

最重要的，你知道地图里山坡上的这个东西是什么吗？

爱阅公益：是看星星的吗？

李星明：对，这是个天文台。我想通过天文台表达一个观念，关于这个观念我要借用一本书——《月亮与六便士》。书里面讲到，人们都在低头捡六便士的时候，他却抬头看见了月亮。

我希望当我们弯腰低头地解决眼前的现实生活时，也不要忘记，美好的东西我们一抬头就能看见。

《苏丹的犀角》——从爱万物到爱自己

人经常要到事物消逝的时候，

才会懂得珍惜。

爱阅公益：之前了解到您毕业以后是去了摄影公司工作？

李星明：是的。我进的是摄影公司旗下的另外一个公司，我既要做摄影的工作，也要做互联网方面的工作，两边都有画小插画的需求。除此之外，公司还会给我安排很多其他工作，所以我不单是做插画，我还做设计，做各种各样的工作。

爱阅公益：是这个时候蒲蒲兰找到您，跟您说了画《苏丹的犀角》——关于世界上最后一头雄性北白犀的故事？

李星明：蒲蒲兰找我的时候我还没有去上班，我才刚毕

注：全文中《苏丹的犀角》（戴芸文，李星明图）的图片来源于蒲蒲兰绘本馆，二十一世纪出版社出版。

业。我那会儿刚好碰到我最爱的皓月姐，她问我："你要不要去非洲写生呀？"她给我下了个圈套。

我说："好啊，去去去！"多酷呀，刚毕业就可以去非洲写生，而且我那么喜欢动物。

然后皓月姐就跟我说，但是你要画一本书噢，就是《苏丹的犀角》。为了去非洲，我说："好！我要画！"

当然啦，我也知道这本书不会差，都要去非洲写生了，说明他们非常认真和用心。

爱阅公益：接了这个项目后文字稿应该还没出来，对吧？图画和文字的创作是同时进行的吗？

李星明：其实写生前故事初稿已经出来了，但是大家的意见有不太一致的地方，所以一直在不断地打磨。我跟作者和编辑一起讨论文字，一起想故事。一个绘本的故事不好就全盘皆输，故事非常重要。

蒲蒲兰的社长张冬汇女士、文字作者戴芸老师、文字编辑马皓月老师、美术编辑陈萌老师、戴芸老师的经纪人孙巍老师，还有我，大家都加了一个群，在里面疯狂地讨论。我特别喜欢这种民主的合作方式。

爱阅公益：后来去非洲写生是什么时候？

李星明：我们 2016 年 9 月去非洲采风，亲眼看到了非洲

插画选自《苏丹的犀角》

肯尼亚的风光，亲密接触到了《苏丹的犀角》里面的主角苏丹，世界上最后一头雄性北白犀。

爱阅公益：当时去非洲的感受是怎么样的？

李星明：非洲跟我想象的完全不一样。我们小时候都是看《狮子王》长大的，《狮子王》里的画面多鲜艳呀，纪录片里也是如此，我以为非洲是色彩非常丰富的地方。

到了那儿以后发现完全不一样，那里没有阳光的时候完全是灰暗的，树木不是翠绿翠绿的，是灰绿灰绿的。不过，一有阳光世界就变得完全不一样了，给人很明媚的感觉。我觉得非洲是世界上最好的地方——果然，动物可以长这么大，因为气候实在是太好了。

爱阅公益：到非洲写生要做哪些工作？是拍照，还是直接画？

李星明：直接画。去非洲真是太爽了，我觉得非洲很好，建议大家都去。

其实刚接触到苏丹并没有很强烈的感觉，那时候故事还没有改完。抛开情感，专业上要做的就是把它的细节都观察记录下来。它的脚是什么样，它的耳朵是什么样，它的纹理又是什么样，要不停地去观察和记录。

爱阅公益：这一次采风去了多少天？

李星明：五天。

爱阅公益：在你们创作的过程中，主人公苏丹去世了。这是出乎你们预料的吗？对作品有哪些影响？

李星明：其实我写生回来以后就没有继续做这个项目了。当时我刚毕业，非常穷，而我也属于比较好强的孩子，不想靠家里，只想独立，无论是资金上还是思想上，所以我必须找工作。

《水獭先生的新邻居》完成后，我把它放在了站酷——中国最大的设计平台上。我的作品上了首页以后，国内的顶级资源都来了，也被摄影公司看到了，工作人员在微博上联系了我，希望我能和公司合作。合作后公司很满意，邀请我去工作，我二话不说就答应了。

工作一开始就是试用期，不可能还分心去做其他事情，肯定得百分之百投入工作。试用期过后，工作热情还没有退却，就继续工作。工作过程中，把画绘本这件事排到很靠后的位置。

工作越认真，工资就越涨越高，但是加薪也意味着工作量更大。加薪前我周六周日都还有时间去画线稿。加薪以后，周六周日的时间都没了，就是不停地加班再加班。

在这期间我还经历了另外一件事情。试用期过后不久，我就收到了奶奶去世的消息。我奶奶八十八岁去世，很突然，爸爸打电话给我，让我飞回去见她下葬前最后一面。

回到老家，奶奶的棺材放在厅堂里，我见了奶奶最后一面，但那个时候已经不能碰奶奶了。

这时候，很多小时候的事情突然涌现到我的脑中。我奶奶眼睛不好，有白内障，所以她每次跟自己的孙子孙女说再见的时候，一定要握住我们的手，感受手的温度。每一次我们也都一定会握住她的手后才走。

但在上一次见奶奶的时候，因为我和姐姐急着要走，没有握奶奶的手。我想很快就又会回来，到时候再握吧，奶奶还那么健康。谁知道，那一次不完美的道别却是最后的道别。

人经常要到事物消逝的时候，才会懂得珍惜。我很懊恼自己那一次没有握住奶奶的手。我突然想到苏丹也很老了呀，我好怕它也去世。我把对奶奶的歉意放到了《苏丹的犀角》里。

自那之后，周六周日我也开始画线稿，在公司有空的时候也会画。虽然很累，但我一直在坚持。经过好几个月的研究，我把线稿，也就是小样书画完了。

但到了年底，突然间公司又给我加薪了，工作量变得更大。原来我都还有时间画《苏丹的犀角》，但这一次我连睡觉的时间都没有了。那会儿我还要回央美教书，早上六点半起床，上课上到十一点半，下课后回到公司继续加班。我因为晚到，所以还要把时间补回来，晚上八点才下班，回到家很累很累。

当时我每天都很忐忑。回到家我都好想画苏丹，但是我

插画选自《苏丹的犀角》

好累好累，洗完澡都一两点了，还有很多学生问我问题，根本就没有时间。我对奶奶的歉意无处安放，每天只能祈祷苏丹不要死。

后来，实在没有办法了，苏丹太老了，它的身体开始溃烂，它非常痛苦。最终它被安乐死了。

我看到这个新闻的时候，心里一惊，那怎么办啊？

奶奶的手我没握住，我也没有在苏丹死之前把这本书画出来，我的内心很痛苦，脑袋一片空白。

然后我告诉自己，不行，我要画这个故事，我一定要画这个故事。在苏丹去世之前我想过很多次辞职，但是都没有行动。苏丹去世后，我下定决心一定要辞职，因为我很想让更多人看到它的故事。

我也希望大家看这本书的时候，可以感受到我对奶奶的歉意，每个人一定要珍视现在的生活，不要留下遗憾。这是我辞职的一个原因，但后来我才知道，后面还有一个更大的理由支持我辞职。

辞职以后，我开始疯狂地画，攒了那么久的能量一下子爆发了。我从第一幅开始就没有断，一幅接着一幅画，三五天一幅，五六天一幅，画了四五个月没有间断。

《苏丹的犀角》用的是颜彩，它是一种半透明的材质，如果你看这本书的原画，仔细观察能看到小小的颗粒，这种颜料才能表现出非洲给人的颗粒感和尘埃感，不像《水獭先生的新邻居》那种水润润的湖边的感觉。

画面的颜色很早就已经定了，苏丹在非洲的时候用橙色和红色，橙色代表妈妈温柔的感觉，红色代表残暴和恐怖。苏丹去捷克的时候用蓝色，首先是表现捷克的寒冷，第二是表现悲伤和抑郁，以及苏丹失去自我和自由的感觉。

书的最后一幅画是粉色的。非洲的夕阳其实不是粉色的，我用粉色是因为我觉得粉色是很梦幻的颜色。虽然文字没有写，但我想表达的是，苏丹从这幅画的前一幅画面开始就已经死了。

爱阅公益：所以那幅画面用了重影的方式？

李星明：文字上表达的是苏丹在想象外面的世界，但这一幕还有一个我个人的表达，就是它的灵魂跟万物同在。

画面上白色的鸟有我的寓意，它们代表和平，也代表带着生灵的灵魂飞上天堂。

我最佩服蒲蒲兰的地方在于结尾的表现。

爱阅公益：对，结尾是完全的留白。没有画面，只有文字。

李星明：选择留白是因为故事说完以后，苏丹就消失了，白白的，什么都没有了。

爱阅公益：这样更有想象空间。

李星明：这本书的封面也是我设计的。表面上老犀牛的角是完整的，它在非洲的星空下，一切都很美好，但是当你把腰封拿开，只看腰封的话，它的角是断的，它已经消失了。

插画选自《苏丹的犀角》

封面上白色的点点不是星空，是雪。它们代表我们地球上的生灵，或者我们珍惜的所有的东西。这些东西曾经都像满天繁星，但如今却因为我们人类变成雪花，像雪一样飘零。

我终于完成这本书，要写后记的时候，我重新整理了自己的整个创作过程，我重新回想起辞职的勇气，原来我是想让别人看到这个故事背后巨大的力量。这种力量我也用一句话来表达，就是丰子恺说的“爱物并非爱惜物的本身，乃

是爱人的一种基本练习”。

我希望大家通过这本书学会爱护我们的珍稀动物，爱护我们的大自然，从而慢慢地训练自己爱的方式，这样才能慢慢地爱我们身边的人，爱我们的朋友，最后学会爱自己。

爱阅公益：在这本书里也能看到一些摄影时会用的视角，比如说刚才提到的重影。在摄影公司工作对您的创作有帮助吗？

李星明：肯定有帮助的，摄影公司的审美水平实在是太高了。我在那里工作的时候，其中一个工作就是找世界各地的顶级摄影作品，给摄影师提供灵感。每天都要看很多很多美图，耳濡目染，自己也得到了提升。我特别感谢在摄影公司工作和学习的机会，这也让我能更好地把《苏丹的犀角》画出来。

爱阅公益：对比《水獭先生的新邻居》，《苏丹的犀角》画面更加丰满一些，您在创作时，这方面是如何考虑的？

李星明：在《水獭先生的新邻居》里我研究的是留白的语言，是如何通过画面的构图让人感受到高潮迭起；在《苏丹的犀角》里我研究的是情绪与颜色的关系，通过溢满的不同颜色给人不同的感受。

但这里面其实也用了很多留白，我只是涂了颜色，但颜色是很纯粹的颜色。我觉得孩子们读这本书的时候，可以感受到颜色的魅力。

爱阅公益：您刚才介绍自己两部作品的时候，不断提起孩子们的感受。是不是在创作中，您会一直去想象要怎么创作才能让孩子更好地接受？

李星明：我觉得这个是创作者的基本素养。

我要表达的时候，我在想故事的时候，我要把自己放得很大，因为我有很强烈的表达欲望，这时候不要去管别人怎么想。

整理好自己的想法以后，要怎么把它表述出来呢？这个时候我就要把自己放得很小，把读者放得很大。我要让别人读我的东西，我就得考虑孩子们在想什么。我会用各种各样的方法，让孩子们以最简单的方式，感受到我想表达的东西。

插画选自《苏丹的犀角》

爱阅公益：《苏丹的犀角》是和戴芸老师一起合作的，对比《水獭先生的新邻居》这样的独立创作，您觉得有哪些不同？您会更喜欢哪一种方式？

李星明：两者我都可以。我和戴芸老师一见如故，我们三观很合，合作非常愉快。我们都是朝着同一个方向去创作的，我觉得特别好。我觉得也只有和这样的作者，才能很好地合作。

戴芸老师的眼光很独特，濒危动物这方面我以前完全没有注意到。我和戴芸老师、皓月姐、陈萌姐的合作没有争吵，每个人都在很用心地做这本书，朝同一个方向努力。

从涂满家中的墙壁到听故事的大学课堂

我从三岁开始学画画是因为我刚会拿笔的时候，

就开始往墙上画。

爱阅公益：《水獭先生的新邻居》是您的处女作，给人的感觉已经非常完整和老练。这跟您大学在中央美术学院绘本工作室的学习也有不小的关系吧？能跟我们介绍一下绘本工作室吗？

李星明：绘本工作室属于中央美术学院城市设计学院里面的一个工作室，它现在特别受欢迎。在这里可以画画，还需要学一些设计。经过大一、大二的设计基础训练后，到了大三进入绘本工作室，就会接受系统的训练，比如造型基础、版面设计、文字设计，以及如何从文字中提炼出图画等。

我们的课都非常美好，老师就在课上给我们讲绘本。别人的课都很严肃，而我们的是："好，我们来读下一个故事……"我们老师会在一个星期里，专门讲某一个大师的作品，比如这个星期是安东尼·布朗（Anthony Browne），下个星期是莫里斯·桑达克，等等。这让我们了解到了不同的表达和创作形式，提高了我们的审美。

当成为大人的我们重新读绘本的时候，会发现这是一个净化心灵的过程，因为绘本传达的几乎都是真善美的东西，就算内容再怎么黑暗，它的核心还是爱、真实和善良。我们经过了绘本工作室的训练以后，每个人的心灵都得到了净化，重新形成了世界观。

爱阅公益：那么多大师，有谁是您特别喜欢的，或者对您的影响特别大的吗？

李星明：我特别喜欢大卫·威斯纳（David Wiesner）的风格，他的画风很细腻，水彩画得特别好。我的风格也参照了艺术家安德鲁·怀斯（Andrew Wyeth）写实的水彩。我还很喜欢莫里斯·桑达克。

爱阅公益：当时为什么会选择绘本专业？

李星明：因为我可能是个童心未泯的人。我当时考央美就是奔着绘本工作室去的，我很喜欢儿童的东西，很纯真，很美好。

爱阅公益：好的美院很难考，您当时考试顺利吗？

李星明：我考央美的专业一直都很顺利，但是我考了两年，因为第一年的文化分数差了一分。我告诉我爸要复读的时候，我爸就很平静地说："好啊，你去吧。"他没有任何意见。我当时特别惊讶。

等我第二年考完了，我爸跟我说："其实你上一年没有考上我早就知道了。"我说你怎么知道的，他说"算"出来的，曾有人说我要么差一分，要么差两分上不了。

爱阅公益：您刚才也提到，您从小就很喜欢绘本。小时候爸爸妈妈会给您讲故事，会读绘本吗？

李星明：我爸爸妈妈虽然不给我讲故事，但是他们从来没有干涉我看任何书，只要是我喜欢的书，他们都会很乐意给我买。我哥哥比我大十六岁，等我长到该读绘本的时候，他就会给我买绘本、漫画等等。

爱阅公益：听说您三岁就开始学画画，能给我们介绍一下您学习画画的经历吗？

李星明：我从三岁开始学画画是因为我刚会拿笔的时候，就开始往墙上画。其实一般小朋友都会往墙上画，就得看爸爸妈妈阻不阻止了。我爸爸妈妈没有阻止，除了客厅其他地方都可以画。

到现在，我童年住过的家的墙上都是我的画，连我人生画的第一幅画都在那儿保存着，一个粉笔画的黄色小人儿。爸爸妈妈看我喜欢画画，就把我送去学画画了。我太喜欢画画了，他们就给我买了一个很大的黑板画画用。

爱阅公益：现在讲到中国的美术教育，人们也会提出一些问题，比如说会不会过于注重技法等。您对中国的美术教育有什么看法？

李星明：我觉得小朋友去学美术还是很有必要的，因为学美术会让他们接触到很多不一样的风格，抽象的、写实的、古典的、现代的等，所有这些都是艺术。这让孩子不会有一颗狭隘的心，会让他们知道世界不是单一的，是多元的。

技法方面的话，就看孩子们的要求了。我从小看了很多画，自己很喜欢，所以是自己要求去学技法的，我四五年级开始就学素描了。我以前看《泰坦尼克号》里杰克画罗丝，心想：哇，好厉害啊！再看我自己的，跟别人差距很大。然后我就跟爸妈要求说，我想要画这个东西。我爸说这是素描，后来就去学了。

我个人特别庆幸很早就开始学素描，到了大学以后我素描画得特别好，因为从小打下了基础，我也能更好地表达自己想表达的东西。

爱阅公益：未来的计划是把重心放在继续创作更多的绘本上吗？

李星明：我自己的人生理想就是可以躺在家里无忧无虑地创作绘本，现在一直在为那个理想做准备。

采访时间：2019 年 6 月 28 日

史军

以讲故事
为业的
植物学博士

史军

科学是关乎人生观和价值观的问题，是人如何与这个世界和睦地有效沟通和相处，是看待整个世界的方式。这才是科学的终极用途。

在众多科普类童书里，《当成语遇到科学》绝对是非常特别和新颖的一本。带领孩子走入科学世界的方法有很多，这一次，“少年轻科普丛书”的主编史军和《当成语遇到科学》的作者杨婴以及临渊，选择了成语和科学的混搭。

注：全文中《当成语遇到科学》（史军主编，临渊、杨婴著）的图片来源于广西师范大学出版社。

翻开书，我们看到的第一个成语是“作茧自缚”。我们都知道，这个成语以蚕吐丝把自己包裹在内来比喻做了某件事，结果反而使自己受困。在这本书里，一向默默无言、无私奉献的蚕反击了：“这真是天大的误解！我们做茧并没有使自己受困，相反，茧可是我们重要的保护伞！”接着，作者用生动活泼的语言，给读者们介绍了蚕的一生。多么有意思的点子呀！

在同一系列里，《生物饭店：奇奇怪怪的食客与意想不到的食谱》这本书的故事发生在森林最深处的“生物饭店”里。通过每位动物食客的选择，读者们得以了解不同的动物都靠吃什么为生，其中自然有不少出人意料的有趣知识。

作为“少年轻科普丛书”的主编，史军已在科普领域深耕多年。从中国科学院植物研究所博士毕业后，史军选择进入《科学世界》杂志社工作，后又加入果壳阅读负责童书出版。深受孩子喜爱的“果壳阅读·生活习惯简史”和“大嚼

注：全文中《生物饭店：奇奇怪怪的食客与意想不到的食谱》（史军主编，临渊著）的图片来源于广西师范大学出版社。

科学”等系列，都是史军策划出版的。为了更加聚焦儿童，史军自己又创立了玉米实验室，一家专注于儿童科普内容输出的机构。

我和史军约在他北京通州的工作室见面，工作室在一栋居民楼里，史军家就在同一个小区，对他来说，这能节省出好多时间工作。

“你要喝什么？”史军问我。

“白水就好。”我客气地说。

“你有很多选择的，茶啊，咖啡啊，饮料啊。”

听史军这么一说，我也就不客气地选了咖啡。没想到史军接着又说了一系列产咖啡豆的国家让我选，这下我眼花缭乱了，只得随便挑了一个非洲国家。工作室没有咖啡机，史军先是用研磨机把咖啡豆磨成粉，然后再把咖啡粉放在滤纸里，用热水冲泡。

咖啡真好喝啊！采访过程中，我喝了整整两杯。在此之前我喝咖啡基本只喝拿铁，因为拿铁的咖啡味没那么强烈，现在发现，原来是我以前没遇到真正的好货。史军无疑是个很有生活情趣的人，他写的科普书一定会把人看饿。光看他作品的书名，《植物学家的筷子和银针》《植物学家的锅略大于银河系》等，就知道他是个纯正的“吃货”了。

不论是为成人还是为孩子写作，史军都有吸引读者的方法。可能是吃，可能是故事，可能是与实际生活的联系，等等。这也源于史军的不断实践，在过去六七年的时间里，他讲了近一千场讲座。

从对科学感兴趣的孩子，到植物学的研究者，到科学杂志编辑，再到科普作家和儿童科普推广人，史军自己对科学的认识也在不断变化。现在在他看来，科学是关乎人生观和价值观的问题，是人如何与这个世界和睦地有效沟通和相处，是看待整个世界的方式。这才是科学的终极用途。

“每个学科到了最后，探讨的问题和基本的逻辑其实都是类似的，不管是自然科学、艺术，还是社会科学。要知道多少知识，我觉得恰恰是最不重要的。”史军说。

走入植物的世界

我要是说我小时候就对植物感兴趣，
我自己都不信。

爱阅公益：昨天在线上听您的讲座，您提到经常要回答同样的问题，我可能也要从这些问题开始了。您是从小就对植物感兴趣吗？

史军：我要是说我小时候就对植物感兴趣，我自己都不信。但也不是说完全不感兴趣，小时候的感兴趣是觉得有一件可以玩的事情，就跟现在的孩子玩《植物大战僵尸》一样。我们小时候没有电子游戏，我们的玩具就是身边能够见到的花鸟鱼虫。

后来我总在想，我什么时候才真正走上了植物学这条道路，其实一直到大学我都没有明确地决定要学习植物学。上大学之前我一直以为我会成为一个化学家，只是阴差阳错，报志愿时选了生物学。

我们大学的植物学老师特别好，他的教授方式跟别人完全不一样。慢慢地，我觉得植物学还挺有意思的。一个好老师的引导会决定你对一件事的看法和对未来的预期。

我的大学老师常带我们去野外上课，他把课堂搬到了自然环境当中，我觉得这对我影响蛮大的。之后我遇到的导师也都很好。在这个过程中，我就逐渐明白了植物学究竟是什么。

我觉得从小就喜欢植物不太可能。孩子天生对植物没有多大兴趣，因为植物是跟我们完全不同的生命体，我们没办法直观地理解它们的行为，也无法跟它们深度交流。我们经常开玩笑说，如果你哪天开始喜欢花花草草了，说明你岁数大了。

爱阅公益：哈哈，真的是这样的。孩子一般对动物更感兴趣。

史军：对，因为动物的行为和身体结构，跟人是有非常直观的联系和类比的，比如说我们的眼睛、耳朵、鼻子，这些在动物身上都有。人的很多行为，比如吃东西、睡觉和社交，也都能在动物身上找到类比。这就让人更容易理解和代入。

但是在植物身上没法类比，除了猪笼草，它可以吃东西，但是猪笼草吃东西并不是为了吃肉，它是需要最基本的矿物质，跟我们的需求仍然是完全不一样的。

爱阅公益：对孩子来说，植物可能不如动物那么让人亲近和感兴趣。那您作为一个植物科普作家，是不是会遇到更大的挑战？

史军：会，创作起来有两个难点。

第一个难点是你如何去发现植物，或者说植物学里面有意思的点。一般来说，可以与我们人和动物进行类比的植物，比较容易被孩子们接受。

孩子们经常问我的三大植物是含羞草、猪笼草和大王花。这三种植物都有一个共同特点，要么有一些动物的特征，要么跟动物有极其类似的行为。含羞草会动，大王花很臭，猪笼草是一种食虫的植物。

这种类型的知识当然有意思，但我觉得有点走偏了，会让孩子们觉得植物世界只有这些东西。

我最初写科普的时候是写兰花，因为我本身就是研究兰花的。兰花是很有意思的植物，从它的萌发，到生长，再到开花结果，这里面都有很多有趣的地方，只不过这些不被人所熟知。

举个例子，很多花是通过欺骗虫子来传播花粉的，大概有三分之一的兰花这么做。虫子来了之后，它在花朵上实际得不到任何好处。达尔文当时也研究过这个问题，达尔文觉得这不可思议，他觉得花一定会给虫子好处。但我们今天的共识是，花的方法就是靠骗。这个有意思的点是需要我们去发掘的。

另外一个难点就是如何把这些点以比较有趣，或者说孩子能够接受的方式传递出去。动物的故事并不需要经过太多的整理和加工去讲述，我们只要很真实、很自然地叙述，就挺好的。比如说《昆虫记》这样的经典就是把每一种生物的细节都描绘得非常透彻。

相对而言，讲植物的故事则需要做好多的铺垫和准备工作，告诉孩子们很多背景知识，才能把一个故事讲好。

爱阅公益：有些专有名词孩子们可能都不太知道。

史军：不光是专有名词的事情，而是说孩子需要理解了很多基础的东西之后，才能再往前一步，因为我们没有办法用人类的行为和结构进行直接的类比。

什么是基础？举个简单的例子，好多人都喜欢跟我说，教教我怎么认花和植物吧。我说这个好说，你先把你身边的两三百种植物记住。怎么记？硬记。没什么方法，就是硬记。比如这个是蝴蝶兰，那个是土豆。今天记不住明天继续记，明天记不住后天记，直到你把这两三百种植物的基本信息都记住。把这些做完了，咱们再谈方法。

爱阅公益：您当时也是死记硬背背下来的吗？

史军：最初的物种都是这样记下来的，就是一遍一遍地去翻图鉴。

爱阅公益：您之前提到大学读的是生物，本科有植物学吗？

史军：本科没有植物学，本科只有生物科学和生物技术这两大方向，真正往植物学方向发展的通常是生物科学。另外还有生态学专业也会涉及植物生态的方向。

爱阅公益：您当时为什么会报生物专业？

史军：高考报志愿的时候，阴差阳错地不小心就报了，那时候我们报志愿并不像现在有这么多资讯可以参照。当时有个说法，21 世纪是生物学的世纪。21 世纪果然是属于生物学的，学生物学专业的人已经分布在各行各业了。

总的来说，我对自然科学都比较感兴趣，不管是动物、植物还是物理、化学，小时候都挺喜欢的，自己也在家里做过化学实验。当时我舅舅在一个化工厂的批发部工作，我经常会从他那儿弄点化工试剂在家玩。

爱阅公益：您大学是在云南大学读的，您是云南人吗？

史军：我母亲是云南人，但我父亲是山西人，我是在山西出生长大的。

爱阅公益： 当时去云南是自己的选择，还是说也是阴差阳错去了云南？

史军： 是有目的的选择。当时算了一下分，发现云南大学还可以，也是211。云南大学的生物学专业也是它相对比较强的专业。同时云南还是生物多样性非常高的地方。我想象了一下，觉得还挺好的。然后就去了，于是就上了“贼船”，下不来了。

爱阅公益： 您后来对植物感兴趣是不是也跟在云南有关系？毕竟平常能有很多机会接触各种不一样的植物。

史军： 肯定有关系。我们的课之所以能在实际的生态环境里进行，去看不同环境下的生命，去体会不同物种的生存状态，去观察不同物种的特征，都是因为云南有这样的生态条件。

爱阅公益： 当时选择读博士，是因为对这个领域特别感兴趣吗？

史军： 是的，我觉得挺有意思的。今天看来，我选的专业真的是冷门中的冷门。植物学本身就比较冷门了，我学的还是植物学里跟生产毫无关系的方向，学的是系统进化。简单来说，就是研究这个东西为什么长成这个样子，它是如何从很久以前一直演化到今天这个样子的。

这似乎一点儿用都没有，但当时就觉得这样的问题还是挺好玩的，没有考虑以后找工作的问题。一来二去，我就变成给小朋友讲故事的人了。

爱阅公益：您的专业方向其实特别适合给小孩子讲故事。

史军：对。我们连做论文都是在讲故事，这个研究本身就是找一个合理的故事。这种大尺度的演化只能是提出假说，然后用我们今天有限的证据来支持或者推翻这种假说，但是你不可能把假说重演一遍。这跟实验室的研究是完全不同的，比如说光合作用的研究，是可以用实验来完全验证假设的。

爱阅公益：那当时你们的研究和实验大概是怎么做的？

史军：我做的是兰花传粉的研究，我的实验没有大家想象的那么神秘，就是拍照片，观察照片和做统计，野外的工作比较多。兰花传粉研究就是看兰花跟它的传粉动物之间的关系是如何形成的。

我们现在都认为花长成某种样子跟传粉的动物有很大的关系，花为悦己者容嘛。所以我们大多数时候都是在观察到底有什么虫子来，辨别虫子的种类，记录它们的传粉过程，统计花的繁殖成功率和细部特征。我们也做颜色和气味的分析，更深入地了解为什么花会长成某种样子。

爱阅公益：当时拍照的话，就是蹲在花旁边蹲一天，像这样等吗？

史军：对啊。

爱阅公益：还挺好玩的。

史军：你去一两天是挺好玩的，但是你在那儿蹲着看花看一两个月，那就不太好玩了。尤其在长时间没有新发现的时候，这件事情就变得非常枯燥乏味。大家不要把去野外这件事想得特别舒服，或者美好。我的很多同学都爱说，你要去爬山了，多好多好。我说咱们俩换换，你爬山去，我在实验室做实验。

很多人其实并不了解科研工作者究竟在做些什么，绝大多数情况下，几乎所有的科研工作都可以说是枯燥乏味的、机械性的重复操作，没有这种大量的、机械性的重复，也做不出成果。

爱阅公益：那您拍了几个月照片之后，有什么新发现吗？

史军：我的博士论文就是靠这个发表的。论文的核心是关于兜兰的传粉媒介，它们吸引什么样的虫子，它们是以什么样的方式来诱骗这些虫子传粉的，等等。

我经常跟别人讲，你们一定要有一个技能，比如说拍照，拍好了也能拍个博士学位回来。当然你得知道要拍什么，拍出来的东西有什么故事可讲，这也很重要。

科学本身也是一种信仰

我们对整个世界的看法，涉及的是对终极问题的理解，

比如世界是如何运转的。

爱阅公益：您博士毕业以后去做了什么？

史军：博士毕业后就去出版社当编辑了。

爱阅公益：能找到留在高校里的工作吗？

史军：很难，我们毕业的时间段，恰恰是一个很尴尬的时间段。我们 99 级不管是本科生还是研究生，一下子扩招了很多人。我们毕业的时候，那些岗位基本上被师兄师姐填满了。特别是留在一线城市北上广深的机会已经不多了。

这当然也跟我自身有关系，我自己觉得还可以有更多的尝试。出版社给的条件也不错，帮我解决了北京户口问题。我的研究生同学仍然有一半是在高校或者研究机构工作。

爱阅公益：当时就想着要待在北上广深这些大城市？

史军：对，我当时也没什么可选的了，我的每一步似乎

都没有什么选择。为什么非要留在北京，因为那个时候家都定这儿了，房子都买了，婚也结了，孩子都快出来了，那我也跑不了了。

刚去出版社的时候，很多朋友问我，你博士毕业了，来一个科普杂志社当编辑，不觉得亏吗？我倒觉得没什么，挺好玩的。在《科学世界》杂志社待的这三年，还挺锻炼人的，确实学到了很多东西。

之前我也喜欢读科普书，但是在那三年里，是把它当工作来做，强行读了很多东西。每一期的杂志稿件，我们都是交叉审稿制，所有人都会把所有稿件过一遍。《科学世界》杂志本身就是一本特别硬核的杂志，里面的内容挺有意思的。

爱阅公益：读博士的时候只钻研植物这一块，然后到了科普杂志社，就相当于什么都得了解，什么都得学习？

史军：对，这相当于我做科普的第一次转变。之前我总觉得把自己做的和了解的事情呈现出来就可以了。跟同行去交流的时候，不需要做太多的铺垫，比如不用跟他们解释什么叫生物的演化，比如我们可以直接讨论说，最近的某种发现是不是效率决定的。

但我们如果这样给公众说的话，公众就蒙了，公众更愿意听故事。

我刚去《科学世界》杂志社工作的时候，正好有北京国际图书博览会。我们出版社有个展台，安排我去讲一下。我去讲了，果不其然，就是没人听。

爱阅公益：您当时就是按比较专业的方式去讲的吗？

史军：我已经觉得不专业了，讲的是很早之前发在《科学世界》杂志上的一篇文章，我把里面的内容做成一个 PPT 来讲。但是我发现公众关注的点，跟我们自己挖掘的时候关注的点不太一样。怎样去结合公众的兴趣，其实是很有学问的一件事情。

爱阅公益：也就是说，从专门做研究的人转换成去做科普，是需要一定训练的。

史军：是的。我一直都觉得做科研和做科普是两件并行的事情。有人说做科普，就是简简单单地把别人的科研成果用自己的话写写就行了，但是他们有没有想过，不去深入了解这些内容，怎么能形成自己的语言？对文献进行阅读，整理和研究，然后形成自己的一套想法，跟做科研没什么区别。唯一的区别就是做科研需要完成实验室或者野外的工作。

做科普也得不断地跟受众沟通，要收集受众的反馈，然后不断调整。其实科普和科研并不存在明显的差异。我们传统上误以为做科普是一件很简单的事，是捎带手的事，这是不对的。

爱阅公益：要把一个东西用简单的话语讲出来，首先要非常透彻地了解和理解原本的知识。

史军：这是毫无疑问的。“你想给别人一个，首先自己得有俩。”不能仨瓜俩枣都没有，揣着一颗芝麻就上去讲。

我们今天在探讨很多问题的时候，表面上看似简单、割裂的东西，实际上都是以一种思维模式和方法来分析的。我们对整个世界的看法，涉及的是对终极问题的理解，比如世界是如何运转的。

每个学科到了最后，探讨的问题和基本的逻辑其实都是类似的，不管是自然科学、艺术，还是社会科学。要知道多少知识，我倒觉得恰恰是最不重要的。

爱阅公益：昨天您的讲座也提到，科学是一种探究的方法，而不是简单的知识罗列，如果把底层的东西建好了，每个领域都可以去深究。

史军：对，我们需要看到一个构架，而不仅仅是一块一块的砖头，这并不是科学的全部。

爱阅公益：在“少年轻科普丛书”的前言，您写了对“什么是科学”的认知变化。能再跟我们聊聊这种变化吗？

史军：我小时候就是觉得科学家好厉害，其实压根儿不知道科学家是干什么的。到今天为止，我相信绝大多数朋友都不知道科学家在做什么。但科学家已经被符号化了，在我小时候，科学就是令人向往的职业。

后来慢慢知道原来还有很多科学实验，这个阶段对科学的理解是以科学实验为主导的。在我们之前接受的科学教育体系里面，并没有太多地强调科学精神和科学思维，更多的是科学知识和科学方法的传授。这个阶段我形成了“科学就是科学实验”的想法。

再后来我发现，整个科学，不管是哪个学科，背后都有一大套的理论在支撑，要想触摸到问题的核心和本质，首先得理解这套理论。再说直白点，就算你觉得这个理论是不对的，你也应该完全地、清楚地了解这个理论到底讲了什么。

我们在做科普的过程中，在这个层面上停留了很长时间，就是用什么样的方法来看待这个世界，也就是我们说的好奇心，以及保护孩子的好奇心。

但这就是全部吗？后来我发现也并不是。什么是全部？全部不仅仅是对世界充满好奇，更重要的是好奇心背后还有什么。好奇心背后实际上是你如何与这个世界和睦地有效沟通和相处。

怎样在世界上找到自己的位置，这是世界观和人生观的问题。如果用一套科学的方法和思维去思考的话，你会用完全不同的视角来重新审视自己在社会里所处的位置，以及自己要做的事情。

举个简单的例子，是人高级还是蓝藻这种单细胞生物高级？其实无所谓高级不高级。你说人高级，蓝藻在地球上存在了二十多亿年，远远超过人类。有人说蓝藻只有一个细胞，人这么复杂，可是蓝藻的细胞二十亿年都没变过，而人类却做出了多么大的调整和变化。

到底谁更厉害？大家都挺厉害，只要活下来就挺厉害的。我觉得把这种想法内化以后，整个人的状态就会变得完全不一样，看待很多问题的时候，会平和很多。

爱阅公益：所以您觉得这种科学的认识对我们的日常生活，以及整个看待世界的方式都可以有很大的影响？

史军：那当然。我觉得这才是科学的终极用途，科学本身也是一种信仰，是一种内化的东西。

爱阅公益：在《植物学家的筷子和银针》这本书里我读到一个有意思的细节，您想纠正其他人谈话里的错误知识，但是您爱人用眼神制止了您。作为一名科普作家，经常看到和听到各种伪科学知识，心里是什么感受？

史军：这很正常。科学是我们认识世界的一种方法，除此之外还有很多认识世界的方法。我们选择这种，别人选择其他，我觉得这是可以理解的。

如果是从理性的角度，或者促进社会发展的角度来讲，应该有一定的理性思维和科学思维的承载，来提高我们共同的科学素养。

但是如果大家在一件事情上有不同的看法和见解，我觉得我们应该更多地去和那些愿意进行讨论和交流的人沟通。我之前特别反感一个词叫“强行科普”，这毫无意义，你只会把讨论的氛围变得更糟糕，而不会取得真正有效的成果。

之前在微博上，说别人不对的时候，大家都喜欢用“打脸”这个词。这本身就显示了一种非正常讨论交流的氛围，显示了缺少这样一种有效途径。在中国，长久以来就没有一种正确的讨论或者辩论流程的教育。

大家都会觉得我们辩论就是为了捍卫自己的观点，或者说非要用自己的观点来力压别人的观点，这种认识本身就是错误的。我们来讨论是为了达成一个共识，来求同存异，最终推进事情的发展。

果壳阅读五年的得与失

如果重新做的话，我可能会做轮子，

只展示轮子是如何演化的，缩小聚焦点。

爱阅公益：您在《科学世界》杂志社待了三年，然后又去了哪里工作？

史军：去了果壳网公司，在果壳待了五年，做果壳的少儿图书出版。我们做了几件事，有成功的，也有不成功的，反正都尝试了。我们发现每次都比大家做得快了一点点，等市场真正来的时候我们又不做了，没有坚持做下来也非常可惜。我们策划了很多书，比如说这次爱阅公益推荐的“生活习惯简史”。

爱阅公益：那套书特别好。

史军：那套绘本最初是我提出的，这是一个比较大的工程，我们当年做的时候，国内没有同类型的原创绘本，也不知道该怎么做。

爱阅公益：我看这套书已经不断出版新书好多年了，现在还在出新的。

史军：是的，第一本是 2014 年出版的。那个时候真的不知道该怎么做，我们用了将近三年的时间来琢磨和推敲，不停地、反复地磨合和修改，还经历过彻底的推翻重来，整个系统流程建设比较缓慢。

找到靠谱的插画师，也并不是容易的事情。很多时候，我们要追求知识层面的精准度，势必会牺牲一些美感，而这个跟艺术家不是那么好沟通。

我们最初来做这套书的计划和设计时，是想把它做成一个近似于流水线生产的工程，有人查找资料，有人撰写文本，有人画插画，有人做整体的设计，等等。但是后来越做越会发现，其实事情并不像我们想象的那么简单，绘本有绘本自身的独特性。

爱阅公益："果壳阅读·生活习惯简史"这套书，在您来看是一个成功的案例吗？

史军：已经很接近了。但我们之前的想法还是过于硬核，缺乏一些软性的包装和触动消费者的点。最初对于这套产品的定位也不是很清晰。最近我们在做新策划的时候，也在不断反思。设计的这个产品究竟卖给谁，在很大程度上决定了这个产品长成什么样子。

爱阅公益：如果让您回到当年，再重新策划一次这套书，您会做哪些改变？

史军：我可能不会再去做这种全景式的展示。“生活习惯简史”嘛，既然是简史，我觉得就要回归到一个极简的状态，不一定要把那个时代所有的风貌全部展示出来。比如说交通，交通是一个非常大的话题，如果重新做的话，我可能会做轮子，只展示轮子是如何演化的，缩小聚焦点。

爱阅公益：那当时为什么会想到做生活简史呢？我感觉涉及这个主题的书并不多。

史军：我儿子那时候正好是五岁，我要给他讲很多东西，包括生活习惯的由来。我一方面想让孩子了解一些知识，另外一方面想让他们自然而然地去接受这些习惯。比如说我们的卫生习惯是如何来的，我们的饮食习惯是如何来的，我们今天的礼仪是如何来的，这些其实都是有历史的。让孩子们明白这些事情之后，内化的动力比强制的要求要有效得多。这就是我们当时出这套书的一个初衷吧。

玉米实验室的探索

书中涉及的每个观点和说法我们都要找到第一手文献，

少儿科普书尤其如此。

爱阅公益： 自己开始做玉米实验室是从果壳出来之后吗？

史军： 对。果壳本身还是一个青年人的品牌，少儿这一块并不是他们的主要发展方向。我当时还想去尝试一些不一样的东西，2016 年的时候，大家才刚刚认识短视频，我们想在这个方向上尝试比较有特色的，给少儿看的短视频。但后来发现我们又跑得快了一点儿，等真正的短视频热潮开始，我们又停下来反思过去两三年做的事情。

最初确实是想把大的方向放在短视频的创作上面，但是我们发现一个非常致命的问题，对于我们这样一个以内容创作为主导的小机构而言，这不大现实，因为找不到盈利的途径。即便你的视频能做出来，知识类的短视频的盈利模式也是非常模糊不清晰的。

今年以来，我们又做了一个比较大的方向调整，我们不再把技术性的工作放在核心的位置，比如把视频做成什么样子，我们不太关心，我们关心的是核心的内容创作，至于说将来这些核心的内容，是变成短视频，还是变成出版物，还是变成课程就无所谓了，这个跟我们的合作方有关系。

爱阅公益：所以内容方面还是文字吗？

史军：对，文字、脚本、前期策划等等。现在我们基本上是跟很多机构来合作，我们做内容的输出。

爱阅公益：那像“少年轻科普丛书”算是你们策划的一大内容，对吧？

史军：对，我们合作的出版社——广西师范大学出版社的责编杨仪宁在这套书上下了很大的功夫。她说愿意来做这件事情的时候，我说行啊，你要是非常喜欢也非常愿意做这件事，我们是支持的。转换成出版物，它还是一个可持续的项目。至于最终它会长成什么样，我们并没有做太多的干预。

爱阅公益：“少年轻科普丛书”您是怎么定位的？

史军：最初我们是想把它做成新的《十万个为什么》，但它又不像《十万个为什么》那么重，所以叫“轻科普”。我们希望把它做成一个在体量和阅读的难度上都有所控制的一套书。

它不是一套特别前卫的书，在做过很多尝试以后，我们觉得略显保守一点儿也未尝不是件好事。总是推翻所有再重来，这实际上是不符合市场原则的。

爱阅公益：这一套书里的《当成语遇到科学》，我觉得特别有意思，它也入选了 2018 年的“爱阅童书 100”书目。当时是怎样想到这个点子的？

史军：这本书的两位作者杨婴和刘伟伟一直都在写，我们多年来一起合作，很有默契。毫不夸张地说，刘伟伟，也就是临渊，临渊是他的笔名，几乎所有的少儿报刊上都登过他的作品，他是一位非常高产的创作者，他也有自己独特的笔法。

杨婴是中科院南京地质古生物研究所的博士，他现在也还在南古所工作，在古生物方面有自己的一套研究，同时他也愿意做科普书的创作。有相似兴趣爱好的人总会聚拢到一起。

爱阅公益：所以把成语跟科学结合是他们两个人的点子？

史军：对的。

爱阅公益：您作为一套书的主编，主要做哪些工作？

史军：主要就是找人。找来人，大家统一认识和想法，然后做出一套书来，这基本上是主编应该做的事情。所谓主编，我的理解是不用过多地干涉作者的创作。

每个作者都有自己的风格，只要大家的风格在同一个大方向上，世界观和价值观是一致的，就可以相容。至于说怎么写，文章长什么样，我觉得不是主编应该关心的事情。主编关心的事情是怎么把书做得漂亮，做得有趣，以及怎样能更好地把书推出去。

爱阅公益：写科普书也需要做大量的研究，一般您或者您的团队是怎么做相关研究和资料搜集的？

史军：读很多书，搜集很多资料。我个人目前的兴趣是历史，特别是中国历史上植物的变迁，以及变迁背后的故事。这不是一种简单的变化，它背后有更深层的原因。比如说为什么中国到今天为止没有出现特别厉害的、影响世界的水果，这是有非常多深层次原因的，比如小农经济、重农抑商的政策、地理、气候、交通等等。

爱阅公益：您如何保证科普书籍内容的准确性和严谨性？

史军：书中涉及的每个观点和说法我们都要找到第一手文献，少儿科普书尤其如此。我们都要追溯到最远的源头，看文献里面作者是不是这样说的。二手资料通常会出现演绎或者夸张的说法。

网络上的资源我们也用，但要能够分辨真的和假的信息。阅读得多了，也就能分辨出来了。

爱阅公益：我觉得您编的书，里面的插画也都特别好看。

史军：对，插画师非常棒，这跟编辑做了很多工作也有关系。

一本书的插画好不好，在很大程度上代表了书本身的品质。我们不要因为这本书是科普书，就降低了它在其他层面上的标准，科学类的书一样需要很漂亮。在艺术欣赏层面上，多给孩子看美的东西是很重要的。

爱阅公益：除了出版，您自己也做很多活动和讲座。比如我们之前采访过的粲然老师，您也带过她那里的孩子逛菜市场。一般您会怎么带孩子活动？

史军：怎么好玩怎么来，把它当作一个游戏就可以了。针对不同年龄层，做的事情是完全不一样的。比如说，粲然她那边的幼儿园小朋友，他们更多的是需要去认知世界是什么样的，不在于要把这件事情解释清楚。比如叶子为什么是绿的，柠檬为什么是黄的，水为什么放到冰箱里可以结冰，这不是这个年龄层的孩子关注的点。

可能很多家长都会觉得我要让孩子知道更多，没错，知道更多是好事，但是这不代表随时可以跨越孩子所处的阶段去挑战更高一层，因为每个年龄段都有每个年龄段关注的点和思维的习惯。

再往上，小学一二年级的孩子，他们开始想要了解一些事物背后的东西了。真正思维活跃是三年级以后的事情，那时候就可以探讨为什么这个东西会长成这个样子。活动内容从是什么，变成了为什么。

带大孩子的活动，我就可以让他们自己总结植物的外貌特征和结构之间有什么样的联系等。比如说风吹的种子，一定比水流和动物传播的种子要轻，或者干旱地方的植物叶子和湿润地方的植物叶子有什么区别，这可以让孩子们通过一个实验或者观察记录从而得出自己的结论。

爱阅公益：您对每个年龄段孩子的不同发展特点都有很清楚的了解。

史军：这是必须的。这也是不停演讲积累的经验。我大概从2013年开始做公众演讲，过去六七年的时间应该讲过大概一千场讲座。在反复的训练中，自己慢慢就知道了不同年龄孩子的特点。

打个比方，我给一二年级的孩子讲去太空种植物，他们完全无感，因为他们不知道很多基础知识，比如太空是没有重力的，失重对植物细胞的影响等，而我又没有时间给他们解释清楚这些基础知识，总之，他们和这件事之间是没有建立联系的。

但是如果我把这个题目讲给五六年级甚至初中的孩子听，他们就会觉得很有意思。

爱阅公益：最后，请问您未来有哪些计划？

史军：依然是认真做内容。我们给自己的定位是核心内容的提供者。

采访时间：2019年6月27日

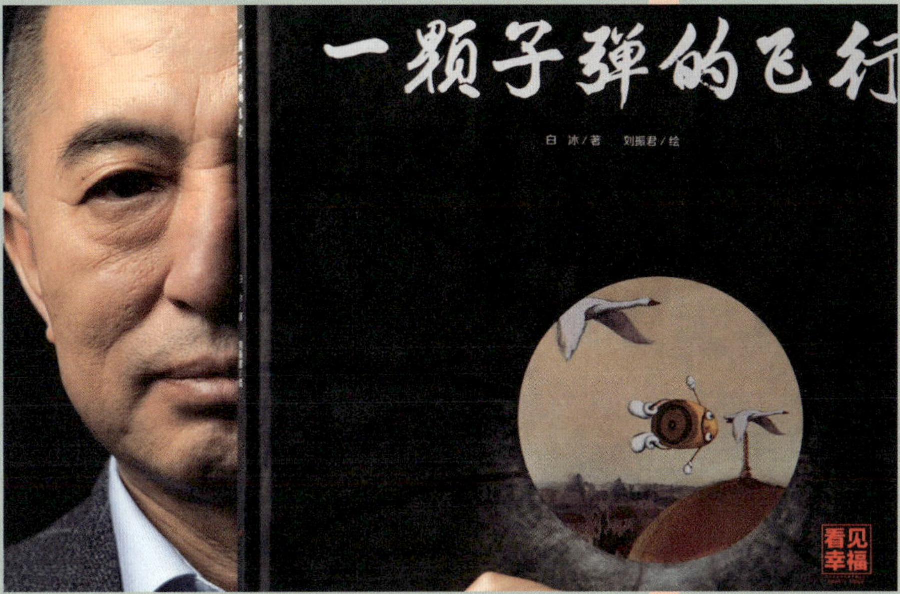

白冰

从军人到作家，用一颗子弹传递生命感悟

白冰

没有高质量的内容就没有好书，就不会有市场。如果要抓可持续的发展，高质量的发展，就要从抓内容质量开始。

在2018年的博洛尼亚国际童书展上，我碰巧听了一场几位中国童书作者的分享，我记得分享者包括黑鹤、九儿、韩煦、张宁、李晓鹏等。这场活动的主持人精气神儿特别足，总是笑眯眯的。当时我心里就想，这位主持人和一般的主持人不太一样呀。

后来同行的同事告诉我，他是接力出版社的总编辑白冰，这些分享者也都有一个共同的身份，他们都是在接力出版社出版过作品的作家和画家。那是我第一次见到白冰，也没和他说上话，可他表现出来的对于童书出版的热情和对这些作者的关心，给我留下了深刻的印象。

再后来我了解到，白冰不仅是出版人，也是儿童文学作家，创作了不少童诗、童话，还有图画书。白冰从小就喜欢写作，一开始并不仅仅写儿童文学，也曾创作过报告文学、诗歌、散文等等。后来他渐渐发现，得奖的作品好像都是儿童文学，加上自己也喜欢儿童文学，便更专注于为孩子写作了。

从结束十一年的军旅生活，到来作家出版社做编辑，再到加入接力出版社，白冰一直在追寻自己真正热爱之事。对白冰来说，在专注青少年读物出版的接力出版社工作，实现了最完美的兴趣与职业的结合。

通过与白冰的对话，我看到一个真正热爱童书、喜欢孩子、有责任感、有理想、有担当的出版人的模样。“质量是命。”白冰一次又一次强调。正因是为孩子出书，才更应该保证质量。“没有高质量的内容就没有好书，就不会有市场。如果要抓可持续的发展，高质量的发展，就要从抓内容质量开始。”白冰说。

我小时候看的书不算少，但有清晰印象的出版社只有一家，那就是接力出版社。在班里传播最疯狂的“鸡皮疙瘩”系列、“淘气包马小跳”系列等，其封面上都印着“接力出版社”。近二十年过去了，接力出版社依旧是童书出版行业里代表创新和引领的重要力量，销量与品质齐头并进。我想这跟白冰对高质量内容的坚持是分不开的。

在从事出版工作之余，白冰自己创作的作品也走入越来越多孩子的心中。入选2018年“爱阅童书100”书目的《一颗子弹的飞行》是我非常喜欢的一本图画书。我想，凝练的文字叙述配上极具冲击力的画面，会让每一位读者在翻页的时候，都为子弹的命运揪着心。在故事中，一颗心地善良的小子弹终于如愿冲出枪膛，见到了外面的世界。很快，他发现自己的命运和想象中截然不同，可除了不断向前，再向前，他别无选择……

就是这样一个简单的故事，却给予我们无限的想象空间。它或许有关战争，或许有关和平，又或许有关人生。正如白冰所说：“好的图画书和文学作品一定是具有多义性的主题的，不同的人和不同的阅读心境都可以读出不同的感受来。”

“我觉得那颗子弹的形象跟您有些神似。”采访过后，一起吃午餐的时候我对白冰说。

“真的吗？好像还没有人这么说过。谢谢你！仔细想想，在历史的长河中、在宇宙的轨道中、在人生的轨迹中，我们每个人都好像是一颗行星，是一颗子弹。”白冰回答道。

《一颗子弹的飞行》与人生的感悟

每个人回看自己的人生，
自己都是一颗子弹。

爱阅公益：我们从《一颗子弹的飞行》开始聊吧。这本书是您的作品里我最喜欢的，能说一说这本书的创作过程吗？

白冰：那我遇到知音了，《一颗子弹的飞行》也是我特别喜欢的一本图画书，或者说是最近几年我创作的图画书里面，最重要的一部作品。这本书容纳了我的一种生命感悟。我从小就特别羡慕天上的云朵和飞鸟，我老在心里揣摩，飞到天上往下看是什么感觉。

我当了十一年的兵，在军队经常打靶，对子弹是比较熟

注：全文中《一颗子弹的飞行》（白冰著，刘振君绘）的图片来源于中国少年儿童出版社。

插画选自《一颗子弹的飞行》

悉的。子弹里面又有各种各样的类型，比如消防弹、信号弹等等。我在射击时也会想，一颗子弹飞起来的时候，它的感觉是什么。

有一天我突然萌生了一个想法，我要写一颗子弹，写一颗子弹飞起来的感觉。

在构思这个作品的时候，我只是想把子弹在飞行过程当中的那种生命感受真实地表现出来。我想这颗子弹应该是一个孩子的形象，他渴望飞翔，他渴望去看世界上各种各样的东西。一颗子弹一旦飞起来以后，他要面临很多意想不到的情况。他要遇到小男孩的气球，遇到天鹅的翅膀，遇到恋人的长发，遇到母亲的胸膛……对于子弹来说，遇到这些情况时，他的感受是什么？我只是如实地写出来。

这本书里有人性的善与恶，战争与和平，也有很多人生的感受。每个人回看自己的人生，自己都是一颗子弹。这颗子弹一旦进入一个运行轨道就停不下来了，永远停不下来。这不是你想不想停下来，或者你想不想飞出去的问题。这就是人生。

《一颗子弹的飞行》的创作过程就是这样的。

爱阅公益：您说从很小的时候就喜欢看鸟看云，有飞到天上往下看的一种想法。不过这本书是您到了一定年纪后创作的，能写出这本跟人生有关的作品，也需要不少阅历的积累吧？

白冰：对的，跟阅历有关。我想，随着年龄越来越大，人生阅历越来越丰富，可能对生活的感悟也越来越深刻。但是，给儿童写作需要我们在创作的时候转变生命的状态。我的感悟或许是成人的，但是我要从孩子的角度思考，去考虑如何讲述这个故事从而让孩子理解并感兴趣。

我要用孩子的语言去讲故事，用孩子的耳朵去聆听，用孩子的眼睛去观察世界，用孩子的心灵去感受生活。

一般我们可能觉得年纪越大离儿童就越远，可我现在倒是更像儿童了。人过了六十岁就进入了第二个儿童期，对于儿童文学作家来说，也许七八十岁是最佳的创作期。

爱阅公益：您会用哪些方式转换到儿童的视角？

白冰：第一，童年记忆对一个人非常重要，童年时期喜怒哀乐的记忆是非常深刻的，会陪伴你的一生。童年记忆在我的写作中起到了很重要的作用。

第二个是要经常和孩子接触。我特别喜欢和孩子在一起，我邻居和亲戚的孩子都跟我玩得很好。我有几个铁杆小粉丝，我给他们讲故事，跟他们聊天，去了解他们。我们单位出去春游和秋游的时候，员工可以带孩子，孩子们都跟着我。我带他们找蜗牛，逮小虫，捉蚂蚱。孩子们跟我很玩得来。

还有一点是要关心和关注现在儿童整体的生命状态。比如我比较关心教育的问题，包括家庭、学校和幼儿园教育的问题等等。

同时，我需要大量地阅读古今中外的儿童文学名著和现在新出版的儿童图书。当然，这跟我总编辑的工作也有关系，因为几乎每天都要讨论和研究选题，要看很多童书。在这个过程当中，我可以了解别的作家在用什么样的文学语言和视觉语言与孩子沟通，并向他们学习。

爱阅公益：很多人第一次看您这本书的时候，更多地会

插画选自《一颗子弹的飞行》

联想到战争、反暴力这类主题。根据您刚才说的，这本书其实更多的是用子弹这个载体去描绘生命的状态？

白冰：是有很多读者从这方面来解读的，这种解读也是对的，因为子弹很容易就让人联想起战争，联想起暴力，联想起和平。好的图画书和文学作品一定是具有多义性的主题的，不同的人和不同的阅读心境都可以读出不同的感受来。

爱阅公益：您是什么时候想到了这本书的点子？

白冰：大概是四年前。当时我写得很快，一两天就写完了，但是文字打磨大概花了六七个月的时间。修改了很多次以后，我对这个文本还是特别不满意，总感觉没有表达子弹的真实感受，以及自己真实的生命感受。

最后，我把第三人称改成了第一人称，“我”就是那颗子弹，这让子弹能够直抒胸臆，直接讲述自己飞行的感受。

定稿了以后，出版社约请了一位画家来画。这个画家画了一年多的时间，但无论是形象还是视觉语言的表现，我都觉得不适合这部作品。然后换了另外一个画家，也就是现在这本书的绘者刘振君。

刘振君的创新意识非常强，基本功也非常好，他用了一种近乎写实的方式来表现。在写实的同时也大胆创新，比如子弹通过空气时的爆裂和破碎，画家用的是一种非常夸张的视觉语言，表现力非常强。

这本书从改定到出版大概用了四年的时间。

爱阅公益：刘振君在创作的时候，您跟他交流得多吗？

插画选自《一颗子弹的飞行》

白冰：我们多次在一起交流。在办公室里、在微信上、在邮件里交流等等。我在 301 医院住院的时候，刚刚做完一个髂动脉搭桥手术，在恢复期，中国少年儿童出版社的编辑还带他来医院，我们在医院的咖啡厅里交流。

比方说子弹应该是一个什么形象，我想他首先是一个孩子，一个可爱的、想飞的孩子。这个子弹的形象我们画了好多次，最后才确定下书中这个形象。我们还在桌上铺很多纸，把子弹的运行轨迹画出来，讨论在抛物线的轨道上，每一个画面里子弹应该在什么位置。这个抛物线既是子弹飞行的轨迹，也是人一生的轨迹。

我还帮刘振君找了好多国外著名报刊上枪弹的摄影资料，比如现代武器的枪膛、子弹的摄影图片等等。

爱阅公益：关于这本书的画面背景，我感觉有点像是在中东，您创作的时候是这样设计的吗？

白冰：没有，这个是画家自己设定的。现在中东地区战争比较多，所以他就以这个背景来表现了。他没有明确地说是哪一个国家，但从建筑风格可以看出像是中东国家。我们也没有过多地认真考究，因为这个故事可以放到任何背景之下表现。

爱阅公益：您几年前就对曹文轩老师说过这个故事？曹

文轩老师对您的创作有什么帮助吗？

白冰：有一年我们一起去参加博洛尼亚童书展，在车上的时候我把这个故事讲给他听了，他觉得特别好，他说你一定要写出来。

《一颗子弹的飞行》的封底有一个洞，就像是子弹打穿了书页一样。这个想法是曹文轩提出来的，他说在封底上应该做出子弹穿透的效果，这样一来，艺术感染力更强。我听后觉得这个创意非常棒，就把他这个点子跟画家和责编说了，也就有了现在的效果。

爱阅公益：我觉得在您的作品里，《一颗子弹的飞行》又达到了一种新的高度。您觉得哪些因素让您创作出了这部作品？这是多年积累后的结果吗？

白冰：我想表达的是云朵的感觉，飞鸟的感觉，存在的感觉。我用一颗子弹去表现这种感觉，这种独特的人生感受，在这之前应该没有人像这样写过。

另外很重要的一点是，我在创作时把文字精简又精简，大部分的艺术和想象的空间都留给了画家。这让故事拥有更丰富的解读空间，也是图画书的妙处所在。

童诗、童话和图画书的创作

孩子的阅读是从声音开始的。最早是爸爸妈妈给我们讲故事，我们并不认字，但这个时候已经在接受母语教育了。

爱阅公益：您是从什么时候开始为儿童创作的？

白冰：我的儿童文学写作从 20 世纪 70 年代就开始了，第一篇作品是上初中的时候发表的。我上小学五六年级时就爱写作文，作文经常被老师当成范文来读。我在河北省平泉县（现已改为平泉市）长大，也就是现在的城乡接合部。当时条件不是很好，教室里冬天要生炉子。我写作文的时候是最开心的，别的同学还没写完我就写完了，然后老师便让我去添煤，去捅炉子，这让我特别得意。

70 年代的时候我开始发表一些作品，包括小故事、儿童小说等等。那时候河北人民出版社组织各个县的文化馆来征集故事，我写了一篇文章，还入选了一本叫《茁壮的幼苗》的儿童故事集。

我参军以后也一直在创作，写了很多东西，比如报告文学、诗歌、儿童小说、散文等等。后来我发现，我发表的很多作品里面，不断得奖的作品都是儿童文学，所以我觉得我生来大概就是为孩子写作的。

爱阅公益：您创作了很多童话，在您的童话里，如《小老鼠稀里哗啦》等，不少都加入了大量朗朗上口的童谣。

白冰：孩子的阅读是从声音开始的。最早是爸爸妈妈给我们讲故事，我们并不认字，但这个时候已经在接受母语教育了。母语的音律之美是通过声音来传递的。

我觉得写给孩子的文字一定是美的语言、诗的语言，因为诗的语言精练，诗是语言的精华。只有韵文才能体现中文的韵律之美，我们的唐诗宋词是可以吟诵的，图画书的语言表现力也很强，它有诗的特质。

我最早出的一本作品集是儿童诗集《飞翔的童心》，所以我不论写童话还是写小说，都想用诗的语言来表现。给孩子的儿童文学语言应该是有声音的，这里面包括象

注：全文中《小老鼠稀里哗啦》（白冰著）的图片来源于春风文艺出版社。

插画选自《小老鼠稀里哗啦》

声词；包括刚刚说的韵律；也要有色彩，跳动起来的色彩，红的、绿的、七彩的；还要有味道，要让孩子如临其境，让孩子闻到春天花的芳香，秋天田野里苹果和稻米的香气。

孩子读这样的作品读得多了，他们的文学语言使用能力自然而然就提升了，他们对语言的鉴赏力也提升了。

爱阅公益：您觉得什么样的童话能成为经典的童话？

白冰：第一，要有一个独特的，能够被人记住的形象。比如《小布头奇遇记》里的小布头，《长袜子皮皮》里的长袜子皮皮，安徒生童话里面卖火柴的小女孩，等等。

第二，要有一个新奇的想象空间。如果司空见惯，读者为什么还要来读这个故事呢？不管是《海底两万里》还是《地心游记》，这些经典的作品都有新奇的想象空间。经典的童话也一样。

第三，要有独特的语言系统，故事用独特的语言来讲述。

最后，最关键的是它能给孩子传递生命的智慧，以孩子特别喜闻乐见的文学形式来传达独特的生命感悟。

爱阅公益：您从什么时候开始除了写诗歌、童话，也创作图画书了？

白冰：是 2003 年左右。最早是把自己原来的一些童话改编成图画书，后来就创作新作了。

爱阅公益：图画书是一种不同的创作形式，您也经历了学习的过程吗？

插画选自《大个子叔叔的野兽岛》

注：全文中《大个子叔叔的野兽岛》（白冰著，［伊朗］阿明哈桑 · 谢里夫绘）的图片来源于中国少年儿童出版社。

插画选自《大个子叔叔的野兽岛》

白冰：是的。图画书是一种独立的艺术形式，和童话完全不同。我读了大量关于图画书的理论、专著和评论，也阅读了大量的图画书，去掌握图画书的艺术规律，我希望能把图画书的优势发挥出来。有些童话本身可能很好，但不适合做图画书。图画书是一个像微电影的综合性艺术，这里面要有文学语言、视觉语言、故事线、人物线、命运线等等。

爱阅公益：您有两本图画书《大个子叔叔的野兽岛》和《一个人的小镇》是跟伊朗的绘者合作的，可以聊一下是如何跟这两个绘者合作的吗？

白冰：那是中国少年儿童新闻出版总社通过菠萝圈儿国

际插画展找到的国外画家。跟他们合作挺好的，伊朗有伊朗的画法，跟我们的画法不大一样，可以给我们带来好多新鲜的东西。

爱阅公益：当时本来就想着要找外国的画家合作吗？

白冰：是的。

爱阅公益：我们对伊朗童书的了解也不是很多，能给我们介绍一下吗？

白冰：我刚从伊朗回来，我发现他们的出版社很多，出版的书也不少，大量的是反映当地的民间传说和经典童话，也有很多是反映当下伊朗孩子的现实生

插画选自《一个人的小镇》

注：全文中《一个人的小镇》（白冰著，[伊朗]帕杰曼·拉米扎德绘）的图片来源于中国少年儿童出版社。

插画选自《一个人的小镇》

活、难民生活的小说和充满童趣的童话。他们也有图画书，同时也希望引进中国的图画书。

伊朗人特别爱看书，我们在德黑兰书展上搞了一次活动，请画家庄建宇和伊朗的小读者以及老师家长分享“酷虫学校”的波斯语版本。现场来了很多家长和孩子，人头攒动，大家非常热烈地和画家进行交流，现场不时响起掌声和笑声。

爱阅公益：您从 2003 年左右开始创作图画书，这么多年来，您的创作有哪些变化吗？

白冰：有变化。我对图画书艺术特点的了解越来越清晰，对图画书的表现题材也越来越清楚。过去我觉得什么样的小说、童话都可以做成图画书，实际上并非如此。

另外，图画书的文字仅仅提供了一个场景，场景的细节是用视觉语言来填充的。文字如果写得太满了，画家根本没法发挥和创作。图画书对语言有极高的要求，它的语言一定是像露珠一样清澈和干净利落的，也是富有表现力的，是有色彩、声音和味道的。

从军人到编辑

他们有人知道我喜欢写作，问我想不想去当编辑，

我说特别想。

爱阅公益：您是毕业以后就参军了吗？

白冰：我高中毕业以后就参军了，在部队里面做过文书、干事。我们那年当兵据说是去珍宝岛打仗。孩子嘛，觉得去打仗也挺有意思的，但是送我到火车站的父母和姐姐都在痛哭。我还记得那个场景，喇叭播放着《闪闪的红星》这首歌。

后来没想到火车到北京就拐了弯儿，我们没有往北，反而向南去了，那就不是去珍宝岛。我们在河北易县停下，就是《狼牙山五壮士》里面“风萧萧兮易水寒”的易县。我在那里当兵，当工程兵。前面有人挖山洞，我们就在后面安油罐。

爱阅公益：当时知道要去打仗，您没有觉得害怕吗？

白冰：不害怕，可能那时候心中就是一颗子弹的感觉。

新兵出发前，县里在县礼堂举行欢送仪式，我代表全县的新兵发言。我记得我说的最后几句是这样的：“真正的战士，对于困难的回答是战斗，对于战斗的回答是胜利，请父老乡亲们等待我们胜利的消息吧！”

爱阅公益：后来您在部队里待了十一年？之后是如何离开部队的？

白冰：是的，待了十一年。这期间我参加过华北军事演习，在这个军事演习当中，我从部队里调到后勤导演部做编剧和编导。然后我从八达岭调到了原北京军区总医院，东四十条这儿，在政治部工作。在政治部工作时我已经发表一些作品了。

这时候作家出版社缺编辑，他们有人知道我喜欢写作，问我想不想去当编辑，我说特别想。然后我就辞掉了部队的职务，要求转业，去作家出版社做编辑。脱掉军装的时候，我看着领章和帽徽，流了泪，舍不得，但还是去做了编辑。

爱阅公益：开始做编辑以后，做的工作跟您想象中会有一些出入吗？

白冰：当时之所以特别想去做编辑，是因为做编辑能读到好多书，觉得对自己的写作会有非常大的帮助。同时我还可以跟作家打交道，能跟他们学到很多东西。

后来确实也是这样的。一个是我读了大量的书，要编成人文学，自己肯定得读。《生命中不能承受之轻》《马语者》《英国病人》等最早都是我责编的图书。

我到了作家出版社后，无论是文艺理论水平，还是鉴赏能力都有很大的提升。作家出版社还送我去了鲁迅文学院读研究生，莫言、毕淑敏、迟子建等都是我的同班同学。

成为接力出版社的总编辑

我们有一个理念，让中国读者和世界同步阅读，
让外国读者感受中国的精彩。

爱阅公益： 后来是怎么来到接力出版社的？

白冰： 那是2001年的时候。我和接力出版社的老社长李元君是老朋友，一九八几年的时候，在烟台召开了一个全国儿童文学的研讨会，我们是在这个会上认识的，后来大家一直很聊得来。

爱阅公益： 作家出版社没有编儿童文学的，对吧？

白冰： 作家出版社也编。原来只编辑出版成人文学，但是后来在我的努力下，也出版了一些儿童文学图书，像秦文君的《男生贾里》《女生贾梅》，杨红樱的一些书最早也都是在作家出版社出的。我在作家出版社还和台湾的桂文亚女士一起编辑出版了海峡两岸的童话选集《银线星星》等作品。

那个时候李元君觉得接力出版社在边远地区发展是不行

的，她特别想到北京来。那时候接力社主要做的是教参教辅，很少有一般图书。

李元君跟我商量说，接力出版社想在北京发展，你愿不愿意到我这儿来，帮我管这个摊子。当时我就想，接力出版社是做儿童书的，我又搞儿童文学，能够把爱好和职业结合起来，所以，我决定去接力出版社。

2001 年我辞去了作家出版社副社长一职，来到接力出版社做总编辑。

爱阅公益：到现在当了好多年了。经过您多年的努力，接力出版社现在发展得这么壮大。

白冰：这是全社人的努力，李元君社长和管理团队打的基础比较好。我们团队的每一位接力人都很有情怀，勇于创新，因为是为孩子做事，所以接力人都很纯净。我们的员工，大多是当了爸爸妈妈的人，对孩子有感情，对童书也有感情。

这是一个创新的时代，我们社里的很多年轻人拿出的创意和策划都很棒。

爱阅公益：能介绍一下您来接力出版社以后，这里的发展和变化吗?

白冰：我来接力出版社的时候，政府有关部门提出来要提升中国孩子的综合素质，减少孩子的课业负担，减掉了很多教参教辅。这样就给以教参教辅为主要利润来源的出版社敲响了警钟，光靠教参教辅不行了，得做一般图书。

所以我们提出了两个战略转移，一是从边远的西南边陲向腹地北京转移，二是由向教参教辅要利润和码洋，改为向一般图书要利润和码洋。根据这个战略部署，我们从南宁那边调了十几个人，又招了十几个人，总共二十几个人。第一年我们大概出书几十种，发货三千多万码洋。

这么一年一年做，我们从当时的五六个部门到现在有二十个部门；从二十多个员工到现在有一百八十多个员工；从出书几十种，到现在每年出书四百多种。接力出版社北京出版中心一般图书的年发货码洋接近六个亿，和 2001 年相比，有了近二十倍的增长。如果按一本书平均二十块钱定价的话，我们每年要为中国的孩子提供三千万册图书，光是这个数字就让人很有成就感。

爱阅公益：我在网上读到："2018 年，白冰先生和接力出版社管理团队一起完成了接力出版社的第三次重大变革——建立婴幼分社、少儿分社和青年分社，为接力出版社未来五至十年的发展奠定了坚实的基础。"您能介绍一下对接力出版社未来发展的规划和理念吗？

白冰：接力出版社这么多年以来，我们可以说是有三次创业。20 世纪 90 年代最早的创业期是李元君社长带领员工用板车往校园送教参教辅，拓展全国教参教辅市场，打造接力品牌。

2001 年开始，接力出版社实现战略转移，在北京发展一般图书是第二次创业。现在南北加起来每年出书将近五百个品种，年发货八个亿码洋。但是，我们现在面临着新的发展瓶颈，所以我们提出第三次创业。

第三次创业是什么？一个是精细化的分工，一个是以分社做利润中心，把大家的积极性都释放出来，让他们有更大的自主权，让员工的很多创意和想法更容易实现，同时也更加专业化。所以我们分了三个分社：婴幼分社、少儿分社、青年分社。

我和现任社长黄俭以及管理团队认为，接力出版社的第三次创业要包含这么几个内容。

一个是出书品种要细化和专业化，内容质量、编校质量和印装质量要有大幅度的提升。

另外一个很关键的问题就是在新媒体时代的融合发展。比如在讨论一本书的出版和策划的时候，大家会坐在一起商量能不能做有声书，做电子书，做知识付费项目，等等。我们的很多图书内容都以多种媒介形式呈现。

我们的第三次创业还要打好国际化这一仗。中国出版行业要面对国内和国际这两种资源和两个市场，真正要做得好，一定是两个市场和两种资源都要用。

在国际少儿出版的合作和竞争中，我们在埃及成立了埃及分社，将中国作家的作品译为阿拉伯语出版，发行到二十二个阿拉伯国家和地区。我们还和俄罗斯合办了比安基国际文学奖，这主要是推介优秀的自然文学作家作品。我们在东南亚正在筹备成立东盟少儿出版阅读联盟，联盟办起来之后，我们就能利用广西的地缘优势，更多地融进东南亚的少儿出版，和东南亚的少儿出版社有更多更好的合作。

我们做这些事情最后的目标是把接力出版社打造成为专业化的、国际化的和多媒体的青少年文化传媒机构。

爱阅公益：除了让中国作者走出去，接力出版社也引进了很多优秀的外国书籍，在引进的时候接力有哪些方面的考虑？

白冰：我们有一个理念，让中国读者和世界同步阅读，让外国读者感受中国的精彩。城市的孩子和农村的孩子在物质条件上虽然有差别，但是差别没那么大，最大的差别是阅读。农村的孩子可能读不到什么书，很多人到现在还认为孩子的阅读应该在十岁以后开始，但城市的孩子从零岁已经开始阅读，甚至胎教就开始阅读。阅读的差距是造成城乡孩子之间差距的主要原因之一。

要让我们的孩子将来能够加入国际化的竞争，首先是要把世界上最优秀的书引进到中国来，让中国的孩子和世界同步阅读。我们一直在引进创新意识非常强的，能填补中国童书市场空白的优秀童书。同时，我们也一直在引进经典童书，包括儿童文学、图画书、科普书、玩具书的经典等。

我们引进童书也是为了给中国原创童书做借鉴和参照，促进中国本土童书的发展。最早接力社引进了《活了 100 万次的猫》、“巴巴爸爸”、“蓝精灵”等作品，经典的大批引进也推动了中国原创图画书的发展。引进和原创都要做，都要抓，两手都要硬，它们是互相促进的关系。

爱阅公益：接力出版社有一个“娃娃龙原创图画书系列”做得挺不错的。

白冰：娃娃龙这个系列是我当年提出来的，当时我们引进的图画书非常多，我就想接力出版社应该要自己打造一个原创图画书系列。娃娃龙，实际就是龙娃娃，龙的娃娃，龙的儿子，龙的子孙，这里面要体现中国的文化特色，中国的艺术特色，尽量多地传达中国人的价值理念。

爱阅公益：这也是对原创的一种推动。

白冰：对的。

爱阅公益：您觉得作品的质量和销量可以很好地平衡吗？

白冰：完全可以。只有有质量的东西才会有销量，没有质量的东西是没有销量的。我们把质量分为内容质量、编校质量和印装质量，这三种质量都是非常重要的，尤其是内容质量。没有高质量的内容就没有好书，就不会有市场。如果要抓可持续的发展，高质量的发展，就要从抓内容质量开始。

编校质量也很重要。因为给孩子出书，我们一直在全社提倡：质量是命。成人有自己的鉴赏能力和鉴别能力，但孩子认为印到书上的东西就是毋庸置疑的正确的东西。哪怕是一个错别字，也可能会影响孩子的一生。

在印装质量上，我们要求全部都使用绿色油墨，油墨是可以吃的，所以孩子怎么摸都没事。我们也要求不管是几页纸，都不能用骑马钉，要用锁线。孩子小，钉子容易划伤皮肤造成感染，也容易扎伤眼睛。给低幼孩子的书，我们都把它做成圆角，防止孩子受伤。

爱阅公益：听到您一直说“质量是命”，很感动。您一边做出版社的工作，一边自己创作，会觉得很难兼顾吗？

白冰：不难，但是还是要以工作为主。我在周六周日还有节假日创作，等飞机、坐火车的时候是构思的时间，到了宾馆晚上没什么事，也是创作的时间。工作的时候该加班还是得加班。

爱阅公益：最后，想问一下，您对中国童书的发展有什么建议？

白冰：现在中国童书蓬勃发展，是最好的时期。这和那么多年来政府倡导提升全民综合素质，提高学生核心素养有关，也和这么多年来的阅读推动有关。

也正因为是最繁荣的时期、最好的时期，也有好多的问题，比如盲目地追求量和规模，盲目地追风模仿。这些问题必须解决。中国童书市场面临着质的提升的问题，我们不能仅仅以量取胜，应该以质取胜，这样我们才能有长期的可持续的发展，才能在国际化的合作和竞争中走在前面。

采访时间：2019年5月7日

幾米

唯有实作
才能够激发出
可行的灵感

幾米

"想"与"做"之间，不管经验多丰富，都还是有差距的，实际去一点一滴地琢磨，一步一步踏实完成，才是真的进度，不管多么伟大的梦想，放在脑子里没能力毅力耐力去实践，都是空空空。

华语世界里应该没有人不知道幾米。

幾米从小就喜欢画画，课本的空白页上都填满了涂鸦。可他却是因为一个悲伤的理由才走上了创作的道路。1995 年，幾米被查出身患血癌。很多年后，幾米才从主治医师那儿得知，在他之前没有治愈这个疾病的成功案例。

三年后，幾米的第一部作品《森林里的秘密》出版。这是一部仅用黑白线条描画的作品。肆意生长的枝干铺满画面，眼睛又圆又大的毛毛兔把小女孩带入奇妙的森林中。

一开始幾米并没有想过为画面配文字，在出版社的提议

注：本页幾米的照片由王志元拍摄。

下才答应下来。苦寻灵感无果多时，最后是亲子读书会中的朗诵给了幾米方向。《森林里的秘密》里那诗一般的语句在一遍又一遍的朗诵中构成了。幾米从没想过，这本写给女儿的书会让他成为世界上最有影响力的作者之一。

在那之后，他那天马行空的画面、艳丽丰富的色彩、引人思索的奇妙故事，让千千万万读者沉浸、流连其中。在幾米之前，成人绘本在市面上还很少见。幾米不想要他的作品只摆在书店里的童书区，所以一开始从内容到设计都是朝着非童书的一般图书方向进行的，成人绘本也成了幾米的“标志”。

尽管如此，幾米的作品里不乏孩童似的幻想，主人公也经常有小朋友和动物。他深受童书绘本影响，谢尔·希尔弗斯坦（Shel Silverstein）、约翰·伯宁罕、海伦·奥克森伯里（Helen Oxenbury）等都是他喜欢的作者。或许正是这种如诗如梦的想象，才让各个年龄段的读者都被他吸引。我是小学的时候读的幾米的作品，对成人世界的似懂非懂好像并没有阻止我对画面的着迷。

我想为成人写书的幾米也是懂孩子的，像《不爱读书不是你的错》《我的错都是大人的错》《我不是完美小孩》这样的作品一定都深得孩子心。这也是爱阅公益基金会将《不爱读书不是你的错》选入 2018 年“爱阅童书 100”书目的原因。幾米前年也出版了第一本自写自画的儿童绘本《同一个月亮》，并获得丰子恺儿童图画书奖的佳作奖。

我把采访问题发给幾米后，等待回复时心里有点忐忑。他这么忙，会不会就用草草几句话应付？文档终于来了，看到文档底端的字数是五位数，我悬着的心放下一半。我迫不及待地读了起来，幾米娓娓道来的诉说让我一下子入了迷，跟着他的文字，我和幼时的、青年的、做广告的、病中的、创作时的幾米都一一打了个照面。

距幾米第一部作品的出版已经过去二十一年，现在幾米依然每天雷打不动地去工作室画画。他早上七点左右就进工作室，中午吃个简餐，到下午四五点结束，陪伴左右的只有广播或音乐。

“我深信唯有实作才能够激发出可行的灵感，”幾米说，“‘想’与‘做’之间，不管经验多丰富，都还是有差距的，实际去一点一滴地琢磨，一步一步踏实完成，才是真的进度，不管多么伟大的梦想，放在脑子里没能力毅力耐力去实践，都是空空空。”正是这样的坚持与努力，才有了六十七部作品的诞生。

这样高产的幾米却说书写对他而言是困难的，而在大病突袭之前，他还一直认为自己的绘画作品“不够资格”出版。是这样的幾米，用他独特的图画和文字，以及作为创作者的“人格特质”，把数不清的读者带入他创造的世界遨游，并从这个世界找到与自己心心相印的地方。

突如其来的疾病与留给女儿的“秘密”

在生病之后，我很害怕可能哪一天突然就离开了，
就想留一点儿记录，可以给当时我刚出生的小女儿，
让她长大以后知道这是爸爸的创作。

爱阅公益：您三十七岁的时候被检查出得了血癌。当时这个病能治愈的概率是多少？

幾米：生病住院是1995年的事，我在医院进行了完整疗程的治疗，大约在医院住了大半年，疗程结束后出院自行调养。1998年开始出版绘本。

我不是一个坚强的人，当时知道患了这么严重的疾病，我自己没什么信心，也不跟医生开会讨论，都是交给家人帮忙处理，所以当时很多医疗数据我不知道，也不想知道，只晓得治愈率很低。想想，身处在那样的状况，从一个本来没什么忧虑的年轻人，到突然面临死亡，我难以那么理性地去了解这些。

过了很多年，当时的主治大夫告诉我，在我之前他没有治愈这个疾病的成功案例，在治疗我之后，有了成功的经验，再之后治愈概率大为提升。当然，医疗技术的发展也比以前进步很多。

爱阅公益：您从事设计和绘画工作多年，为什么身患重病反而让您有了创作自己作品的欲望？

幾米：一开始出版绘本并不是我主动想做，而是有出版社来邀稿，希望把我之前为平面媒体画的黑白插画结集起来出版。这之前也有不同的出版社问过我出版的意愿，但我一直觉得自己的作品不够资格出书，所以一直没答应。

但在生病之后，我很害怕可能哪一天突然就离开了，就想留一点儿记录，可以给当时我刚出生的小女儿，让她长大以后知道这是爸爸的创作，因此我就答应了出版社的邀请，而且我还很怕自己后悔，马上就签约了。在整理过去的作品准备出版时，我突然觉得有满腔的话想要诉说，而过去的那些作品没办法表达我当时想要诉说的念头，于是我整个重来，画了一个完整的故事，这也就是我的第一本书《森林里的秘密》。

许多人创作，出书，都是因为他们才华横溢，但我不是。我是因为这样一个非常悲伤的理由才出版第一本书的。

爱阅公益：那时候您女儿多大？

幾米：刚满一岁。

爱阅公益：您是在医院的病床上创作的《森林里的秘密》吗？

幾米：不是。当时已经出院两年。在医院时根本不可能创作，住院时为了对抗疾病和化疗的副作用，是没有余力做任何事的。出院好长一段时间慢慢调养之后，才有力气重拾画笔，而且画得很慢很慢很慢。

爱阅公益：创作时是先画图再配字，还是两者同时进行，或是其他的方式？能跟我们聊一聊整个创作过程吗？

幾米：这本书我是先有图的。

故事的开始总是最困难的，在我茫然搜索不知道该画什么时，有一幅小画触动了我。那是1996年，我帮报纸副刊的文章所画的一幅插画。作品刊出后，朋友都说喜欢。我反复地看着这张图，隐约感觉画里头藏着故事。

我依据这张小图重新画了一幅大图，然后开始慢慢思索：这个在林间轻盈跳跃的女孩是谁？她从哪里来？踩着枕木要去哪里？那是一个风吹过的下午，还是一个雨飘落的傍晚？她为什么独自在森林里嬉戏？她的家人和家在哪里？她快乐吗？她悲伤吗？她寂寞吗？……

因为一张图，一连串的问题一一展开。一张图画完后，我才考虑画第二张，事先没有完整的故事架构，也没有预设起头和结尾，就只是以图带图的方式忽前忽后，交错前进。三个月后，我完成了一本书的三十二张图。

我感觉自己在做一种修行的功课，没有躁动，只有舒坦。当时的身体虽然常常感到疲惫，但是心情却很愉快，创作纾解了我身体的病痛，让心灵的孤寂与悲伤都逐渐获得释放。

我把完成的画稿交到出版社。我认为这些图已清楚地表达了一个故事，但是出版社总编辑认为，为了让读者更了解故事，还是希望能加上文字。我鲜少用文字表达自己的想法，书写对我而言是困难的。我想用最少的字去表达，为此到书店买了很多诗集，希望能够找到写作的灵感，可是没有用，我还是一点儿头绪都没有。

在一个偶然的机会中，我认识了林真美老师。真美是资深的儿童文学专家，经常推广亲子共读活动，开展各种读书会。她引导孩子们用眼睛看图，用耳朵听故事，而且还要把句子大声念出来，体会声音中很多的韵律与层次。这种方式让孩子阅读绘本时得到很多的乐趣，也让我获得很大的启发。我心想，既然自己不会写，那就用念的，把句子朗诵出来吧。

星期三的下午，风在吹，

我睡着了……

白色的窗帘，轻轻地飘了起来。

毛毛兔来了，

在窗外吹着口哨呼唤我。

推开门，森林好安静，阳光好温柔。

好久好久没有在森林里游荡了。

毛毛兔说："可以开始了吗？"

我在树后点点头。

我开始每天坐在电脑桌前，一边看着自己的图，一边不断朗诵心里的话，让它变成文章。每天，我都从最开头第一个句子开始念，一句接着一句，最后把整个故事的文字都背下来了。我以接龙的方式画图，朗诵的方式写字，就这样完成了我的第一本书。

在以朗诵写文章期间，最大受害者是我的太太，她不仅得忍受我整天像疯子般喃喃自语，还得应付我的哀求，提供意见和帮忙修改。如果没有她的善心鼓励与协助，这一条创作之路可能很快就会到达终点。

爱阅公益：我们知道，您的绘本大多是写给成人的绘本。创作《森林里的秘密》时就是如此吗？您创作这本书的时候女儿还很小，我觉得这本书里也有很多儿童元素。

幾米：是。这本书的整个制作形式都不是依照传统儿童绘本的惯例，页数多很多，开本小很多，都是朝着非童书的一般图书方向进行的，我想要我的作品不只摆在书店里的童书区，在一般的新书平台上也可以看到，因此得在书籍的形式上做得跟一般书籍一样。

在此之前，绘本就被理所当然地认为必定是童书，因此我自学插画、绘本的养分，也只能是从童书绘本里来，所以在早期的作品里会看到很多童书的元素。但整体看制作的形式、故事的主题，就会知道跟传统童书不太一样。

但即使如此，这本书出版后得到的奖项，还是童书类的。没有办法靠一本书就改变什么，一直到现在，在整个出版界、全世界的出版市场，我的书还是被放在儿童及青少年读物类型里。但我很清楚，我要讲述的故事，通常不只是给年纪轻的读者朋友，即使我运用很多童书元素，或者故事主角是儿童。就很像许多作家描述童年往事，但并不是这样就会变成童书。

爱阅公益：您最喜欢的儿童绘本作家有哪些？

幾米：我的创作早期比较受绘本创作者影响，如让·雅克·桑贝（Jean-Jacques Sempé）、谢尔·希尔弗斯坦、约翰·伯宁罕、海伦·奥克森伯里等，也受一些其他创作者影响，如爱德华·戈里（Edward Gorey）、迈克尔·索瓦（Michael Sowa）等。

后来画出自己的风格，滋养我创作比较多的是绘本之外的艺术创作，绘画、电影、舞蹈，像是亨利·马蒂斯（Henri Matisse）的画、法国的太阳剧社（Theatre du Soleil）和舞蹈家皮娜·鲍什（Pina Bausch）的作品。

爱阅公益：《森林里的秘密》是一部几乎只有黑白色的线描作品，不像您后来的许多作品颜色那么丰富。请问为什么采用这种风格呢？

幾米：其实刚开始画的时候，战战兢兢，一笔一画都很拘泥，生怕一不小心就会毁了一切。初稿完成后，画面单纯洁净，感觉超乎预期，很怕上了颜色会显得多余。再加上这个故事本身安静神秘，黑白色调似乎可以提供更多的想象空间。

爱阅公益：为什么把毛毛兔画为主角？毛毛兔对您有什么特别的意义吗？

幾米：贯穿全书的毛毛兔，后来成为我笔下重要的角色。

为什么我这么喜欢兔子？因为兔子长长的耳朵，因为它轻盈、灵巧的跳跃姿态。对我来说，兔子是非常神秘的动物，它那圆圆的眼睛，像是藏了许多看不透的秘密。

二十一年连续不断的创作

我深信唯有实作才能够激发出可行的灵感。

爱阅公益：从完成第一本书的创作，到由出版社出版，再到受到广大读者的喜爱，这是一个怎样的过程？

幾米：这过程让我自我怀疑，我常常觉得，这一切都是假的，有一天会被戳破。出版几本书之后，越来越受到注意，大约是从 2002 年开始，我渐渐变得忙碌，有了很多演讲的邀约，同时还有几个专栏在进行，插画工作持续不断，也继续努力地做书。此外，作品改编的电影、电视剧开拍，国外版权售出。突然间国内外媒体的关注都集中过来了。

我不习惯这样的生活，开始感到压力，很想逃。突如其来的“名气”，并没有带给我快乐，反而让我感到焦虑。除了外在环境，我还有来自内在创作的压力，总觉得大家都在冷眼旁观，等着看接下来幾米还能画出什么。

我愈是想证明自己，压力就愈大。我没办法享受这些，我原本只是想创作，希望自己的创作受到喜爱，如此而已。但受到关注必然带来上述的各种“副作用”，可能有人会享受这些，但我心里总是不踏实，担心这担心那，后来也就经常躲起来，只想默默创作就好。

画完《幸运儿》之后，我大大地松了一口气，那些之前我无法承受的东西，好像变得可以承受了，之前的困扰也不再是困扰。我想我也经历了一场振翅挣扎脱困的洗礼，随着书中的董事长悠游在遥远的天际。

这本书让我深刻体会到创作的艰苦，也更为佩服世界上所有持续创作的人。昙花一现的天才，让人羡慕；默默耕耘的工作者，令人感动。总在最低潮时，想到许多伟大创作者的坚持，我就会低下头来，继续画图。

所以最后，我把《幸运儿》献给心中敬仰的创作者——林怀民老师。

爱阅公益：创作二十多年，您觉得您自己的作品和您创作的状态有哪些变化？

幾米：我觉得创作者似乎不宜过于分析自己的作品，毕竟自己是在创作的旋涡里，很难跳出来看清楚；而且，一旦讲了，恐怕就限制了读者阅读时的想象空间，因此我比较想听到读者分享他们的阅读感悟。我只能谈谈我创作的背景和当时的感受，但无法去分析这类作品。

爱阅公益：听说您每天都去工作室画画，一画就是一整天，能跟我们聊一聊您的生活和创作日常吗？

幾米：我每天很早起床，大约七点左右就进工作室。工作室离我家不远，搭捷运[①]是一站的路程。进工作室之后我就会开始坐下来画画，陪伴我的只有广播或音乐。都是只有一个人。

中午我会在附近吃个简单的午餐，然后休息一下，有时会午睡，下午继续画。现在大约到四五点左右就结束一天的工作，回家和太太吃晚餐。年轻一点儿的时候，有时吃完晚饭我还会再花一点儿时间画图，但现在晚上就放松，陪太太和家里养的猫，有时很早大概九点多就会去睡觉。

如果是正值准备要出书的繁忙期，我甚至四点左右就会醒来，脑袋里不断在思考书的内容，在笔记本上画草稿，希望赶紧天亮可以到工作室去画画。

爱阅公益：您的灵感来自哪里？

幾米：灵感来自我的生活。我知道这种回答可能会让很多人觉得失望，但不来自生活，还能来自哪儿？人们都喜欢问创作者灵感何来，仿佛得知灵感来源的秘径，就可以依循此法找到创作的捷径。其实我并不是那么相信灵感，因为天

① “捷运”是台湾地区用语，指城市铁路。

马行空的点子实在太多了，但真正能够转化进行的却很少，而其中能够完好执行的更是微乎其微。

我深信唯有实作才能够激发出可行的灵感。我也常常整日思索，而不动手实作，最后全都是空想。我也曾经坚持要把一切都规划好才开始进行，但往往到了实作阶段，之前所有精密的计划都被推翻。反而是不想那么多就埋头苦做，在煎熬中，所有的困难都会找到完美的解答。创作创作，创新实作啊。

“想”与“做”之间，不管经验多丰富，都还是有差距，实际去一点一滴地琢磨，一步一步踏实完成，才是真的进度，不管多么伟大的梦想，放在脑子里没能力毅力耐力去实践，都是空空空。

总归一句话，不管有没有灵感，要直接去创作，实际做了，进入状态了，灵感就会出现，生活中碰到的事、想到的事，都会成为灵感的来源。但若不去创作，那些灵感终究会成为过往云烟，不会变成作品。

爱阅公益：您是会先想好一个已经比较完整的故事，还是会跟随创作过程中的感觉，让故事自己生长？

幾米：每本书各有不同的状况。

有的如前面所谈的《森林里的秘密》，是从一幅小画开始的。《向左走·向右走》也是从一张小插图开始的。有的时候只是从一个念头或一个主题开始，比如《我不是完美小孩》，我就想画小女生脸部不同的变化。从这个起点开始，才慢慢从一张画发展到两张画、四张画，画了几张图之后，就得开始回过头来设想情节，之后就是情节与画面交错缝补进行创作。

有时是先有了情节大纲，比如《幸运儿》，我才想办法把这个故事以画面表达出来。或像是《忽远忽近》，我连主题与故事结构都设想好了，但脑海里没有画面，没有图像的布局来交代这个故事，因此从设想到完成出版耗费了十七年。

爱阅公益：疾病对您的人生观有多大的影响？对您创作的故事有多大的影响？

幾米：这种“What If”的问题很难回答，自己评估自己更是困难。

我想，如果没有生那场大病，我应该不会变成现在这样的绘本作者，因为生病之后我看事物的眼光变了，对世界的感受也变了，本来没什么想要诉说的，变得有满腹的话想倾诉，这成了我创作的动力。

爱阅公益：通过您的作品，我们能了解百分之多少真实生活中的幾米？

幾米：从创作去了解创作者，应该是很难的吧？透过创作只能了解作者在这部作品里存放的一些理念。阅读也是为了透过这些理念来拓展自己，而不是去认识作者这个人，除非是传记。

我自己会觉得我的创作和我的想法联系紧密。但我的作品不是写实的描绘，大都是表现我内心的天马行空，要去“还原”应该非常有难度。如果我跳出来以身为读者的经验，阅读别人的作品，也会发现很难从作品去回推创作者本人的现实生活状况。

最关键的地方不在于创作者和作品的关系，而是读者是透过自己的经验去阅读理解的，各人有各种不同的经验，因此从作品中感受出来的东西就有很多不同样貌。比如我画了毛毛兔，我的感受是这样——我觉得毛毛兔表现出我心里的某种感触。但对不同读者而言，他们的感受就有不同的样貌，读者很难从这些去推测出创作者的真实生活。不然，应该就不会有各种采访与问答了吧？

爱阅公益：二十一年过后，您的创作动力和渴望依然很强烈吗？

幾米：我依然每天创作，渴望创作，但类型可能有点转变，不一定是在创作绘本了。

来自内心的呼唤

我太太说，我的文字没有第二个人写得出来。

爱阅公益：您最常用的绘画媒材有哪些？为什么选择它们？

幾米：以前我用的是水彩，然后以油性细字笔勾勒线条。后来就不勾勒线条了。再后来，我的创作需要的色彩越来越浓烈，我希望画面可以表达质感，所以，近十年来几乎全改成使用亚克力颜料创作。

爱阅公益：您的许多作品里，画面颜色丰富，饱和度很高，您绘画时是如何选择用色风格的？

幾米：应该不是“选择”的，我只是顺从内心的呼唤，把它画出来。当然，有时候配色得考量画面上的布局，这时得做一点儿判断，让画面有平衡感，或者我需要的冲突感。这没一定的规则，看作品需要而做。

爱阅公益：在创作绘本之前，您是一个喜欢写作的人吗？

幾米：我自认为非常不擅长文字，以前也没在写作，所以创作第一本书时，我压根儿没想到要写文字，我觉得画面已经帮我讲了一切。交稿时出版社总编辑要我写文字，我才开始想办法学着写。

有许多读者说喜欢我写的文字，但我觉得那只是因为我有图，文字有了图像的辅助，好像就更讲了一点儿弦外之音，我认为是图画帮的忙，而不是文字本身。

有时候我写了一些语句，难以判断好或不好，我给家人或编辑看，他们说好的时候，我也很难肯定自己写的东西，常会怀疑，觉得他们是出于好心不想打击我。我太太说，我的文字没有第二个人写得出来。其实我不知道她这句话是在称赞我还是在嘲笑我，但我就把它当作称赞吧。

爱阅公益：您的很多绘本故事性并不是很强，像是一个人的内心独白。能聊一聊这类作品的创作吗？

幾米：那些主要是早期的短篇作品，根据一张一张图像紧扣着整本书的主题来发挥。那比较像是写专栏的方式，而那些图画也大都是由专栏作品结集。近年来我比较少有这样的创作，就算是一系列没有明确情节性的图画串在一起，我也努力想办法让它有个故事的框架。这主要是因为国际授权的影响，我发现东亚的读者或出版社，可以接受我那些散文式的抒情短篇作品，但是出了东亚就没办法（当然，我猜，翻译后中文散文的某种特质也就不见了），大部分人需要的是故事，因此我后来就努力朝构成故事的方向进展。

爱阅公益：之前从一个节目里了解到，您工作室里有好多未完成的作品，比如有的已经完成了百分之九十，却停了下来。对于您来说，特别是那些故事性并不是很强的作品，要达到什么程度才算是完成了？

幾米：要能够说服我自己吧。如果自己这一关都过不了，就没办法拿出去。有些作品让编辑看可能说可以出版，但我若无法说服自己这作品能做出一些什么新的东西来，我也很难出手。

爱阅公益：您的故事里常喜欢用“你”“我”“他”叙事，并不给予主人公名字。能聊一聊这样创作的思考吗？

幾米：我很不会帮角色取名字，而且，我觉得不必有名字就可以把故事讲得好了。绘本有图像，不必像小说一样都得靠文字来辨识角色，我也就更不需要帮他们取名字，读者也可以看懂。这是绘本才有的特权，应该要好好发挥。但这个就让出版社或是经纪公司很苦恼，因为在宣传时也只能说《星空》的女主角，或《月亮忘记了》的小男孩，很麻烦。

爱阅公益：您觉得自己的一些作品，比如说《幸运儿》等很有哲学深意吗？这是您在创作过程中会主要考虑的一个方面吗？

幾米：我不懂什么哲学，但不表示作品背后就没有思考，只是不像哲学家那样缜密地发展出透过文字说明的辩证。我觉得作品是有机的，可以触发读者的经验或是读过的其他作品，也就可以激发出不同的想法，这比只知道作者创作时想的是什么更珍贵。

没有故事书的童年与满是涂鸦的课本

我的童年没有温馨的枕边故事，没有睡前小读，没有安徒生，
没有格林童话，只有吃小孩手指头的恐怖虎姑婆
和吐舌头的断头鬼报仇的故事。

爱阅公益：能跟我们分享一下您的童年吗？

幾米：我的父亲不会画画，我的母亲不会画画，我的姐姐哥哥妹妹也都不会，从小全家只有我一个人喜欢画画。我生长在一个完全没有绘画艺术气息的家庭里，关于我会画画这件事，不知该从何追溯。还好我的三舅舅会画画，算是提供了一个源头。

我的童年没有温馨的枕边故事，没有睡前小读，没有安徒生，没有格林童话，只有吃小孩手指头的恐怖虎姑婆和吐舌头的断头鬼报仇的故事。小时候，我们常常是被大人吓得赶快睡着的。

我在宜兰罗东出生，母亲坐完月子后就一起回到台北，

但是有关台北的童年记忆，却是一片模糊。印象比较深刻的，是在上幼稚园之前，母亲和大伯父半骗半哄地让我坐上火车，回到罗东的老家，陪伴祖母。那段短暂的时光，变成了我童年唯一的记忆。

老家是传统的三合院，房子四周被高高的竹林环绕，竹林之外就是一大片一大片的稻田。每天清晨，伯父就到田里上工，偌大的三合院里，只剩下祖母和我——一个老人，一个小孩。

老房子里有许多让我害怕的东西。祖母在厨房后头养了几头猪，对我来说，那些猪有如庞然巨兽，非常吓人。院子里还有许多番鸭，很凶悍，会啄人，我总是躲得远远的。

漫漫长日，我没有任何玩伴，经常懒洋洋地坐在门口的矮凳上思念台北的家人。夜晚，乡下人节省，点的都是光线很暗的灯，每个房间都是昏昏暗暗的，让我感到害怕。直到现在，每到黄昏接近夜晚的时刻，总让我心情低沉，或许是受到这段童年经历的影响。

平常寂静的老家，只有在过年过节及稻谷收割时，才会变得热闹起来。有一次清明节扫墓，四岁的妹妹跟着母亲回到乡下，一大群小孩一起到田边游玩，等到要回家时，才发现妹妹不见了。没有人知道她是何时脱队的，大伙儿急得四处寻找，结果在水塘里，发现一双妹妹的拖鞋，爸爸妈妈号哭着跳进水塘里搜寻……两天后，妹妹才被邻村的人送回来。

后来我看宫崎骏的《龙猫》，故事围绕着一对相依为命的小姐妹讲述，有一幕描述妹妹走失了，大家搜寻无果，后来在水池边发现一双小孩子的拖鞋，也误以为妹妹溺水了，简直就是我童年场景的重演。

童年时期我没看过什么故事书，更遑论绘本。说来令人懊恼且羞愧，我压根儿不知道“绘本”是什么玩意儿。直到三十岁出国旅游，才第一次发现世界上有这么多专门为儿童出版的书！真是，我的天哪！后来台北诚品儿童馆开幕时，我第一次进去就花了六千多元新台币，搬回一堆美美的童书，仿佛是在努力弥补童年时童话故事的欠缺。

爱阅公益：您从小就喜欢画画吗？

幾米：我从小就喜欢画画，课本空白处画满了我的涂鸦。我记得小时候家里墙上还挂着我小学二年级画的水彩风景画，那是一间有红屋顶的房子，伫立在草原上，天空有白云飘过。但是，小时候，哪个孩子不会画画？哪个孩子不是小画家呢？那个年代，没有人会培养一个爱画画的孩子。画画又不能当饭吃，玩玩就好。

小学时，我常常去圆山动物园参加写生比赛，不知为什么，每次老师都叫我画长颈鹿，一连画了好几年，我好像年年画得都一模一样。结果最好的成绩只得到佳作，大部分时候都没有入围。

老师还安慰我说："那是因为你的画风太成熟了，评审一定以为是老师帮你画的，所以才没让你得奖。"当时我信以为真，度过许多落选的日子，心中还莫名地暗暗高兴，真以为自己画技高超。

初中时期，我进入了非常注重升学的大直中学，学校管教非常严格，全班同学都常常因为成绩不够好而挨打，晚上还被强迫去老师家补习。不过我的成绩并没有因此而突飞猛进。印象中当时的美术课，总是被借去考试或上英数理化，在学校里，没有人因为会画画而感到骄傲或受到老师鼓励。那段苍白的青春期，只记得天天考试，除此以外，并没有留下什么特殊难忘的记忆。

至于跟画图有关的部分，我记得初一年级时，参加校内画图比赛得了全校第一名。第二年，初二，得到全校第二名。第三年，初三，得到全校第三名。我想全校的同学，大概也只有我记得这一段往事。

上了高中之后，生活过得很快乐，有了一群好同学，一起打桥牌，打篮球，看电影，但对于未来上大学要念什么科系，懵懵懂懂，毫无概念。

高中时，好像从来没有认真上过什么美术课。高三下学期，班上转来一位从丙组改念乙组的同学，他告诉我，家里本来希望他念医科，但他还是决定要考美术系，当艺术家。直到那一刻，我才知道，哦，原来大学有美术系，也才知道考美术系还要加考素描、国画、书法和水彩。

回家后我告诉父亲，我也想考美术系，但要加考的术科，我不知道去哪里学。父亲说，他有个同学的儿子，刚好是师大美术系毕业的，可以带我去找他，看看能不能帮上忙。父亲这位同学的儿子，就是后来很有名的大画家——吴炫三先生。

吴先生说他没有在教学生，但是他的老师有间画室，在教学生素描。就这样，我被带去老师家，而当时的我并不知道，面前这位看起来很老的老师——李石樵先生，是艺坛大师级的人物。我就像是个完全没有功夫底子的孩子，忽然变成武林高手的徒弟。但是这并没有让我武艺增强，原因是我根基不佳，根本无法完全吸收。

每周一、三、五的晚上，放学后，我就急急忙忙地从石牌赶到新生南路老师的画室上课。来跟老师学画的不乏美术系的高才生，而我只是个需要“补习应付考试”的高中生。

李老师并不直接教我该怎么画，而是用了很多方式来比喻画图的步骤，还顺便讲几个笑话。可惜那时候，笑话我听懂了，但真正传授功力的部分，我如鸭子听雷①。直到后来念大学，开始有些画图的概念后，才渐渐领会了老师要教给我的道理。

我跟着李老师学了三个月的素描，结果考试成绩揭晓，没想到素描分数最低，大约是一百分中只拿到了四十分。反而从来没有学过的水彩、国画却拿了超高分，而我连考试要用的国画笔，都是临时跟人借的。只能说我运气好吧，就这样迷迷糊糊地考上了文化大学美术系。

我本来就知道自己起步太晚，技艺不佳，进了美术系后，更发觉自己差别人一大截，开始变得很自卑。很多同学、学长都才华横溢，令人佩服。那些来念美术系的同学，通常都对创作怀抱着很大的热情，聊起艺术头头是道，每个人的标杆人物都是达利、毕加索、塞尚等这类大画家。

他们常常为艺术的流派争论不休，因为艺术理念不同而翻脸，甚至大打出手，反目成仇。但不知道为什么，我在念书的时候，对这类事情并没有很大的热情，常搞不懂这些同学是怎么了。

因为在纯艺术领域表现平平又缺乏热情，同时考虑到日后工作和前途，大二那一年，我选择了设计组，学习比较实

① “鸭子听雷”是台湾地区的俗语，意思是听了也不懂。

用的美术专业。没想到，我在设计方面的功课表现优秀，念得轻松愉快。而既然走上设计这条路，后来我就进了广告公司，在这个圈子一待就是十二年。

四年又四年又四年的广告人生涯

创作者的人格特质才是创作中优于一切的元素。

爱阅公益： 能跟我们聊一聊在广告公司的十二年吗?

幾米： 三十几年前，广告是个时髦的行业。我的第一份工作是在台湾广告公司，从完稿开始做起。早年做平面广告，主要是采用照片，会有专人先把设计的构想画出来，向客户简报，确认过关了，再去找模特拍照。常见的情况是，最初画出来的产品、人物都很漂亮，最后拍摄的结果，却不是这么一回事。当时我想，如果可以直接用插画的方式来制作广告，该有多省事啊!

于是，我决定再开始拿起画笔画插画。当时并没有想到要去跟谁学，而且当时应该也没人教插画，就只是自己练习，成天涂涂抹抹，并试着写一些文字。而画多了，难免有与人分享的念头。我很羡慕那些出现在报纸杂志上的插画家，想要发表作品，却不知道从何开始。

当时有位热心的同事，看了我的插画簿子，知道我的梦想。有天，她借走我的作品，冲动地跑去《皇冠》杂志找总编辑，向杂志社的人诉说我的热情与梦想，没想到居然为我争取到为杂志画插画的机会。就这样，我开始了人生第一次的插画工作。

记得一开始接的就是廖辉英小姐等人的稿子，都是大牌作家，为他们的作品画插图，我觉得非常荣幸。但是等拿到稿费，一幅只有三百元，心就凉了半截，相较于我在广告公司的收入，真是太微薄了。那个时候广告工作繁忙，画插画只是兴趣，几次推辞之后，就再也没有发表作品了。

三年后，一个偶然的机会，我又开始与皇冠出版社合作，这一次是给一位著名作家的新书画插图。这个作家的作品卖得非常好，连带我的插图也被看见了。有一天，接到一家报纸家庭妇女版主编的邀图，就这样，我开始在报纸上画插画。报纸的传播力量大，没多久其他报纸也来叩门。多家报纸、许多版面都缺插画，稿约如潮水涌至。我每天下班都得回家画图。

自从我开始画插画后，好像是为了弥补学生时代的不够用功，我努力地吸收各种跟图像有关的知识和观念，找到任何一本杂志，都会仔细翻阅里面的插图，研究线条、用色和想法。正好诚品书店也在这个时候出现，因而取得各种艺术、设计书籍较以往容易得多，我也大大地开了眼界。

在广告公司上班时，我感到最痛苦的就是去见客户和开会，我没有办法清晰地说出自己的设计理念，更厌恶编出一套完美的说辞来推销自己的创意。对我来说，设计稿本身已经说明了一切，不必再多做解释。

所以，画插画是一份非常适合我的工作，编辑把稿子传真过来，我画完图将稿子寄过去，事情就搞定了，完全不需要跟任何人沟通。相对于广告公司烦琐的讨论，那真是甜蜜的工作。

而且，我发现，多年在广告公司的经验和训练，对我的插画工作很有帮助。我可以很有纪律地工作，准时交件。同时，做广告设计时，常得用具象的画面去表达抽象的概念，由此而来的训练让我在处理一些议题性的文章时，可以很快地抓到切入点，知道该怎么画。只有为文学性的文章画图时，做广告的经验比较帮不上忙，必须依赖个人的感性和敏锐度。现在回想起来，当年在广告公司制作 CF（广告片）、画脚本的经验，对我绘本的创作帮助也很大。

我在台湾广告待了四年，然后到上奇广告又做了四年，最后到奥美广告再工作四年。我白天上班，晚上画插图，渐渐地，上班时愈来愈彷徨，在家画画却愈来愈觉得有趣。

从前我并不觉得插画有什么了不起，直到无意间看了桑贝、爱德华·戈里等人的作品，这些插画家的作品中蕴含的深度和趣味，令我大受震撼。突然之间，插画这件事，开始对我有了不同的意义。这些杰出的插画家、儿童绘本作家，成了我崇拜的对象。

一开始，我因为他们的画而喜爱他们，后来，深深吸引我的，其实是这些插画家的创作观点，以及他们强烈的人格特质。多年后，当我自己也从事创作，更深切地体会到，创作不单纯只是线条和色彩的组合，更为重要的是作品背后的“思想”——创作者的人格特质才是创作中优于一切的元素。

由于对广告工作愈来愈力不从心，终于在 1994 年春天，我将工作辞了，到欧洲玩了一阵子，回家后就快快乐乐地过着自由职业者的生活，完全不知道巨大的转变在前面等着我。

《不爱读书不是你的错》——与格言的“讨论”

我是透过儿童来替大人发声，

帮我们把被埋没在内心深处的那个孩子找回来。

爱阅公益：《不爱读书不是你的错》这本书入选了2018年度“爱阅童书100”书目，我想这也是很多小朋友看了以后会觉得很“爽”的书。能跟我们聊一聊为什么会创作这样一本书吗？

幾米：一开始是我想把过去零星帮图书馆推广阅读活动画的海报，或是各种与阅读相关的文章的插画整理起来出版。我原先是打着如意算盘，觉得这类画作已经累积了一些数量，再想个好主题补上一些新图，应该可以做一本甜美可爱的书。

出版社老板看到了我整理的草稿，自告奋勇说他可以帮忙提供一些点子，他建议如果搭配上一些名人谈阅读的语录，说不定可以撞击出有趣的火花。一切从这里开始，但没想到原先整理出来的那些画作，最后用上的只有一半，绝大部分都是后来重画的。

一开始整理出来的与阅读相关的语录，看了让我不满，我觉得怎么这么古板，或者觉得都是这种只有读书好的说法让人反感才导致人家不想看书……我自己对这些名言就有很多意见，所以才冒出挑战一下这些名言的想法。在几方面的感受撞击之下，创作有了新的发展方向。

虽然这些格言让我觉得有点不满，但那种不满刚好激发我要与其“讨论”的想法，而我也需要观点不一样的名言，因此与编辑又花了很多时间去找让我有不同感触的名言，再来根据它们画新的图，再写新的文字，再调整整体节奏感，再修图。其间，我还一度把原本想的也画了的版本推翻，重新来过，才创造出这一帮讨论阅读的小朋友。这整个过程把自己累得惨兮兮。

本来是想，既然已经有这么多跟阅读相关的图，可以简单地做一本可爱的小书就好，没想到我的专长“把一切搞复杂”再度大发威，给自己找了很多麻烦。但看到好像不少读者喜爱这本书，辛苦创作好像也值得了。

爱阅公益：您是如何设计这本书的图文搭配的？一方面，书里左边画面的孩子们在讨论他们如何不喜欢读书，而右边的图画几乎都是孩子沉浸在书里的场景。

幾米：右边的图主要是跟名言搭配的，左边孩子的对话主要是跟名言拌嘴的，因此图与文都是从那句名言而产生的反馈。只是孩子的对话可能是比较尖锐的我的化身，右边的图画可能是比较温暖的我的显现，但也许可能相反。

爱阅公益：创作这本书，您是在表达您对儿童阅读方面的一些想法和意见吗？

幾米：不只是儿童阅读，而是整个阅读环境，我猜儿童阅读可能还没其他年龄层阅读环境所受的影响大。但我不是有什么特别的意见，我只是看到了一些状况，感受到了一些苦恼，我把这种诘问与挣扎表现出来，而我自己也深陷其中。

爱阅公益：在您看来，在儿童的阅读中，大人应该扮演一个什么样的角色？

幾米：大概跟书里的书店老板一样，担任尽量提供各种阅读资源的角色就好了。

爱阅公益：有一些书在孩子之间非常风靡，但在一些老师和儿童文学专家来看，可能它们并非最优质的选择。您如何看待这个问题？

幾米：我期待孩子会喜欢阅读喜欢书，帮忙挑选或规定读什么或不读什么，反而有损阅读喜好的培养，要让孩子尽量去接触，才有可能让他们找到自己的喜好，然后从根本上

喜欢阅读。优不优质是大人们判断的，就像大人们也不可能老是吃低糖低盐低油的所谓优质天然食物，偶尔也想吃炸鸡、麻辣锅啊。我觉得这不是问题，大人们对孩子的限制，才比较有可能是问题。

爱阅公益：在儿童绘本方面，您也创作了《不睡觉世界冠军》等童书。为什么会在创作成人绘本多年后，也创作儿童绘本呢？

幾米：《吃掉黑暗的怪兽》《不睡觉世界冠军》等书是英国出版社邀请我去绘图，是写好文本后找我画的，并非我主动去创作儿童绘本。我觉得我自己不会去创作儿童绘本，一直到前年我突然有了灵感，终于自己写自己画，出版了第一本童书绘本《同一个月亮》。画童书绘本对我而言还是很困难的事，因为我对作品的想法，不是童书所习惯的模式。

爱阅公益：《同一个月亮》最近获得了丰子恺儿童图画书奖的佳作奖。这个作品真的非常棒。您之前一直没有自己写儿童绘本的故事，是什么让您第一次自写自画了儿童绘本呢？

注：全文中《不睡觉世界冠军》（幾米绘，［英］西恩·泰勒著，柯倩华译）的图片来源于爱心树童书，新星出版社出版。

插画选自《不睡觉世界冠军》

幾米：虽然我的绘本常被认为是童书，但我自己不这么觉得，我知道我画的不是严格意义上的童书。我的绘本作品到了对童书条件要求严格的英语出版地区，常会被修短，不管是篇幅或是句子。这很明确地显示出我的作品不符合那种童书的规格。我不画童书，是因为我不会，我的专长是把故事变复杂，而童书需要的刚好相反，要把复杂的故事用简单的方式说出来。

之前我出版过的童书，都是由作者写文字，我再根据文字逞想象之能，把文字描述的内容做最适合的图像表现。有这样的限制在，基本上可以守住童书的框架，所以我可以放心地画。但如果是我自己又画又写，我就会不断地把内容扩张、复杂化。每次想创作一个可爱简单的故事，到最后都会变成一百页左右的故事。

两年前，我去担任上一届的丰子恺儿童图画书奖的评审，在短时间内大量阅读了各种童书之后，我心中充满了想要画一本童书的热情。评审后一回家，我立刻进入突然想到的这个故事里，想很快地就把故事给画出来。

我从之前画过的一个草图找到灵感。那张图画的是窗景，就是一个简单的窗户，以及窗外的风景。我就从这幅窗景开始联想，就变成了一个小男孩倚靠着窗子在期待什么事情发生的简短故事。

我自己很喜欢《同一个月亮》，它用了很简单的形式，一再重复，像是摇篮曲的模式，却在这种重复的形式里激荡出有力的内容。画完这本书，我非常喜欢，也很骄傲。

爱阅公益：对您来说，在创作过程和整体思考上，儿童和成人绘本的创作主要有什么不同？

幾米：童书得考量很多适龄教育的问题，也得把很多概念转化成适合儿童理解的东西，我觉得这些都不是我擅长的。我会把简单的事复杂化，也会把情绪变得深沉，也不太在意主流童书的主题。所以我主要是创作自己觉得有趣的内容，这些大概是有一点儿经验的读者会比较有共鸣的。

爱阅公益：除了《不爱读书不是你的错》，您还创作了《我的错都是大人的错》《我不是完美小孩》等有关儿童成长和心理的书。是什么促使您不断从孩子的角度去为他们发声？

幾米：其实我不是为儿童发声，我还是在讲我自己的感受。或者应该说，我是透过儿童来替大人发声，帮我们把被埋没在内心深处的那个孩子找回来，把那些成长时由于社会化而被掩盖的童心找回来。

采访时间：2019 年 10 月

陈志勇

让情绪创造意义

陈志勇

所有的意义必须来自感受，以一种间接的和个人化的方式。

第一次读完陈志勇的图画书《夏天守则》我充满疑惑。这些守则背后有什么意义？故事里的两个男孩是什么关系？作者到底想表达什么？可在这困惑之中，书里的画面又把我带入一种奇异的情绪，说不清，道不明，但很吸引人。每一张看似荒诞的油画中都蕴藏着巨大的想象空间。在那之后的好长一段时间里，这些图像仍然盘踞在我脑中。

对既是作家又是画家的陈志勇有了更多了解后，《夏天守则》带给我如此体验的源头渐渐清晰了。情绪、感受、开放式的理解，这些是陈志勇的"关键词"。在他看来，作者应该保留自己的意见，让读者寻找书中的意义。

而“所有的意义必须来自感受，以一种间接的和个人化的方式”，从这样的创作哲学中诞生的是《夏天守则》《绯红树》《抵岸》《兔子》《失物招领》等奇幻如梦、直击内心的图画书。

一个人的成长环境对其艺术作品的影响或许很难准确地衡量，但陈志勇出生的城市珀斯（Perth）和他作品的气质似乎是如此地契合。珀斯藏在西澳大利亚州的一隅，是世界上最孤独的大城。它西邻印度洋，四周被自然环绕，离最近的人口超过十万的城市有两千一百多公里。在这样的环境中，或许就生长出一些荒诞，一些离经叛道。

在珀斯北部郊区长大的陈志勇，在儿时便能清楚地感受到自己与他人的不同。父亲是移民澳大利亚的马来西亚华人，而陈志勇东方人的模样也曾让他被看作是“局外人”。但也因为这样的移民背景，陈志勇研究起华人的移民史，并创作出屡获大奖的《抵岸》。这本厚重的无字图像小说，用无声的方式描绘出踏入陌生之地的迷失、无助、挣扎、希望。

在陈志勇梦境般的图像语言里，也包含着深切的人文关怀。《抵岸》里有移民的故事，《绯红树》里有绝望和痛苦之后生命的光亮，《兔子》里有对殖民主义之凶残的揭露，《失物招领》里有冷漠世界中暗藏的乌托邦，而《夏天守则》的结尾是节日般甜蜜的盛宴。陈志勇的作品里细细流淌着温情。

对陈志勇来说，2011 年或许是特别的一年。这一年，他荣获奖金高达五百万瑞典克朗的林格伦纪念奖，他导演的动画短片《失物招领》获得奥斯卡最佳动画短片奖。但关于获奖，陈志勇却是这样说的："我已经输得够多了，也赢得够多了，我意识到评奖是多么变化无常，有时结果是多么随机。"

陈志勇的图画书是童书吗？这可能要留给他人去讨论了。至少对陈志勇来说，这并不是他创作时会考虑的问题。他在乎的是诚实的思考和表达。而不同年龄的读者，不论儿童、青少年还是成人，或许都能从书中找到属于自己的感受和理解。陈志勇说，这也是图画书这种艺术形式的美妙之处。

再读《夏天守则》，我依然说不出守则的具体含义，但我知道我不需要揣摩作者的"正确答案"是什么，抓住由故事带来的感受和情绪，这就是意义本身。每个人都有自己的答案。

《抵岸》——无声胜有声的移民史诗

一旦使用文字，就建立了太多熟悉感，

制造了太多意义。

爱阅公益：《抵岸》是一本关于移民的无字图像小说。故事里的主人公只身一人来到一个陌生甚至奇异的国度。您的父亲也于 1960 年从马来西亚移民澳大利亚。您的创作源自自己家庭的历史吗？

陈志勇：部分是的。这本书起源于另外一个项目，我在位于西澳大利亚州的珀斯做关于华人移民的历史研究，珀斯是我出生的城市。

河边的一大片区域现在是休闲公园，但在 20 世纪，这里曾经是中国人的市场菜园（Chinese market gardens）。在这里工作的许多人（他们全都是男人）远离家乡中国，也和当地的珀斯文化联系甚少。他们当中，有些人在死前都没有再见家人一面。

我想了解他们的孤独，他们在社会中的孤立，以及第一次到达澳大利亚时对周围环境的陌生感。这是《抵岸》的众多起源之一。

爱阅公益：我还了解到，您的许多素材和灵感也来自老照片和海外移民朋友们自己的故事。

陈志勇：是的，当这个项目慢慢变成一本虚构的图像小说后，我开始更广泛地关注其他移民。我的许多朋友和家人都是移民，这在澳大利亚很常见。我的妻子是芬兰人，她的视角在我的想象中也发挥了一定作用。

爱阅公益：您的父亲是马来西亚华人。作为有一半中国血统的澳大利亚人，您在建立自己的身份认同时有遇到什么困难吗？在这个故事里，有您自己的经历和感受吗？

陈志勇：有一点，但我并不想过于强调它。对我而言，最困难的是童年时期。我长大的街区华裔很少，对这一点我自己有敏感的觉察。在澳大利亚仍存在种族歧视的问题，虽然说是潜在的，也在我有生之年已经改善了很多，但幼时的我很清楚珀斯北部的其他人把我看作一个局外人，哪怕我自己并不一定觉得我是局外人。

我想这让我能对移民，或者任何因性别、背景、残疾等原因而被排挤的人产生共情。我也常思考“正常”的意思到底是什么，这个词可能是相对的，甚至是毫无意义的。每一个人都可能在某些方面是局外人，哪怕是很微小的地方，因为我们必定有所差异。而且作为局外人也可以是一件好事，它能给你与众不同的视角，一个享受差异，而不是寻求统一和从众的视角。

爱阅公益： 为什么选择用无字图像小说的形式创作这个故事？

陈志勇： 简单来说，这种方式能很好地呈现这个故事。我花了很长时间尝试不同的形式，用文字的，用很多图片的，用很少图片的。最终选择的无字图像小说形式的故事是篇幅最长的，也最难以完成，但这种形式是我想象之中最能接近移民经历的形式。

后来我发现这种无声的叙述堪称完美，因为这就是语言不通或者无法理解当地文化的感觉。同时，还有很多移民经历是无法简单地用文字解释的，比如走进一间奇怪的房间，或者第一次见到一种新的动物。一旦使用文字，就建立了太多熟悉感，制造了太多意义。

爱阅公益： 没有文字的辅助，您会担心影响读者的理解吗？

陈志勇： 有时候会，特别是有人物对话，或者我试图表达类似迷失这样的抽象概念的时候，但最后我意识到这并不重要。事实上，如果叙事有时很模糊或混乱，这是好事，因为这就是人们远游时的感觉。

爱阅公益：能跟我们聊聊整本书的创作过程吗？

陈志勇：天哪，这是一个相当长的过程。但总的来说，它开始于研究，收集移民的故事，以及寻找它们的相似之处。然后是大量的涂涂画画和草图，以此来找到可能的场景和情节线，这样的场景和情节线，我如果没有画上千个，也有几百个。

接着，我会回顾所有这些草图来思考什么是可行的，这些就像电影的故事板一样。然后我把排列好的情节画成更成熟的图画。

在这之后，我收集了各种来源的照片参考，包括穿着有时代特色服装的朋友和家人的视频，他们在表演某些精心安排的舞台场景（通常在我的后院、休息室或车库）。我会把草图和照片用 PS 合成在一起，打印出来，然后根据以上的初步工作画出最后的图画（都是手画，用石墨画在纸上）。每一页平均需要花大约两个星期实现，所以完成整本书是一个漫长的过程。

爱阅公益：有趣的是，这本图像小说中图像的呈现方式就像家庭相册。这是一个很有创意的想法。

陈志勇：是的，但仔细想想也没那么有创意。相册基本上就是图画书。我总是对“非艺术家”创作的艺术作品或“非作者”创作的故事感兴趣，因为我认为这是一种普遍现象。我突然想到，不管多么松散，相册是每个人用图片讲述的故事。我们都知道如何阅读，甚至如何制作相册。

爱阅公益：在这个故事里，那些奇异的生物象征着什么呢？

陈志勇：严格来说，不象征什么。我不喜欢艺术中的象征意义（symbolism）。我相信一幅画或一个故事应该是没有先验知识，只是基于感觉就可以理解的。故事里的动物用于唤起一种感觉，而这种感觉的意义取决于读者的理解。

关于这些动物最基本的想法是这样的，当欧洲人第一次来到澳大利亚的时候，这里的有袋动物让他们感到十分困惑。有袋动物在很长一段时间里孤立演化，与欧洲人以前见过的任何事物都

注：全文中《兔子》（[澳]约翰·马斯登著，[澳]陈志勇绘，枣泥译）的图片来源于雅众文化，北京联合出版公司出版。

插画选自《兔子》

不同。同样，澳大利亚原住民也是第一次看到马、牛、绵羊等等（这个主题我在另一本图画书《兔子》里有讨论）。

插画选自《兔子》

《绯红树》——叶落花开，生生不息

但结尾处的画面可以被解读成孤独和焦虑过后光明的觉醒，这也是我们在一起后的感受。

爱阅公益：您知道这本书的中文翻译是著名的作家、诗人和翻译家余光中吗？

陈志勇：我并不知道，但我的父亲曾告诉过我，他对中文翻译里那诗歌一样的语言印象深刻。现在我知道了这件事情，这让我倍感荣幸。根据我自己的经验，文本越短（《绯红树》非常短），翻译难度越大。

我真希望小时候能在中文课堂上多花一些时间！我学了一点儿中文，但因为我们在家里不说中文，又和中国亲戚朋友住得很远，我的中文基本都不记得了。我希望能再捡起中文，或许跟我的孩子们一起学吧。虽然说我大脑的语言学习能力已大不如从前了，我仍在努力学习我太

注：全文中《绯红树》（[澳] 陈志勇文图，余光中译）的图片来源于和英童书，河北少年儿童出版社出版。

太的芬兰语。

爱阅公益：能跟我们介绍一下创作这本书的思考和过程吗？

陈志勇：和《抵岸》一样，它也有一个很长的起源。刚开始这本书是关于时间的，和最终作品很不同。我只是对创作一本没有故事的书感兴趣，我希望只是在同一主题里呈现一系列如梦如幻的事物。

一开始，我只是画了有关不同情绪状态的风景画：高兴、悲伤、不确定、恐惧等等。我很快意识到，负面的情绪对我来说比正面的更加有意思，所以我改为只关注负面情绪。在那段时间，我经历了一阵阵的抑郁症发作，我想这是一个可以用图片表达的主题。我并不是为了去帮助别人，我只是记录进入和离开抑郁状态的体验，以及期望其他读者能够产生共鸣，如果我的作品里有一些真情实感的话。

爱阅公益：这本书是献给您的夫人伊纳里（Inari）的。她给了您的创作什么帮助吗？

陈志勇：那时候我们还没有结婚。更准确地说，我开始创作这本书时，我们才刚认识。当然，这本书并不是关于我们的关系的。但结尾处的画面可以被解读成孤独和焦虑过后光明的觉醒，这也是我们在一起后的感受。

爱阅公益：创作这本书用了多长时间?

陈志勇：其实并不是很长，大概一年时间，这对我来说是很快的。这些图像很快就浮现在我脑海里，我想这是因为我已经思考很久了。

爱阅公益：在这本书里，我们能看到许多奇幻的、超现实的画面。您用这些图画表现出主人公的无助和悲伤的情绪。不过在最后，女孩回到自己的房间，她看到了光彩夺目、充满希望的绯红树。跟您的一些其他作品一样，您给予了整体基调忧伤的故事明亮的结局。

陈志勇：是的，但是你也可以从另一个角度阅读。树木是一种循环生长的植物。在故事的开头，枯萎的叶子飘落。结尾的一部分欢喜来自对生死的理解，这棵树很可能会再次死去，但它也会重新开花。能够想象树木开花的能力非常重要，这是保持整个过程（和生命）向前的动力。

爱阅公益：这本书虽然字数很少，但是通过画面传达出来的情感很有力量。您之前也说过，您非常看重情感的表达。

陈志勇：是的，艺术就是用情感进行交流。也就是说，所有的意义必须来自感受，以一种间接的和个人化的方式。一旦你开始告诉人们事物是什么意思，你开始做出解释，你就不再创造艺术（这也可以，但是就失去了一些力量）。

爱阅公益：您还曾谈到故事里的非连续性，您不一定采用线性的叙事方式。《绯红树》便是一个例子，《别的国家都没有》《夏天守则》也是如此。能再跟我们聊聊这些想法吗？

陈志勇：是的，我享受非连续性，因为这适合我的创作过程。我习惯于用短小的场景和梦境一般的图像来思考。我的记忆也是如此，它们不是连贯的故事，而是一小段一小段的。我猜测大部分人也和我一样。童年记忆则更是如此，太多连接性的叙述已被忘却，留在我脑中的是随机的事件和印象的集合，我试图把这种感觉保存在作品的结构中。

插画选自《别的国家都没有》

注：全文中《别的国家都没有》（[澳] 陈志勇著，枣泥译）的图片来源于爱心树童书，新星出版社出版。

插画选自《别的国家都没有》

《夏天守则》——在“偶然”中发现意义

这是我经常要解决的问题，保持故事的“诚实”，

而不是轻松简单的娱乐。

爱阅公益：第一次阅读时，《夏天守则》就给我留下了很深刻的印象。不过，理解这些守则背后的含义似乎并不容易。能跟我们分享一下您的创作灵感和过程吗？

陈志勇：一般来说，我会先画出图像，然后再思考文字（守则）。我的画总是不停地变化，所以我试图推后意义和理解来保持画面的自由。比如说，在有一只表情凶恶的兔子的那幅画里，我本来想画其中一个孩子被藏在围栏后的狼追赶，但是兔子的感觉更加模糊和复杂，狼就太明显了。

注：全文中《夏天守则》（[澳] 陈志勇文图，常立译）的图片来源于蒲蒲兰绘本馆，连环画出版社出版。

插画选自《夏天守则》

然后我又在画面上加了一根晾衣绳，一只袜子挂在上面（为了展示那是一根晾衣绳）。接着我又想，袜子和兔子之间有什么联系吗？守则被打破了吗？这就是我创作的过程，充满偶然，时常让我自己觉得惊讶。这些元素让我觉得非常“正确”，好似想象中的童年记忆一样。

爱阅公益：您用了多长时间创作这本书？

陈志勇：这本书用了几年的时间，可能更长，因为形式一直在变。在某一个阶段，它确实有一个很长、很细致的线性叙述，但是我发现这个感觉不对。它跟我记忆中的童年不一样，我觉得我在努力讨好读者或者讲一个好故事，以牺牲真实性作为代价。这是我经常要解决的问题，保持故事的

“诚实”，而不是轻松简单的娱乐。

真实的生活对我来说其实是有点奇怪和困惑的，我希望这种感觉在我的书中有所体现。我不想假装理解世上发生的所有事情，包括他人的动机和感受。意识到我并不需要无所不知，对我作为一个艺术家和写作者很有帮助。只是诚实地思考足矣，相信这当中有潜在的意义，让其他人凭直觉感知。

爱阅公益：您是如何写出这些守则的？它们代表了什么更深层次的含义吗？

陈志勇：非常偶然。我想它们有更深层次的含义，但是并不是具体某一种含义，我努力让它们不具体。很多守则可

插画选自《夏天守则》

以象征性地适用于各种情形，特别是跟好朋友和兄弟姐妹相关的。

爱阅公益：守则的顺序重要吗？

陈志勇：重要，因为这整本书有一点点叙事，像小说里也会推向高潮一样。设计这本书最难的地方就是为画面排序，然后再根据新的排序修改画面。

爱阅公益：您曾说过，在您自己的想象中，书里的两个男孩是兄弟关系。您自己也有一个哥哥。能跟我们聊聊书里的兄弟关系，以及您自己和哥哥的故事吗？

陈志勇：我和哥哥的关系其实很好，成长过程中我们很少争吵（像书里那样的争吵），而且肯定没有书里的情况那么严重。我们小时候是最好的朋友，现在应该也是。尽管我们现在住得很远，见面也不多，但我们之间有不用言说的默契，一个少有他人能够理解的私人宇宙，就像任何亲密关系一样。

我也喜欢我哥哥并不是一个艺术家，而是一个地质学家，非常脚踏实地。如果我的作品有造作的成分，他一定马上能够发现。在我的脑海里，我经常思考“保罗会喜欢这个吗”，以此来检验我的艺术作品是否诚实。

爱阅公益：创作这本书时，心里有大概的读者年龄吗？

陈志勇：没有，完全没有！我几乎从不考虑读者的年龄，

除了可理解性方面的考虑。我觉得有时候去想一想哪怕很小的读者，他们也能理解故事和图画里的一些东西，这很有益处。但是在更高的层面，作品应该要尽量开放，甚至可以根据成人的主题、恐惧和焦虑来理解。

爱阅公益：在您的个人网站上对这本书的评论里，您单独地介绍了每一幅画的创作灵感。我们如果单独欣赏这本书里的每一个画面，它们都是独立的油画作品。您创作时也是希望达到这样的效果吗？

插画选自《夏天守则》

陈志勇：是的，我确实在相当长的一段时间里独立地创作每一幅图，好像它们是单一的、自成一体的叙事，我想这是因为我的创作过程比较缓慢。同时这也是因为我既是作家又是画家，绘画的默认规则似乎是，一张画布就是单一的、自成一体的。

爱阅公益：我也了解到，您受到很多艺术家和他们的绘画作品的启发和影响。

陈志勇：是的，有时候比我创作时意识到的还要多，很多时候我是后来才知道的。我想如果没有前辈艺术家们的引领，我没有办法绘画或写作。我的灵感来自各种事物，从古代到现代，从流行文化到所谓的“纯艺术”：卡通、建筑、动画、油画、漫画、雕塑、民间艺术、儿童艺术和成人艺术。

爱阅公益：听说您从小就对恐龙着迷。在这本书里，我们也看到好几只恐龙呢。

陈志勇：哈哈，是的。最近我找到了我七岁左右买的第一本书，一大本带插图的《恐龙的自然历史》，里面的图画由不同的艺术家用不同的风格完成。这本书对于激发我对绘画的兴趣，可能比之后许许多多的美术课的作用还大。我数不清我到底描摹和临摹了多少次书里的图画。

我想我对恐龙的着迷，部分源于它既是事实又是虚构的双重属性。哪怕今天我仍对此着迷。是事实，因为它们真的存在过，这真令人震惊。是虚构，因为我们不知道恐龙具体长什么样子，这真是神奇。如果我们准确地知道恐龙的颜色、纹理、行为，就像《侏罗纪公园》里那样，我想我不会对它们那么感兴趣。它们只能真正地存在于我们的想象中，它们属于艺术领域与科学领域相交的部分。

鼓励与自由探索相伴的童年

这是一个充满了鲜明的美和矛盾的地方，

一个身份尚未确定的地方。

爱阅公益：您在澳大利亚西部城市珀斯的郊区长大，珀斯西临印度洋，被广袤的自然包裹，离最近的人口超过十万的城市有两千一百多公里，十分孤立。请跟我们分享一下您的童年。

陈志勇：我的童年挺普通的。我想这并不容易比较。我的童年既有趣又无聊，既城市又自然。住在与海滩和未开垦的森林相邻的地方，这对我的环境意识有很大的影响。我们家附近的一些地方是典型的郊区，设施完善，而其他区域则是完全的荒野。

爱阅公益：郊区的景象和氛围是您作品中的“常客”。您的成长环境对您和您的作品有哪些影响？

陈志勇：它让我思考我是谁，我来自哪里，什么是普通的，什么是奇怪的。我的成长环境给我提供了能够安静写作和绘画的空间。这样一个低调的地方对我有着实际意义。在我的成长过程中，我有大量的时间做青少年做的事情，去思考和画画。

关于周遭的自然环境，它充斥着宏大的空间感和漫长的时间感，还有复杂性，欧洲殖民历史还很短，特别是在大约六万年的原住民的文化背景下。原住民文化被殖民统治严重破坏。这是一个充满了鲜明的美和矛盾的地方，一个身份尚未确定的地方。

爱阅公益：您是什么时候感觉到“我有画画天赋”的？

陈志勇：大约在六岁的时候，学校里的其他孩子会这么告诉我。

爱阅公益：您从小就接受正规的绘画训练吗？

陈志勇：并没有。我的父亲是一名建筑师，我的母亲一直都对绘画感兴趣，所以他们非常鼓励我画画，给了我很多绘画材料，但从来没有给过我任何形式的指导。现在看来这样挺好的，他们用很放松的方法，让我做任何我想做的事情。我试图也用同样的方法对待我六岁的女儿，她对绘画感兴趣，但我尽量不去指导或过度影响她。

爱阅公益：您的父母对您成为画家和作家有哪些影响？

陈志勇： 主要的影响是他们的鼓励。同时，如果看到有机会展示、出版或以其他方式参与艺术或文学活动，他们会告诉我。他们还建议我可以读一所有特殊艺术课程的高中，我确实这样做了。小时候母亲也给我和哥哥读了很多书，这让我们热爱故事，也让我们觉得任何人都可以写故事。

爱阅公益： 您那时候接触的图画书多吗？

陈志勇： 并不比一般的孩子多，事实上我并没有非常清晰的记忆。我记得莫里斯·桑达克的《野兽国》，还有一本我很喜欢的恐怖诗集叫《无头骑士今夜出没》（*The Headless Horseman Rides Tonight*），书里有阿诺德·洛贝尔（Arnold Lobel）令人毛骨悚然的插图。

爱阅公益： 您从十几岁起就对科幻小说很感兴趣，对吧？

陈志勇： 是的，大约从十二三岁起，一直到现在。我想，如果你把《星球大战》和《铁臂阿童木》也算在内的话，哪个孩子会对科幻小说不感兴趣呢？但在我十几岁的时候，我喜欢的科幻小说变得更加严肃，而且我更专注于文学。十四五岁的时候我真的很想成为一名科幻小说作家。那时候我还不怎么想当艺术家，而是想当一名作家。

爱阅公益： 科幻小说的哪些方面最吸引您？

陈志勇：哲学方面的。你可以用一种假设的方式谈论现在发生的事情，一种“如果”的方式。如果我们不是生活在我们以为自己生活的星球上，如果有其他类型的人类，如果历史是以不同的方式发展……这种进入另一个宇宙的感觉对我来说仍然非常有趣。这种类似梦境的、想象的故事叙述方式也是另外一个吸引我的地方。

爱阅公益：您是受科幻小说的影响，才创造出这么多机械的、奇异的生物和像外太空一样的场景吗？

陈志勇：是的，可以这么说。这种影响可能来自我很小的时候，来自《星球大战》（在我三岁的时候就上映了）、《夜魔水晶》这样的电影，以及乐高这样的玩具。各种各样的影响，成千上万的影响，真的太难追溯了。

爱阅公益：您是什么时候决定在大学里学习纯艺术和文学的？

陈志勇：十几岁的时候，我不知道该如何抉择，我有很多兴趣，比如我差点学了生物技术，但我还是回到了我最感兴趣的两件事上：书籍和绘画。

让读者寻找意义

获得灵感并不困难，你只需要不断去观察事物，

特别是无规律地去寻找你从没想过的新关系或者连接。

爱阅公益：您毕业后的第一份工作是什么？

陈志勇：我在大学的时候就开始做自由插画师了。我从来没有做过一份真正的工作。这是一个非常艰难的开始，很难找到工作，有些工作非常无聊，我只能勉强度日。但随着时间的推移，情况有所改善。

爱阅公益：您从什么时候开始创作图画书？

陈志勇：这是一个很长的故事，但简短的版本是，我开始为科幻小说杂志画插画后，作家和编辑喜欢我的作品，就把它们推荐给了其他寻找类型插画师（genre illustrator）的出版社，20 世纪 90 年代中期的澳大利亚类型插画师还不多。这些出版社当中，有些是童书出版社，虽然我以前对儿童文学不太感兴趣，但我需要工作，还是开始了创作。之后我觉得

这很有意思，特别是涉及科幻题材的图画书。

爱阅公益：图画书作为一种艺术形式的哪些特质吸引了您？

陈志勇：图画书的简单，它们能够既奇异又清晰，还有它们的简洁。图画书也能够被广泛地接受，这种“作品展”不像其他艺术展览那样受到空间的限制。

比如说，如果我的绘画作品只是在画廊里展览，你很可能根本不知道我是谁，我们也不会有这次访谈了！书籍是让作品广泛传播，找到新的和意想不到的读者的好方式，特别是对图画书来说。

爱阅公益：您有最喜欢的作者和画家吗？

陈志勇：实在太多了，根本数不完！他们当中的许多是澳大利亚人，因为我从小知道和接触的主要是澳大利亚人。其次是英国和美国的艺术家、作家和插画家，主要是因为语言相通以及他们的作品出版得多。

爱阅公益：您创作图画书时，心中的读者对象是只有孩子，还是大人和孩子都有的一般读者？

陈志勇：绝对是一般读者。这也是我喜欢图画书的另一点——它潜在的包容性。很少有其他类型的书能够被年龄跨度这么大的读者群阅读。

爱阅公益：只是创作给孩子的图画书，和面对一般读者的图画书，您觉得创作思考上有什么不同吗？

陈志勇：对我来说，没有。如果让我为孩子创作一本关于移民的书，我创作出来的会是《抵岸》。如果让我为成人创作一本关于移民的书，我完成的会是同一本书。

爱阅公益：您创作的第一本图画书叫什么？能跟我们分享一下过程吗？

陈志勇：书的名字叫《观像镜》，是一本关于世界末日的奇怪的书。我现在也记不太清楚了，创作过程虽然复杂，但我觉得很有意思。我和一个叫葛雷·克劳（Gary Crew）的很有经验的作家一起工作，就像一个学徒。我记得这是一本在视觉上有缺陷的书，但是我从中学到了很多。

爱阅公益：这些年来，您对图画书的理解，以及您的创作风格，经历了哪些变化？

陈志勇：有一些变化。基本的方式一样，但是我渐渐学习到该如何做到极简，尽量以简单为目标，保留作者的意见，让读者寻找意义，以及留有让读者自己理解的空间。

爱阅公益：您的灵感通常来自哪里？您如何寻找创作灵感？

陈志勇：我有一个小速写本，走到哪里随时收集小点子或者图像，有些时候我剪下或者画下让我感兴趣的图画。我的图书馆里装满了各种各样的书，我会随意浏览。获得灵感并不困难，你只需要不断去观察事物，特别是无规律地去寻找你从没想过的新关系或者连接。

爱阅公益：您通常喜欢使用的创作媒材包括油画颜料、丙烯颜料、铅笔和拼贴。您为什么选择这些媒材？它们的哪些特性能帮助您表达情感和想法？

陈志勇：因为这些是我习惯使用的媒材。我不认为媒材本身很重要，还是看什么用起来顺畅。油画颜料和丙烯颜料我从高中就开始用，我喜欢它们是因为它们容易修改，涂起来慢，我的作画过程很慢。

爱阅公益：在您的个人网站上，我们能读到您写的关于每部作品较为细致的介绍。对您来说，与读者沟通创作思考是很重要的吗？

陈志勇：我想是的。因为我知道我的很多读者都很年轻，或者是新手插画师，我希望我的见解和思考能对他们有所帮助，就像年轻时的自己也会受益那样。

爱阅公益：您前面提到象征意义对您不重要，但我自己之前的感觉是，您作品里有不少具有象征意义的元素。象征意义和模糊性在您的艺术表达里占有怎样的位置？

陈志勇：对我而言，象征意义（symbolism）并不重要，但是模糊性（ambiguity）非常重要。这是让作品有趣的原因。如果我知道一切的意义，我觉得我很快会失去兴趣，我想读者也是如此。

我不喜欢象征意义的原因是，我觉得它还不够模糊。它很明确地表明一个东西代表另外一个东西，并且读者需要知道这背后的含义，比如，宗教的象征符号、动画片里的象征符号等等。我对比喻（metaphor）更感兴趣，因为比喻不那么具象，读者也不需要太多的先备知识。我想我的作品能够被不同文化所接受，也是因为我避开了象征意义。

爱阅公益：您于2011年获得林格伦纪念奖。在此之前，想过自己会获奖吗？

陈志勇：没有，完全没有！获得提名就让我很惊讶了。提名名单上的很多艺术家在我的成长过程中给予我启发，我觉得他们比我更有经验，成就更高。

爱阅公益：得知获奖时，您的反应和心情是什么样的？

陈志勇：难以置信。他们打电话给我时我正在洗碗，我不太明白他们在说什么，我以为这是一个与我的提名有关的问题。然后我听到评审委员会在鼓掌——弄得我非常困惑！后来我意识到这是对我巨大的认可，不过我仍然对此感到很惊讶。

电影和戏剧的再创作

我已经输得够多了，也赢得够多了，

我意识到评奖是多么变化无常，有时结果是多么随机。

爱阅公益：您的图画书《失物招领》由您导演拍成了动画短片，并于2011年获得奥斯卡最佳动画短片奖。这个改编的过程能跟我们分享一下吗？

陈志勇：改编过程很长很长！我就不讲太多细节了，但这就像是在读一个为期十年的动画课程，从一开始只懂得很少的相关知识，到最后以一部电影作为结束。电影的实现主要来源于其他人的工作和才华。我有事物应该是什么样子和感觉的好点子，但是我的专业技能也就停留在绘画和写作上了。

爱阅公益：作为短片的导演，您需要做哪些工作？

陈志勇：我画出故事板，把简单的动画组合在一起，写下笔记，为每个场景创作艺术造型和彩色草图，录制大概的音效。但这些都是和大约五名创作人员一起讨论的结果。其中很多都是编辑工作。我们会构建一个场景，对它进行查看，然后修改，再重新构建。这是一个缓慢的演变过程。

爱阅公益：这个过程中，您学到了哪些新的技能？

陈志勇：我觉得主要是跟其他创作人员更好地沟通的能力，以及对自己在电影艺术中的直觉的自信。我多年来坐在懒人沙发上看电视和电影的经历终于有回报了！当我坐下来，开始构建自己的图像时，那些细微的感知和知识都释放出来了。

爱阅公益：您和团队之前想到过能获得奥斯卡奖吗？

陈志勇：没有想过，正如我发表获奖感言时所说，真的太不可思议了，就像一种荒谬的平行现实。我的合作导演和制片人也有同样的感觉。到底发生了什么？

我们之前还在那很小的工作室里开玩笑说："当我们得了奥斯卡奖，一切都会好起来的。"说完然后哈哈大笑，因为这太不可能了。

我对奖项有一种比较哲学性的态度。我已经输得够多了，也赢得够多了，我意识到评奖是多么变化无常，有时结果是多么随机。那一年任何一部被提名的动画电影都有可能获奖，我不确定为什么我们的作品会获奖。

爱阅公益：参加奥斯卡颁奖典礼是什么样的体验？

陈志勇：基本上可以说是让人心惊胆战。当然，这是一个巨大的荣誉，但那种环境离电影创作的世界太远了，后者是一个非常私密和安静的世界。我现在依然在试图消化整个过程。

爱阅公益：除了导演《失物招领》，您也在其他的动画片里担任概念设计师（concept artist），如《机器人总动员》《霍顿与无名氏》等。概念设计师是个什么样的工作？您在这些动画片制作里担任哪些工作？

陈志勇：概念设计师是一份很棒的工作。我首先会了解到电影的大概想法，也就是一个基本的大纲。比如说，一个机器人被丢在满是垃圾的地球上，而其他的机器人都已经离开或坏掉了，那会是一个什么样的场景？

开始吧！我会尽我所能创作出各种各样的画面，这将跟其他艺术家的作品一起反馈到工作室早期的创作过程中。这是艰难的工作，但有很多乐趣。有意思的是，我写的笔记也像我的绘画一样被人欣赏，也就是说，我有作为作家和插画师的双重价值。

爱阅公益：您不少的图画书还被改编成了舞台剧，如《绯红树》《失物招领》《抵岸》等。您也参与舞台剧的改编吗？

陈志勇：有一些参与得很多，特别是早期我的时间更充裕时。我会帮助团队创造、绘制木偶和布景。现在我太专注于书籍和绘画，我更愿意让创作团队拥有完全的自由。我最喜欢那些看起来与我的原作非常不同的制作。

爱阅公益：您看到自己的故事用不同的艺术形式呈现出来，心里是什么样的感受？

陈志勇：感觉很奇异！实际上也很鼓舞人心，因为它让我想起了我第一次构思一本书时的感觉。写作和绘画的问题是，过程相当缓慢并需要大量的编辑（至少对我来说如此），到最后我对一个项目已经感到厌倦了。

看到作品以一种新的方式呈现，对我来说是一种唤醒。我也开始明白人们阅读和解读我的故事的方式是多么不同。一旦故事出版，它们就不再属于我了。它们属于任何人，而且每个人都有不同的想法。这样真好。

采访时间：2019 年 10 月

马爱农

用地道的中文
翻译
儿童文学

马爱农

如果是翻译儿童文学，我进入的则是作者专门为青少年描绘的世界，纯粹又美好。这对我来说是非常滋养和享受的事。

听到轻柔的“请进”后，我推开木门。一头短发的马爱农坐在书桌旁，她笑起来甜甜的，眼睛清亮，虽然已年过半百，却仍然带着孩子般的纯粹。

马爱农的办公室里堆满了书，原本还算宽敞的走道，只剩下一条仅够一人通过的小道，其余的地方都是一摞又一摞书。一个三十多年笔耕不辍之人的办公室，大概就是这样的了。

我对马爱农这个名字熟悉起来是在一本本外文经典的封面上，《绿山墙的安妮》《绿野仙踪》《爱丽丝漫游奇境记》等作品的译者后面，都写着同一个名字。当然，还有风靡全球的“哈利·波特”系列。2018年“爱阅童书100”的书目里，也有两本是马爱农翻译的——《萤火谷的梦想家》和《逃离巴斯特谷仓》。

我喜欢采访译者，因为高质量的翻译实在太重要了，对儿童文学来说尤其如此。不论多么优秀的外文作品，如果翻译不过关，孩子们得到的滋养都会大打折扣，实在可惜。

如何用地道的、有文学性的中文准确地表达原作者的意思，马爱农的翻译可以说是一个典范。《绿山墙的安妮》的英语原文开头便是一个超长的句子，用手机阅读的话，要占整整两版屏幕。再来看马爱农的中文，她用几个长短不一的中文句子，巧妙地解决了难题。《萤火谷的梦想家》则是2018年“爱阅童书100”书目中文学书里我最喜欢的作品之一，有趣、有爱的故事，优美、轻盈的文字，让人沉醉在萤火虫、蟋蟀和河鼠的世界。

我们需要这样的译者，将世界上最优秀的作品传递给中国的孩子。

马爱农并不算最“理想”的采访对象，她不会就一个问题滔滔不绝，许多时候我需要不断追问，才会得到更丰满的回答。这符合马爱农的性格，安静、内敛。这也符合她做的工作，独自一人日复一日地阅读，日复一日地把一种文字转

换成另一种文字。

翻译不是一件在收入上有高回报的事情，越是艰涩的作品，翻译稿费越低，千字仅有几十元。但马爱农依然希望去翻译更多厚重的作品，哪怕要用一年的精力才能完成一本书。沉醉在文学世界里的马爱农是快乐的，是幸福的。

马爱农说："翻译最大的乐趣是能让我忘掉周围的一切，完全投入地进入文学的世界。如果是翻译儿童文学，我进入的则是作者专门为青少年描绘的世界，纯粹又美好。这对我来说是非常滋养和享受的事。这也是我为什么一直做翻译到现在。"

采访结束后，临走前马爱农送我一本克莱尔·吉根（Claire Keegan）的《走在蓝色的田野上》，这是她翻译的爱尔兰短篇小说集，她自己非常喜欢的作品。我在地铁上便读了起来，吉根克制有力的笔触描画出爱尔兰冷峻的海、沉寂的田野和挣扎于平凡生活的普通人。在这部中译本获得爱尔兰文学翻译奖最佳翻译奖的作品中，马爱农的翻译功底得到了淋漓尽致的展现。

用安静的力量，专业地追寻着热爱的事业，这就是马爱农。

注：全文中《走在蓝色的田野上》（[爱尔兰]克莱尔·吉根著，马爱农译）的图片来源于人民文学出版社。

把“哈利·波特”带给中国孩子

翻译的时候，我把“哈利·波特”里的故事想象成我们的武侠小说。

爱阅公益：我们就从大家可能最熟知的作品“哈利·波特”系列开始聊吧。开始翻译“哈利·波特”时您多大？

马爱农：翻译“哈利·波特”的时候我已经在人民文学出版社工作六七年了。我是 1993 年研究生毕业来到出版社的，那时候也快三十岁了。我们于 2000 年引进“哈利·波特”，当时一共引进了三本。

爱阅公益：国外已经出了三本之后国内才引进？

马爱农：是的。“哈利·波特”系列 1997 年开始出，第一本是《哈利·波特与魔法石》，随着后来第二本、第三本的出版，在国外越来越受欢迎。我们也要做外国文学的新书调研，看到畅销书榜上老有这一系列，所以 2000 年的时候，我们出版社竞标成功，引进了三本书的版权。

爱阅公益：我之前以为出版第一本后中国就引进了，所以“哈利·波特”并不是第一本一出就风靡全球了？

马爱农：至少没有风靡全球，我们也是从畅销书榜上逐渐开始对它有所认识。可能是第二本、第三本出版影响逐渐扩大，国内的出版界知道这套书后，也都抢着引进。

爱阅公益：引进后为什么找到您和您妹妹马爱新翻译呢？

马爱农：当时同事们都知道我对儿童文学翻译一直比较感兴趣，我 1987 年翻译的第一本书《绿山墙的安妮》就是儿童文学作品。

少儿室的同事引进了“哈利·波特”以后，一开始没有找我翻译，而是找了三位年纪比较大的女译者，但她们由于一些原因没能够接这个任务，所以后来就找到我和我妹妹来翻译。

爱阅公益：那对于您来讲，翻译这样的书会觉得困难吗？

马爱农：不困难，我觉得很好玩，非常有意思。

爱阅公益：“哈利·波特”里面的很多术语都是作者自己创造的，您翻译的时候中文也没有现成的对应，您是怎么想象的呢？

马爱农： 主要还是靠画面的想象。我觉得 J.K. 罗琳（J.K.Rowling）的“哈利·波特”给人的画面感挺强的。读她的文字，脑海里就会出现人物形象、动作，还有场面。有一些单词虽然查不到，比如她的咒语或者跟魔法相关的东西，但是通过脑海中的画面，以及前后文的联想，就知道这个词需要表达什么意思，需要有什么样的语感，以及要造成什么样的效果。然后，我就用合适的中文表达出来。

爱阅公益： 三本“哈利·波特”翻译了多长时间？

马爱农： 我和我妹妹一起翻译了一个暑假。除了我和我妹妹的翻译，《哈利·波特与魔法石》的第一章到第八章是一位年纪比较大的老译者翻译的，她叫曹苏玲。这本书的翻译署名，你们会看到是“苏农”，就是我的名字和曹苏玲的合称。

她翻译得非常好，但后来觉得这个内容好像有点不太健康，鼓励孩子胡思乱想、天马行空，加上她年纪也大了，后半本就没有再翻下去。我就接着翻后半本，以及和妹妹一起翻译第二本和第三本。

爱阅公益： 您提到这个系列书里的内容比较天马行空，刚引进的时候，国内有关于“哈利·波特”到底好不好的讨论吗？

得不是很准确，其他读者就会受到一些误导。我们希望赶紧把自己的版本推出来，满足“哈迷”的要求，时间就给得比较少，翻译的工作让人有些疲惫。

爱阅公益：您第一次读“哈利·波特”的感受是什么？您觉得它为什么会如此受孩子们喜爱？

马爱农：我虽然之前老在畅销书榜上看到这套书，但是真正阅读的时候已经接了任务了。我自己当时就比较喜欢，但没想到它会像今天这样风靡，成为经典。

个人来说，我觉得内容挺新奇的，作者构造出的魔法世界很全面、完整和丰富。同时，“哈利·波特”既是魔法的又是现实的，青少年成长的方方面面都涉及了，友情、爱情、勇敢、善良等等。

它是成长的小说，在七本书里，主人公也长了七岁，读者们是跟主人公一起成长的。主人公的故事唤起了读者童年和青少年成长的记忆。

我也很喜欢“哈利·波特”里语言的优美、节奏感，以及画面感。

爱阅公益：关于“哈利·波特”，我们可能主要关注的是它魔法和想象的部分，但罗琳的文字也是很有文学性的，是严肃的写作。您在翻译的时候，也会特别注意传达作者文字的感觉吗？

马爱农：罗琳的语言非常规范，不是乱写，是很讲究的。对译者来说，很多东西都是被规定的，原作者怎么说，你也必须怎么说，如果原作者的语言很规范、很优美，你也必须用比较规范和优美的语言把它表达出来。

用地道的中文翻译儿童文学

哪怕长大了以后，二十多岁了，
我还是比较喜欢看儿童文学作品。

爱阅公益：您是从什么时候开始对儿童文学的翻译感兴趣的？

马爱农：可能是从我的阅读开始的。我小时候就比较喜欢阅读，有个中国少年儿童出版社办的杂志叫《儿童文学》，我经常读。我也比较喜欢看儿童文学。哪怕长大了以后，二十多岁了，我还是比较喜欢看儿童文学作品，所以可能是我的阅读体验，决定了我翻译的取向。

注：全文中《绿山墙的安妮》《花季的安妮》（[加拿大]露西 · 蒙哥马利著，马爱农译）的图片来源于人民文学出版社。

爱阅公益：您当时特别喜欢的儿童文学作品有哪些？

马爱农：孙幼军的《小布头奇遇记》我看了好多遍；当时还看过《闪闪的红星》，后来它拍成了电影。外国的《汤姆·索亚历险记》《木偶奇遇记》等也是我喜欢的。当时我有一箱子书，基本上都是儿童文学。

爱阅公益：您翻译的第一本儿童文学作品是《绿山墙的安妮》，对吗？

马爱农：是的。但在这之前我也翻译了一些小诗歌、小短文。当时我在南京大学读书，南京有一本杂志叫《小学生语文学习》，里面有个栏目，登一些国外的作品，我就帮他们翻译一些诗歌、短文。

翻译《绿山墙的安妮》时我还是南京大学大四的学生，那是 1986 年。我接触到这本书后非常喜欢，当时正好我修的一门课是关于怎么做选题，怎么跟出版社接触，以及怎么确定一本书的操作和出版，我就拿这本书报了选题。老师帮我推荐到一个出版社叫文联出版公司，他们还挺感兴趣的，说这本书你要是翻译了，我们可以出版。

爱阅公益：之前国内有中文版本的《绿山墙的安妮》吗？

马爱农：没有。

爱阅公益：您是第一个把《绿山墙的安妮》翻译成中文的人？

马爱农：是的。

爱阅公益：原来是这样，感觉还有点难以相信呢。这么经典的一本儿童文学作品，是到了1987年才有中文版本。

马爱农：那个时候好像出版社没这么多，书也很少，80年代刚刚开始大量地引进外国文学。

爱阅公益：您是怎样接触到这本书的？

马爱农：我有个朋友知道我是读英语专业的，她从国外拿了一本原版书，让我可以作为课外书阅读，学地道的英文。看完之后我觉得这本书特别好，应该让中国读者也能看到。

爱阅公益：之后就继续翻译儿童文学作品了？

马爱农：是的，但中间也中断过一段时间。《绿山墙的安妮》出版了我非常高兴，就又翻译了一些书。后来因为中国加入了《伯尔尼公约》，好多作品都有版权了。

当时我翻了几本书，结果出版社说没办法出了，因为必须购买版权。那时候有些出版社还从来没有买过版权，对这个程序不熟悉。我翻译的两三本书就搁置在那里了，我觉得挺受打击的，感觉这种方式走不通了，书也不是随便就能翻的。再后来我就去上研究生了。

爱阅公益：那像您翻译的《绿野仙踪》《爱丽丝漫游奇境记》这些经典作品，在您翻译之前也没有中文版吗？

马爱农：那个是我后来翻译的，已经有中文版了。尤其是《爱丽丝漫游奇境记》，再早一拨，建国初期的时候就已经有很多大家翻译过，再早之前也有翻译，比如赵元任的翻译。

我再次翻译主要是因为喜欢，虽然我知道市面上已经有版本了，但是我觉得再翻一遍对我来说是一种愉快的体验。

爱阅公益：在给《绿山墙的安妮》写的前言里，您提到“丝毫没有某些作品中存在的儿童文学成人化的倾向”。能跟我们再解释一下您说的“儿童文学成人化的倾向”吗？

马爱农：这个前言是我很早以前写的，八九十年代的时候我也读一些中国的儿童文学，我觉得跟外国儿童文学相比还是有很大的差异。这些作品好像并不是给小孩子看的，只是大人写小孩子的生活，是想象的小孩子的生活，而且还掺杂了一些大人的情感和生活体验在里面。比如说写小学生，就要写得比较艰苦，父母离婚，甚至写校长跟教导主任之间的矛盾，我觉得这不是小孩子的视角。孩子虽然也会感受到父母的关系，但并不是书里描写的视角。

爱阅公益：在同一篇前言，您还提到“它又不像某些儿童文学作品那样，故意迎合读者，用甜得发腻的调子同读者

多萝西用手托住下巴，若有所思地望着那个稻草人。稻草人的脑袋是一只塞满稻草的小口袋，上面画了眼睛、鼻子和嘴巴。脑袋上戴着一顶破旧的蓝色尖帽子，身上是一套又旧又破的蓝衣服，里面也塞满了稻草。脚上穿着一双蓝色的旧靴子，跟这个国家每个男人脚上穿的都一样。稻草人背上有一根杆子，把它高高地支在玉米地上面。

多萝西专注地打量着稻草人那张画出来的脸，她吃惊地看到一只眼睛慢慢朝她眨了一眨。起先她以为自己看错了，因为堪萨斯的稻草人是从来不会眨眼睛的。可是接着，稻草人又友好地朝她点了点头。她赶紧翻下栅栏，朝稻草人走去，托托绕着杆子跑来跑去，汪汪直叫。

“日安！”稻草人用非常沙哑的声音说。

“你会说话？”小女孩惊讶地问。

“当然啦。”稻草人回答，“你好吗？”

“我很好，谢谢，”多萝西很有礼貌地回答，“你呢？”

“我不太好，”稻草人微笑着说，“一天到晚竖在这上面吓跑乌鸦，实在是太单调了。”

“你不能下来吗？”多萝西问。

“不能，这根杆子钉在我的背上呢。如果你能行行好，把杆子拿开，我会非常感激你的。”

多萝西伸出双臂，把稻草人从杆子上摘了下来，由于身体里塞的是稻草，他的分量很轻。

“非常感谢，”稻草人被放到地上后说，“我觉得焕然一新了。”

多萝西纳闷儿极了，她居然听见稻草人说话，而且还看见他鞠了一个躬，走在她身边。

插画选自《绿野仙踪》

讲话”，能请您也解释一下这段话的含义吗？

马爱农：我都不记得当时指的是什么了，但是确实有这样的体会。一方面儿童文学好像把一些成人的视角搁在里头，一方面又会特别低幼化。我写这些可能也是针对《绿山墙的安妮》这个作品的特殊性，它涉及成长的苦难和不幸，这些东西可以对孩子有更深刻的教育。

爱阅公益：您认为什么样的儿童文学作品是优秀的作品？

马爱农：一两句话比较难讲清楚，我觉得幽默和温情是我比较看重的。

注：全文中《绿野仙踪》（[美]莱曼·弗兰克·鲍姆著，薛瑾绘，马爱农译）的图片来源于中国少年儿童出版社。

爱阅公益：您是如何挑选翻译的作品的？

马爱农：我会接到一些出版社的邀请，比如说他们又买了书的版权，问我能不能帮忙翻译。我会去看一下是不是喜欢，这本书的文学价值如何，在出版界和文学界是不是受到好评，或者得过什么奖，等等。

我挑选的标准主要是自己喜不喜欢，我一般喜欢比较有童趣，还有点幽默的那种。

爱阅公益：您翻译儿童文学和翻译成人文学会有哪些不同的考虑？

马爱农：对翻译者来说，翻译儿童和成人作品时的心态是完全不一样的。我最近没有翻译儿童文学，我在翻译一个比较晦涩的成人作品，是爱尔兰作家写的短篇小说，翻译的心境完全不一样，非常沉重、非常严肃，翻译的时候连表情都会比较严肃，眉头紧锁。翻译儿童文学的时候就会轻快一些，心境比较明朗。

爱阅公益：您翻译的《萤火谷的梦想家》和《逃离巴斯特谷仓》都入选了2018年度"爱阅童书100"书目。能跟我们聊一聊翻译的过程吗？是自己选择翻译的吗？

注：全文中《逃离巴斯特谷仓》（[美]丽贝卡·邦德著绘，马爱农译）的图片来源于天略图书，北京联合出版公司出版。

插画选自《逃离巴斯特谷仓》

马爱农：是出版社买了版权以后来邀请我的。这两本书在我看来还有点类似，因为写的都是农村里发生的事情，都有特别强的拟人化。各种各样的小动物在我想象的画面当中，就是一个个性格各异的人，他们互相交流，互相交往，互相合作，互相鼓励，他们之间的友情跟我们人类的是一样的。

爱阅公益：《萤火谷的梦想家》是2018年入选“爱阅童书100”书单的文学类书籍里我最喜欢的一本。除了原作写得很好，您的翻译也是让它这么打动我的一个原因。读很多其他翻译作品还是能感觉到是翻译过来的，不是那么顺，但您的翻译

就特别优美、流畅，都感觉不出来是外文翻译。

马爱农：这是译者尽量需要做到的。既然我们翻译作品的读者是中国人，我们要把作品翻译成中文，最好用地道的中文把它表达出来。现在翻译界其实有两种声音，一种是说翻译可以保留一些欧式的句子，翻译应该带有一定的翻译腔，因为毕竟是要介绍西方的文化进来；还有一种声音是说尽量要能按照中文的表达方式来表达。

我觉得儿童文学的翻译还是应该用地道的中文表达，我在翻译的时候也尽量会注意这一点。翻译完之后，我就会把原文丢到一边，完全用中文再读两遍，从一个不懂外语的读者的角度，看看是不是符合中国人的阅读习惯，符合小朋友接受的水平。

爱阅公益：包括在名字的翻译上，您的翻译也挺贴近中国孩子的。

马爱农：我觉得这方面我妈妈给我帮助挺大的，她原来在人民教育出版社工作，是编写小学语文教材的。我翻译儿童文学作品，比如说《萤火谷的梦想家》以及《逃离巴斯特谷仓》，我都会给她看。她不懂外语，但会从读者，甚至是小学语文教材编写者的角度来帮我把关。

一开始我做翻译的时候，我妈妈会给我指出不少问题，比如说关联词语用得太多，或者是他 / 她指代不明等，现在，

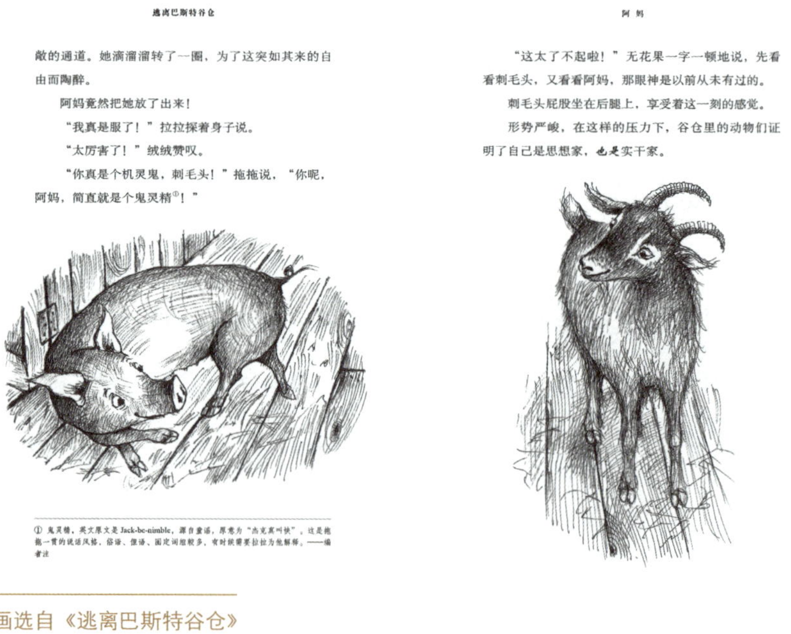

逃离巴斯特谷仓

敞的通道。她滴溜溜转了一圈，为了这突如其来的自由而陶醉。

阿妈竟然把她放了出来！

"我真是服了！"拉拉探着身子说。

"太厉害了！"绒绒赞叹。

"你真是个机灵鬼，刺毛头！"拖拖说，"你呢，阿妈，简直就是个鬼灵精①！"

① 鬼灵精，英文原文是 Jack-be-nimble，源自童谣，原意为"杰克真叫快"，这是拖拖一贯的说话风格，俗语、俚语、固定词组较多，有时候需要拉拉为他解释。——编者注

阿妈

"这太了不起啦！"无花果一字一顿地说，先看看刺毛头，又看看阿妈，那眼神是以前从未有过的。

刺毛头屁股坐在后腿上，享受着这一刻的感觉。

形势严峻，在这样的压力下，谷仓里的动物们证明了自己是思想家，也是实干家。

插画选自《逃离巴斯特谷仓》

我在她的提醒下，已经改正了很多。

爱阅公益：您计算过一年能翻译多少字或者多少作品吗？

马爱农：每年都不一样，我之前翻译过系列绘本《奇先生妙小姐》，这种小部头的一天就能翻好几本。而严肃的作品，比如我现在翻译的爱尔兰作品，翻译起来就特别艰难，半年、一年能翻译一本就不错了。

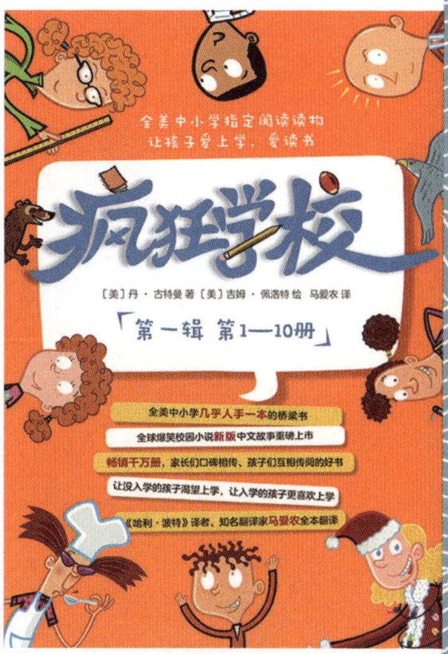

我最近还翻译了一套书叫《疯狂学校》，这套书特别幽默。但比较遗憾的是，有的幽默传达不过来，因为是英语语言所带来的幽默，翻成中文就丢失了。

爱阅公益：遇到这种问题，您会怎样去解决？

马爱农：有三个办法。一个就是找中文里面比较对等的幽默，把它变通一下表达出来。比如说书里会说“wow 倒过来是 mom”，翻成中文字母就消失了，这个笑点也就传达不出来了。后来我就把它翻成“哇，哇，连起来就是个娃娃”，变通了一下。

实在是想不出来可以代替原文的笑点，就只能加注，给读者解释原来的笑点在哪里。

如果加注也不合适，那就只能去跟原作者商量，让他们帮忙找个办法。

注：全文中《疯狂学校》（[美]丹·古特曼著，[美]吉姆·佩洛特绘，马爱农译）的图片来源于磨铁图书，海豚出版社出版。

徜徉在文学的世界

要是看钱的话，一般都不会愿意做翻译。

爱阅公益：成人文学您也翻译了不少，一般会选择翻译哪些书？

马爱农：爱尔兰的作品我比较喜欢，会首选。我去过爱尔兰两次，对这个国家好像有一种天然的亲近。我也比较倾向于选择短篇小说集，短篇小说写得更精致，每一个短篇的翻译都是一次新的进入。长篇有时候会拖泥带水，会啰嗦。

爱阅公益：爱尔兰的英语是不是也有爱尔兰式的表达，跟英美并不太一样？

马爱农：有，而且它里头会加一些爱尔兰语，跟英语是完全不一样的。我就需要再去问作者是什么意思。

我翻译过一本爱尔兰短篇小说集，名字叫《走在蓝色的田野上》，那个时候还得了首届爱尔兰文学翻译奖最佳翻译奖。

爱阅公益：爱尔兰的作品会有哪些特点？

马爱农：他们的文学作品都比较深邃，比较沉闷，也比较直达内心。虽然写作的不是大都市光鲜的生活，多为乡村题材，但也包含了更多生活的本质。

爱阅公益：您最推荐哪些爱尔兰的作品？

马爱农：我推荐刚才提到的《走在蓝色的田野上》，这是一位女作家写的，每个故事都挺打动我的。

爱阅公益：我个人有件比较好奇的事情，篇幅相同的情况下，内容比较艰深、晦涩的作品，稿费会更高吗？

马爱农：不，稿费反而更少。难的东西相对来说比较小众一点儿，比如说意识流的作品，看的读者都比较小众，稿费就更低了。

爱阅公益：但是您要花更多时间去翻译。

马爱农：对，好几倍的时间，有时候翻得还很痛苦。比如说我现在翻译的爱尔兰作品，千字也就几十块钱。但有时候也希望能翻译一些比较厚重的作品。

爱阅公益：可以看得出来，您做翻译纯粹是因为自己热爱，不只是为了钱。

马爱农：要是看钱的话，一般都不会愿意做翻译。我们同学当中坚持做翻译的寥寥无几。学英语的，做其他事情会挣得多得多，比如做口译，或者贸易。我肯定是觉得乐在其中，才会去做的。

爱阅公益：您觉得翻译对您来说最大的乐趣和意义是什么？

马爱农：翻译最大的乐趣是能让我忘掉周围的一切，完全投入地进入文学的世界。如果是翻译儿童文学，我进入的则是作者专门为青少年描绘的世界，纯粹又美好。这对我来说是非常滋养和享受的事。这也是我为什么一直做翻译到现在。

在书堆里长大

在翻译《绿山墙的安妮》的时候，
祖父是一个字一个字给我改的。

爱阅公益：您的祖父马清槐也是翻译家，他对您和妹妹有什么影响吗？

马爱农：祖父是商务印书馆的一个老译者。我比我妹妹要幸运一些，在翻译《绿山墙的安妮》的时候，祖父是一个字一个字给我改的，满篇都改红了，他告诉我一些最基本的需要注意的东西。但是我妹妹开始做翻译的时候，祖父已经不在了，她没有得到这方面的指点。

爱阅公益：还记得祖父给过您哪些建议吗？

马爱农：我记得他说我逗号用得太多，句子比较零散，有的时候会受原文的影响，比如把定语从句搁在前面，使得句子不像中文。

爱阅公益：那父亲和母亲对您的影响呢？

马爱农：主要是家里读书的氛围。我家里永远都有很多书。我母亲是做小学语文教材编写工作的，家里总是有很多教材，包括外地的教材，我喜欢读教材里的文章。

我父亲是中文系的老师，他也有很多书。父亲好像有意识地让我接触一些外国文学，每个暑假他都会借分量比较厚重的书让我看，比如说《堂吉诃德》《安娜·卡列尼娜》，还有古希腊、古罗马神话，等等。

《绿山墙的安妮》《安妮的花季》附带书签

我的性格比较安静，比较“宅”，在家里就读这些书。

还有一件我觉得对我的文字基础训练很有帮助的事情，我爸爸写了稿子会让我抄。他是做文艺理论研究的，写字比较潦草，写完以后我都会帮他抄稿子。这对文字的打磨和语感的培养挺有帮助的。

爱阅公益：您后来为什么决定读英语专业？

马爱农：我高中的时候就对外语感兴趣。除了英语课本，自己还会找来一些简写版英语读物，一边读一边把自己喜欢的内容翻译过来。

爱阅公益：学习英语有什么经验可以跟我们分享吗？

马爱农：我觉得还是要多阅读。跟中文一样，接触多了，就有语感了，有语感了，学起来就容易了。

爱阅公益：大学毕业以后是直接读的研究生？

马爱农：我先去当了四年老师，在南京医科大学教医生学外语。

在教书的过程当中，我觉得这并不是自己很喜欢的事情，我还是喜欢做文字工作。当时一边教书一边也还在做翻译，所以又考了翻译的研究生。

爱阅公益：你觉得如何才能成为一名好翻译？

马爱农：我觉得有三点。第一，必须有特别好的中文素养，要大量地阅读，对于各种表达方式都要非常熟悉，得心应手，使用中文时脑子里要有极其丰富的储备。第二，外语要好，不然你会误解作者，理解错了，翻译过来肯定就错得很离谱。第三，就是要大量地实践，使自己特别熟悉这种转换，转换也是有技巧的。

爱阅公益：比如有哪些技巧？

马爱农：比如我到出版社工作以后，有一位老编辑给了我一点建议，我觉得挺受益的。他说我的“他／她／它”表达得还不够清楚。“他／她／它”在英语里头是三个词，he, she, it，在中文里虽然也有不同的写法，但读起来一样，容易出现指代不清的情况。在中文里，我们的指代要更加明确。

爱阅公益：回到您刚才说的两派观点，一种是要保留一点儿欧式英语的原文风格，另一种是要完全符合中文的表达。翻译成人文学，您会比较偏向于哪一种？

马爱农：这不是绝对的。就成人文学来说，比如说我现在翻的爱尔兰短篇小说，你要完全用中文的表达，把它全部翻译得很直白，就丢失了原文的风格，所以还得保留一些拗口的、指代不明的、灰色的东西。但是对于儿童文学，我还是倾向于另外一种做法，让孩子接触纯粹的中文。

爱阅公益：您研究生毕业就来人民文学出版社了？当编辑和翻译是两种工作吧？

马爱农：是的，翻译是我自己把英文翻成中文，编辑就是把人家翻好的东西从编辑的角度做修订。我上班的时间做编辑，翻译工作都是业余时间做的。

爱阅公益：那您业余时间好忙呀。对年轻的翻译者，您有哪些建议呢？

马爱农：还是我刚才说的中文和英文的素养积累，同时要多练习，不要怕吃苦。翻译是比较清苦的工作，整天对着电脑，比较寂寞。翻译者要耐得住寂寞，不要浮躁，真正沉浸到文学作品里去。我觉得翻译挺有意思的，我希望年轻人去做，他们会从中得到很多的乐趣。

采访时间：2019年10月16日

克里斯·范·奥尔斯伯格

从雕塑家到三获凯迪克大奖

克里斯·范·奥尔斯伯格

对他而言，故事的诞生是发现的过程。故事本在那里，他需要做的，是通过不断提问的方式拨开层层迷雾。

在《魔法师的奇幻花园》获得凯迪克银奖之前，人们应该不会想到，一本黑白素描风格的图画书能获得如此大的成功。作者克里斯·范·奥尔斯伯格在此之前，对这种图文合奏式的创作几乎一无所知。

因为凯迪克奖的慧眼，让当时仍是雕塑家的奥尔斯伯格又有了继续创作的动力，也让全世界的孩子有机会遨游于他创造的亦真亦假的世界：《勇敢者游戏》里能让巨型猛兽闯入私宅的游戏棋，《极地特快》里圣诞老人在北极装载礼物的盛况，《驾驶西风号的少年》里飞行于海面上空的帆船……

有趣的是，三次获得凯迪克大奖的奥尔斯伯格踏入艺术的世界只因一时冲动。直到参加大学入学面试，奥尔斯伯格仍对未来的学业规划毫无方向。他突然觉得选择艺术学院似乎挺有趣的，他在六年级之后就没有上过美术课，可他告诉面试官，他因为水平超前，只在课外上美术课，并发表了对画家诺曼·洛克威尔的有关见解，这让面试官颇为满意。

进入艺术学院后，奥尔斯伯格逐渐发现了自己的雕塑天赋，并成了一名颇有成就的雕塑家。在创作雕塑作品的过程中，除了用铅笔和木炭画出雕塑成品，奥尔斯伯格不需要和纸笔打交道。

专业训练的缺乏却也给了奥尔斯伯格创造自己独特风格的空间，他仅用铅笔和木炭描画出来的场景细腻、逼真、雕塑感十足。颜色的单一也并不妨碍奥尔斯伯格表达天马行空的想象力，他巧妙地使用光与影让写实的画面蒙上一层神秘面纱。他画的都是在平常生活中发生的奇异之事。

后来奥尔斯伯格也开始用颜色作画，但他早期的黑白作品一定是色彩缤纷的图画书世界中极其独特的存在。

注：全文中《魔法师的奇幻花园》（[美]克里斯 · 范 · 奥尔斯伯格著，杨玲玲、彭懿译）的图片来源于爱心树童书，新星出版社出版。

插画选自《魔法师的奇幻花园》

我通过霍顿·米夫林出版公司联系上了奥尔斯伯格，采访前出版社告诉我，我有一个小时的采访时间。第二天，FaceTime（一款视频通话软件）的视频接通后，屏幕上出现一个头发和胡子花白的老人，颇似圣诞老爷爷。为了更好地控制时间，我询问奥尔斯伯格今天的采访能进行多久。没想到，他爽快地说："今天我没有别的事情，时间都是你的！"

我受宠若惊，赶紧抛出访谈问题。仅需几个发问，便能引发奥尔斯伯格对整个人生的详细回溯，他非常乐于分享，我只需做一个认真的倾听者。最终我们的对话时间也远远超过了一小时。

在奥尔斯伯格这么长时间的叙述里，给我留下最深刻印象的是他的创作方法。他大部分作品都起源于一个出现在脑海中的画面，这个画面代表了什么？背后的故事是什么？针对画面元素，奥尔斯伯格向自己提出一个又一个问题，在解答这些问题时，完整的故事慢慢浮现。

“我发现了这个故事。”奥尔斯伯格一次又一次这么说。对他而言，故事的诞生是发现的过程。故事本在那里，他需要做的，是通过不断提问的方式拨开层层迷雾。

从雕塑家到图画书创作者

直到大学的学业开始，我才发现，
原来当一名艺术生就意味着所有的课程都是艺术。

爱阅公益：尽管您小学毕业后就没再上过美术课，您在参加密歇根大学的入学面试时却选择了美术学院。是什么让您做出这个选择？

奥尔斯伯格：有意思的是，这不是一个选择，而是一时冲动。去美术学院并非我藏于心中多年的愿望。在大学面试时，我临时做出这个决定，因为我不知道到底该学什么。在面试的过程中，我突然觉得获得一个艺术学位似乎挺有意思的，而对其他学科我并没有这种感觉。

那是 1967 年，一股反主流文化（counterculture）在美国蔓延，它鼓励像我这样的年轻人不要过于担忧未来。我们要去做自己想做的事情，而不是应该做的事情。对我来说，学艺术挺有趣的。

爱阅公益：真正上大学后您的感受怎么样？有后悔自己选了艺术吗？

奥尔斯伯格：一开始我确实有点后悔，因为我在高中没有学艺术。我之所以能进密歇根大学的艺术学院是因为面试时我撒了谎，我告诉面试官我高中学了艺术。

我并不知道读艺术学院到底意味着什么。因为密歇根大学是一所很大的学校，我以为我仍然会学很多不同的课程，以及一些艺术。

直到大学的学业开始，我才发现，原来当一名艺术生就意味着所有的课程都是艺术。我还发现，教室里的同学们全都在高中学了艺术。他们都很有天赋，并拥有许多我没有的技能。刚开始我以为，这是因为他们天生就比我厉害，所以我想我可能应该离开艺术学院，去找其他我能做的事情。

随着时间的推移，我找到了属于自己的天赋。因为小时候喜欢搭汽车和轮船模型，我的动手能力很强。因此我选择了一些雕塑课，并发现我做得特别好。我是一个天生的手艺人。

爱阅公益：我很喜欢您的雕塑，它们太有想象力了。虽然是不同的艺术形式，但我能看到您的雕塑作品和图画书之间相通的精神。

奥尔斯伯格：当你欣赏视觉上的艺术，不论是雕塑还是图像，你不仅仅是欣赏它们作为一件物品的美。雕塑和图像是在讲故事。这在图像里并不少见，因为插画就是在叙事。但是一般来说，雕塑并不讲故事，人们只是欣赏它们作为一件物品的独特性和美。

但我的雕塑有故事。举个例子，我创作过沉没中的“泰坦尼克号”，以及两车相撞的雕塑。人们欣赏我的雕塑时，他们需要思考背后的故事。

爱阅公益：您毕业后就创立了自己的雕塑工作室？

奥尔斯伯格：是的。

爱阅公益：当雕塑家能养活自己？

奥尔斯伯格：就像我之前提到的，我读书的时候，不必遵从社会之期望的思潮盛行，人们应该跟随内心做自己，去追寻让自己快乐的事情，而不是为生计而工作。这背后的逻辑是，如果这件事让你开心，你就能做得好，你如果做得好，你就能以此为生。

我不确定这种逻辑是否适用于艺术，因为找到艺术作品的买家是很有挑战性的。不过我很幸运，从罗得岛设计学院研究生毕业后，就创立了自己的雕塑工作室。当我有了自己的作品集，我找到一家纽约的画廊代理我的作品。一切都很顺利。毕业两年后，我举办了一场雕塑展。三年后，我又举办了一场雕塑展，卖出了更多的作品。

第二场展览后，我觉得我需要做一些不同的事情。这个时候，我还遇到了另一个问题。我把工作室搬到了一座新建筑里，那是一家旧工厂。房东在下午五点左右会关掉暖气，因为晚上天气太冷了，我没法在工作室里工作，所以我在晚上要做一些别的事情。

我买了一些铅笔和纸，开始画画。大学期间我都在画画，因为做一件雕塑之前，我需要画一张雕塑的图画，帮助我想象成品的样子，但我从来没有画过有人物故事的画面。不管怎样，我还是决定试试。

晚上，我画出脑中想象的画面。我记得我画的一幅画是这样的：两个穿着讲究的人站在餐桌旁，桌上摆满了瓷器和盘子。男人拿起其中一个盘子，咬了一口。你可以看到瓷器的小碎片掉在他的西装上。女人带着非常惊讶的表情看着他，因为很明显他正在吃盘子。

我不知道这是什么意思，我把这幅画命名为《心急的晚餐客人》。

爱阅公益：是什么让您画了这幅画？

奥尔斯伯格：我真的不知道。我所需要做的就是画一幅画，然后让其他人去理解。我画了大约十二幅这样的画，画的都是奇怪的事情，人们需要花时间思考才能理解它们。

后来一位图画书作者朋友告诉我，我的画很有趣，它们看起来有点像插画。他还告诉我，我可以去拜访他的编辑。

于是，我妻子把我的作品集拿给了波士顿的编辑。回来后她告诉我，编辑对我的作品很感兴趣，还给了我一些故事，让我为它们配图。

我读了这些故事。它们都很普通，用于安慰孩子们在生活中遇到的挑战。例如，孩子们在第一天上学时可能会情绪不安，那么这个故事就是关于小兔子第一天上学的事情，小兔子担心其他兔子可能会吃掉它的胡萝卜。这是一个通过小兔子的生活来讲述孩子们开学第一天的故事。

我并不想画背着书包坐校车的小兔子，所以我给编辑写了一封信。我说，我对为这些故事作画不感兴趣，可能为图画书配图并不是我想做的事。然后编辑告诉我，如果你想选择该画什么，最好的办法是写你自己的故事。

我明白他的意思，但我没有马上去做。我继续做着雕刻工作。几个月过去了，我想也许我应该试一试。

那时，我画了一些植物雕塑花园（topiary garden）的图片，植物雕塑花园是指由修剪成动物或几何形状的大型植物组成的花园。这让我产生了讲一个发生在植物雕塑花园里的故事的想法，这可能会很有趣。

我开始思考花园里会发生什么。我脑海中浮现出这样一个画面：在一个植物雕塑花园里，一只小狗正被一个小男孩追赶。在我看来，这个想象中的画面指向一个故事。

我通过回答画面提出的问题发现了这个故事。这只小狗是谁？为什么男孩在追它？谁拥有这个奇异的花园？我开始回答这些问题。这个奇异的花园里住着一位退休的魔术师。花园禁止狗入内。因为狗挣脱牵引绳跑进了花园，男孩不得不努力把它赶出花园。在一连串的提问和回答之后，最终，我为自己讲述了一个完整的故事。

当我的故事进入尾声，我意识到，在书的最后一页，我向书里的男孩和读者提出了一个问题：阿卜杜拉 · 加萨奇是像舞台魔术师一样愚弄了这个男孩，还是拥有创造奇迹的真正的魔法？

我没有给出答案。

我把故事给了编辑。他认为故事很不寻常，但他挺喜欢的，然后这本书出版了。令我惊讶的是，它很受欢迎。人们真的很喜欢它。书的销量很好。

爱阅公益：那太棒了。

奥尔斯伯格：是的，但书出版后，我还是回到了我的雕塑工作室。不过因为这本书非常成功，我想如果我再做一本，我会做得更好，因为总有一个学习的过程。

所以我创作了第二本书，书的名字叫《勇敢者游戏》。这本书的画面也是黑白的，因为我在学校没学过绘画所需的媒材，我只学了雕塑。在制作雕塑时，我需要使用的绘画材料只有铅笔和木炭，所以我也就用它们创作我的图画书。

由于《勇敢者游戏》也很成功，我决定把一半时间花在图画书的创作上，一半时间花在雕塑上。《驾驶西风号的少年》是我的第四本书，这时候我决定学习如何画有色彩的图画。

我买了几大袋色粉，开始创作《驾驶西风号的少年》。这是我的第一本彩色图画书。这本书的创作起源跟其他作品相似。《魔法师的奇幻花园》开始于男孩在植物雕塑花园里奔跑的画面，《勇敢者游戏》则开始于一群猴子在厨房里的画面，这个画面制造了一个谜团。

创作《驾驶西风号的少年》时，在我脑海中先是有了这

注：全文中《驾驶西风号的少年》（[美]克里斯·范·奥尔斯伯格著，印珊珊译）的图片来源于爱心树童书，新星出版社出版。

样的画面：一座灯塔下有许多船只驶过，只是这些船只并不是在水中，而是在水面上空航行。

接着，我开始思考什么样的故事能解释这个神秘的画面。在问了自己一系列的问题后，我发现了这个故事。在书中，一个想成为最伟大的水手的男孩开始了一场冒险，这确实证明他可以成为最伟大的水手。然而，他有一个性格缺陷，这让他注定失败，并让故事变成一场悲剧。这个性格缺陷是，他知道自己是最伟大的水手还不够，他想让其他人都知道。

插画选自《驾驶西风号的少年》

爱阅公益：所以说您的创作都是以一个画面开始的，对吗？

奥尔斯伯格：很多是这样的，但不是全部。我写过一个故事，叫作《两只坏蚂蚁》。故事讲的是两只蚂蚁在为蚁后寻找食物，然而，当它们发现了很多糖时，它们决定待在罐子里吃糖，并不把食物送回洞中。这个行为给它们带来了一连串的麻烦。

故事的灵感来源于一段简单的经历。一天早上，我起床

插画选自《驾驶西风号的少年》

后便开始做早餐，这时我在厨房的操作台上看到了两只蚂蚁。我心想，如果我没有看到它们，继续做早餐，它们不小心参与到我的早餐准备过程中的话，会发生什么呢？对它们来说，这将是一次可怕的经历，就像在世界上最可怕的游乐园里一样。这就是这本书的灵感来源了。

两次凯迪克金奖获得者

作为一名艺术家，当你在工作室创作时，
你永远不应该想着“他们会喜欢吗”。

爱阅公益：您两次获得凯迪克金奖，获奖作品分别是《勇敢者游戏》和《极地特快》。这是很了不起的成就。当您得知获奖消息时，您的反应是什么？

奥尔斯伯格：我的第一本书《魔法师的奇幻花园》获得了凯迪克银奖，这让我特别惊喜。获得凯迪克这分量十足的奖项，让我知道我的黑白作品被读者和图书管理员接受了，我有了属于自己的读者。

所以当我的第二本书《勇敢者游戏》出版时，我想我是有可能获得凯迪克金奖的，但我仍然感到惊讶和兴奋，因为

注：全文中《极地特快》（[美]克里斯 · 范 · 奥尔斯伯格著，杨玲玲、彭懿译）的图片来源于爱心树童书，新星出版社出版。

插画选自《极地特快》

《勇敢者游戏》只是我的第二本书。凯迪克奖由美国图书馆协会颁发，这意味着获奖书籍将出现在美国每一个学校的图书馆里。对年轻图画书创作者来说，这是职业生涯中十分重要的时刻。

除了来自图书馆的关注，我也开始收到很多孩子的信件，而这些事情在我的雕塑生涯中并不会发生。我想大多数艺术家都期待有自己的观众或者读者，期待把作品展示给别人。

但同时，如果你在创作时开始揣摩读者会不会喜欢你的作品，你已经毒害了艺术创作的过程。所以对我来说，这是一种平衡，既用读者的喜爱作为创作的动力，同时又完全忽略这一点。

作为一名艺术家，当你在工作室创作时，你永远不应该想着“他们会喜欢吗”。你应该思考什么是真实的，什么是诚实的，什么能让你兴奋。我从来不为得到别人的认可而工作，为了确保这种情况不会发生，我总是创作不同的作品。

爱阅公益：您已经和我们分享了《勇敢者游戏》的灵感源于厨房里的猴子的画面，那么《极地特快》呢？能和我们分享一下这部作品的创作吗？

奥尔斯伯格：和我的其他作品一样，这本书也是从我脑中的画面开始的。画面里有一辆火车，火车并不是停在一栋房子前，而是开着车灯停在冬天的森林里。它似乎在等待什么。我想象火车是在等我，我是一个小男孩，正穿过雪地走向火车。

火车要开往哪里？嗯，现在是冬天。也许有些人想去暖和的地方，但我不想。如果现在是 12 月，我想去哪里？

如果是平安夜呢？如果是八岁的我，我猜我会想去北极，去看看圣诞老人带着装满玩具的雪橇出发时的样了。那太棒了！这正是我想去的地方！然后我继续追问其他问题。

顺便说一句，当孩子们问我的时候，我从不会告诉他们故事是我编的。故事是我通过提问发现的。对我来说，《极地特快》真的就像一个我已经知道的故事，我只是想起了前一天晚上的梦，灵感汹涌而来，故事一下子就写好了。

将幻想带入熟悉的真实世界

我想要画真实的、熟悉的世界，
但这世界里又有某些让人觉得不舒服或者不太对劲的东西。

爱阅公益：之前提到，在《勇敢者游戏》之后，您决定把时间一分为二。后来您完全停止雕刻工作了吗？

奥尔斯伯格：是的，我越来越多地专注于图画书创作，以及为别人的桥梁书和杂志画插图。当《极地特快》被拍成电影时，我也参与了电影的工作。我还完成了一些戏剧项目，并为芭蕾舞做布景设计。获得成功带来的一个结果是，人们会给我提供做不同事情的机会。当艺术家慢慢变老，接受新的挑战是个好主意。

爱阅公益：我从网上了解到，在您创作第一本书之前基本不写作。您在写故事的时候遇到过什么困难吗？我很喜欢

注：全文中《勇敢者游戏》（[美]克里斯·范·奥尔斯伯格著，杨玲玲、彭懿译）的图片来源于爱心树童书，新星出版社出版。

您的文字和叙述风格。

奥尔斯伯格：谢谢你。写作并不是很难，因为对我来说，在不断问问题的过程中，故事就生长出来了。在这个过程中，故事也像短片一样在我的脑海里生成。当我坐下来写作时，我已经看到了故事的发展。

爱阅公益：您如何选择该用故事里的哪些场景来画图？

奥尔斯伯格：在一个故事里，某些部分我知道肯定能构成一幅有趣的图画。例如，在《勇敢者游戏》里有一个情节是犀牛在家里的餐厅狂奔。这个情节我肯定会画出来，因为它会是一幅很有意思的图画。同时这也是一些孩子难以想象的画面，因为他们从没见过在餐厅里狂奔的犀牛。

在《魔法师的奇幻花园》里，男孩和狗在一起打盹儿。我要把这个情节画出来吗？睡觉并不是很有趣，但它也可以有点意思，这取决于我怎么画男孩的姿势。如果我把狗藏起来呢？这些都是让画面有意思的解决方案。

通过透视、光源的角度、画面的构图等，任何题材都有可能变得有趣。例如，在《勇敢者游戏》中，有一些画面只是孩子们在玩游戏棋，并没有什么特别激动人心的事情发生，所以我采取从上往下的视角，假装我在房间的高处俯视着玩游戏棋的孩子们。这种不常见的视角帮助我让普通的主题变得有趣。

爱阅公益：在您的图画书中，您认为文本和图画之间的关系是什么？

奥尔斯伯格：我想让图片在整个故事中均匀地分布，每一幅图搭配长度相等的文字。

还有一点很重要，图片和文字必须互补。在文字中描述细节是没有意义的。图画书的伟大之处在于作者不必用文字描述细节，然后再配上一幅画。例如，你不必描述某件事有多令人兴奋，你可以用图片来展示它有多令人兴奋。当我开始创作图画书，我也

插画选自《勇敢者游戏》

开始精简文字的内容。

爱阅公益：我注意到您作品的排版几乎都很正式。

奥尔斯伯格：确实如此，但随着我创作越来越多的图画书，我也找到了一些其他方式去呈现文字。

我早期作品的排版之所以这么正式，可能是因为我并没有把自己看作一个真正的图画书绘者。我认为自己的图片只是作为文字的配图。刚开始创作图画书时，我根本没学过图画书或插画创作。

此外，由于我的背景是艺术，而不是插画，所以我实际手绘的作品尺寸是成书的两倍或三倍大。我曾把我的画看作展示的作品，而不只是为了印刷而画。

爱阅公益：我采访过不少其他的图画书绘者，他们大多数都告诉我，他们创作的艺术作品尺寸和书籍印刷尺寸基本相同。

奥尔斯伯格：作为一名艺术家，我希望我的作品放在房间里能引人注意。我所有的画家朋友都是创作大尺寸的作品，这样一来，他们的作品才能被人注意。因此，创作非常小的画作并不吸引我。

但是，我必须承认，当我的作品越来越多，我的画变得越来越小。这是因为缩小一张很大的图片时，画家的创作细节可能会丢失。

爱阅公益：您几乎所有的作品都是现实和幻想的结合。为什么您喜欢探索这个主题？

奥尔斯伯格：它源于一种视觉欲望。我想要画真实的、熟悉的世界，但这世界里又有某些让人觉得不舒服或者不太对劲的东西。

同样的想法也吸引着身为作家的我。我不愿只写幻想，我想把奇异的事物带入现实世界。

爱阅公益：您也非常善于使用画面中的光影效果，能和我们分享一下您是如何让光影帮助故事叙述的吗？

奥尔斯伯格：如果是画中的人物，我一般会找一个模特，然后通过素描或者照片的方式记录下在特定光源下所产生的阴影和色调，但我画环境时基本都靠想象。我可以通过光影的规律和透视的定律确定在来自不同方位的光源下，环境是什么样子的。

通过想象来自不同方位的光，我们能够创造出各种各样不同的阴影效果，画出更有吸引力的画面。当画面里有阴影或者逆光，它会给人一种情绪上的反应。一个光线充足的房间，远不如一个仅从门缝透入亮光的黑暗的房间有意思。

爱阅公益：您如何用光影让现实世界带有幻想的感觉？

有哪些经验可以分享？

奥尔斯伯格：一般来说，光源的位置越高，产生的阴影就越少。这种光线往往不会让人感到不安。如果有阴影，一些东西会被遮盖住，对阴影里到底有什么的好奇会让人产生情绪。

当光从下面照进来时，它会有煽动性的效果。这非常戏剧化，还给人诡异的感觉，因为除了在舞台上，我们不习惯使用这种灯光 。

真的有哈里斯·伯迪克吗？

这位作家是斯蒂芬·金。他是美国小说界的巨匠。

他的请求让我倍感荣幸，我当然很高兴地答应了他的申请。

爱阅公益：您的作品《哈里斯·伯迪克的秘密事件》也非常有意思。在书的引子部分，您介绍了您与彼得·文德斯的会面，读的时候我想，这就是一个编造的故事。后来从您的采访中，听到您说真的有彼得·文德斯和哈里斯·伯迪克。真是这样吗？这太难以置信了。这些画和您的画风惊人地相似。能跟我们分享一下这本书吗？

奥尔斯伯格：以下两种情况哪种会让你对这本书更感兴趣？哈里斯·伯迪克是真实存在的人，哈里斯·伯迪克是我编造的。

爱阅公益：嗯……应该是一个真人。

奥尔斯伯格：就是嘛。

爱阅公益：噢！我想我明白了。后来还出版了《十四张奇画的十四个故事》，根据《哈里斯·伯迪克的秘密事件》里的十四幅图画创作的短篇小说集。这十四篇短篇小说都由著名的作家完成。您是怎么找到写故事的人的？

奥尔斯伯格：多年来，我收到了成千上万的孩子寄来的故事，因为老师们会在课堂上使用这本书。我知道读这本书是释放想象力的有效方式。

《哈里斯·伯迪克的秘密事件》出版大约七八年后，一位作家向我申请说，他希望能够在他的新书里放一张《哈里斯·伯迪克的秘密事件》里的画，因为这幅画激发了他创作一篇短篇小说的灵感。

这位作家是斯蒂芬·金（Stephen King）。他是美国小说界的巨匠。他的请求让我倍感荣幸，我当然很高兴地答应了他的申请。

又过了大约十年，出版社跟我说，既然我们有斯蒂芬·金的故事了，或许我们可以邀请其他作者也写写伯迪克的故事，然后出版一本叫《十四张奇画的十四个故事》的故事合集。

所有供稿人都是美国著名的童书作家。他们收到邀请后都很快做出了回应，因为出版社说，回应得越快，可选的图片就越多。因为我希望每个人都至少有两幅画可以选择，最后一幅画就由我自己来创作。

爱阅公益：您刚才提到，有许多孩子也给您写故事。有哪些故事给您留下特别深刻的印象吗？

奥尔斯伯格：许多故事都给我留下了印象。一般来说，三四年级学生的故事有一种独创性，这种独创性是大孩子的故事所没有的。有时候，年纪小的孩子的语言能力还不足以表达他们的想法，但他们依然会用不同的方式说出来，这就给他们的语言带来了一种奇怪而有趣的特质。

当孩子们上到七年级、八年级和九年级时，他们的语言运用能力会有所提高，但问题是，到了那个时候，他们已经看了太多电视节目，他们的想法变得不那么具有原创性了，只是从电视上的内容衍生出来的。

当故事是来自大学生时，我又看到了更多的原创性。

爱阅公益：在您多年的图画书创作生涯中，您对图画书作为一种艺术形式的理解和您自己的风格有什么变化吗？

奥尔斯伯格：有变化。正如我之前提到的，我实际绘画的尺寸跟最终书籍印刷的尺寸更接近了。我对不同类型的设计以及图文排版的方式持有更开放的态度。我想我是一个更好的写作者了，因为我的经验越来越丰富。我还写了一本叫《瀑布女王》（*Queen of the Falls*）的非虚构类图画书，故事是关于一位六十二岁的女士的，她是第一个坐在木桶上从尼亚加拉瀑布顺流而下的人。

但不论如何，我的兴趣所在依然是创造一个带有奇怪、古怪和魔幻之事的真实世界。这是想象力带领我到达的去处。

叫弗里茨的牛头㹴

到目前为止我已经创作了十八本书，

每本里都有弗里茨（温斯顿）。

爱阅公益：您童年时有机会接触到许多图画书吗？

奥尔斯伯格：我有一些图画书，但不多。我想那时出版的图画书远没有现在这么多。大概是十年或十二年前，我记得在哪里看到说每年有两千五百本图画书在美国出版。对出版业来说，这似乎不是一个合理的商业模式，因为市场并没有这么大的需求。

我还是个孩子的时候，每年印刷的应该就几百本。所以，我的卧室里就放了一个小书架，上面有几本书。我记得我有几本苏斯博士（Dr.Seuss）的书。他的书都是疯狂的故事配上疯狂的插图，这些故事还是押韵的。

我记得有一本书叫《巴巴和欧布莱克浆》，这个故事也可以说是在我们熟识的世界里（一个有城堡和国王的世界），发生了非常奇怪的事情（巨大的绿色东西从天而降），这个故事给我留下了深刻的印象。

我经常被问到童年最喜欢的书是什么，多年来我一直给出相同的答案，这本书叫《阿罗有支彩色笔》，它讲的是一个拿着紫色蜡笔的男孩的故事。除了用蜡笔画出的紫色线条外，这本书几乎是黑白的。如果他想要乘小帆船航行，他就画一艘帆船，然后去航行；他饿了想要吃东西，就画很多水果派……

这支紫色的蜡笔可以创造整个世界。这是一本关于想象力的书。

爱阅公益：您成长的环境对于您作为一个艺术家和作家有什么影响吗？

奥尔斯伯格：有影响。当我想到一个孩子的成长，我不会想到一个在城市公寓里长大的孩子，我也不会想到一个在农村长大的孩子，因为这对我来说是完全陌生的。我会想到一个在郊区中等大小的房子里长大的孩子。那是《勇敢者游戏》发生的地方；那是班班做梦的地方。当我想到一个孩子和他成长的环境，我想到的是我自己的童年。

爱阅公益：我记得您曾经还是罗得岛设计学院的教授？

奥尔斯伯格：我当了十一年的教授。当我成为一个父亲的时候，我就不干了。我的第一个孩子出生时，我已经四十岁了。我想把我的时间花在做一个父亲上。

爱阅公益：您现在工作还很忙吗？一天的日常安排是什么样的？

奥尔斯伯格：以前我都挺自律的。尽管我一般没有很明确的交稿日期，但是我通常都会准时交稿，编辑只会期待我在某个月能够交稿，并没有签合同。

随着年纪越来越大，我虽然仍有很多项目，但精力已经不那么充沛了。我不再像年轻时那样长时间工作。因为我住在乡下，我经常去散步。孩子也大了，我不再需要做当爸爸的那些事情，不过我还是要遛狗的。

对有些人来说，他们的灵感之火一直燃烧到他们咽下最后一口气。对我来说，灵感之火还在，但它不再自己燃烧。我需要放一些木头，然后时不时踢一踢火堆，让它继续发光。

爱阅公益：您遛的狗就是书中经常出现的那种牛头㹴吗？

奥尔斯伯格：不，不是的。我之前说过，当我写第一本书时，脑子里有一个一只白狗在植物雕塑花园里奔跑的画面，我知道画面里的是牛头㹴。因此我需要一只牛头㹴做我的模特。我希望能找到一个牛头㹴的饲养员，这样我就能去拍一些照片。可惜我并没有在附近找到牛头㹴的饲养员。

后来我的小舅子大卫跟我说，他想养一只狗。他说他可能会养一只金毛寻回犬，一种非常友善、温顺的狗。然后我对他说："每个人都养金毛寻回犬。如果你想养一只真正有趣的狗，你应该养一只牛头㹴。"

大卫回家后一个星期，他告诉我他找到了一个饲养员，他真的买了一只牛头㹴。所以我去了他那儿，画了很多牛头㹴的画。这只狗也就成了我第一本书里的狗。它书里的名字叫弗里茨。

在我开始创作第二本图画书《勇敢者游戏》的时候，我小舅子养的那只真名叫温斯顿的牛头㹴已经被车撞死了。我想在第二本书里给温斯顿一个客串的角色，以表示我对它的尊敬和怀念。在《勇敢者游戏》里，它是一只玩具狗。

当我开始创作第三本书时，我决定把它放进我所有的书里。到目前为止我已经创作了十八本书，每本里都有弗里茨（温斯顿）。这是我对它帮助我完成第一本书的持续感谢。

爱阅公益：最后，您有什么想对中国读者说的吗？

奥尔斯伯格：我不知道现在的中国孩子是怎么长大的，但在美国，孩子们花很多时间看各种各样的屏幕。

尽管科技把书籍越推越远，但那在夜晚打开一本纸质书，与孩子一起亲子共读的仪式永远不应该被推开。如果我的书能成为这仪式中的一部分，我会感到很高兴和满足。

采访时间：2019 年 10 月 22 日

薛涛

河边
木屋里的
文学·主人

薛涛

对薛涛来说，自然与土地是他生命的滋养，也是他文学创作的基石。扎根东北，直面土地，薛涛短促凝练的句子散发着力量。

采访薛涛的前一天，沈阳飘起大雪。

来自深圳的我，裹上厚重的长款羽绒服，挂着相机，鼓起勇气走入纷飞的雪中，期待能拍出些漂亮的雪景。可在钢筋水泥中晃悠一圈后，并没有遇上多少想要按下快门的瞬间。雪落到地上，还没汇聚起来就被踩成了黑色。

第二天一大早，出租车把我载到沈阳郊区，“薛叔叔的小屋”就在这儿。一下车我忍不住哇出了声，朝漂着冰的浑河边跑去。广阔的大地一片洁白，肃穆宁静，洁净灵动。这才是雪后该有的模样啊！

四年前，薛涛从城区搬来东郊，守着一条河。薛涛自小就对自然有特殊的感情，早年只是因为工作不得不住在城里。对薛涛来说，自然与土地是他生命的滋养，也是他文学创作的基石。扎根东北，直面土地，薛涛短促凝练的句子散发着力量。

带着怕摔跤的忐忑，深一脚、浅一脚地走，我找到了薛涛的房子。他的房子是联排别墅中的一栋。刚走进屋里，薛涛就很自然地跟我聊起前几天在济南出差的见闻，就跟老朋友一样，这让我一下子放松下来。

我们来到二楼的一个木屋里，不用猜，这一定就是“薛叔叔的小屋”了。在薛涛不少作品的最后，他都会写上某年某月某日“于薛叔叔的小屋”。薛涛喜欢被唤作“薛叔叔”，这称呼确实比“薛老师”亲切。

小屋里满眼黄澄澄的，那是松木的颜色，还飘着淡淡的松香。木架上、木桌上都是书，一下子抓住我眼球的是三本很厚的《满族文学史》。墙上挂着两支枪（玩具版）和一件鹿头雕塑，屋顶上的吊灯则是鹿角的形状，一切都带着北方森林的气息，窗外雪色银白——这次的采访环境颇有意境。

两个多小时的采访很快结束了，但我们的旅程才刚刚开始。

来沈阳前，我跟薛涛说我想去他老家昌图看看，请问他有什么地方值得推荐。薛涛作品描绘出的北国风光太迷人，我想抓住这个机会多走走，也去探寻探寻他成长的地方。在我的计划里这些都是要独自完成的，没想到薛涛很快回复：“我陪你去。”我自然是再欣喜不过了。

在我的想象里，我们当天来回，大概会看看乡村风貌以及薛涛儿时居住的地方，再匆匆往回赶。没想到我们在昌图留宿了一晚，近一天的时间里我遇见一个又一个温暖的人。采访的过程中薛涛就做起了攻略：“我们晚上去见我的初中地理老师，第二天再去看我小学班主任，还有我四姑，我舅舅、舅妈……”

那就出发吧。一路向北，到辽宁最北边的昌图。

“寒冷、多雪、厚实、辽阔、宽敞”，这是薛涛描述东北的形容词。一路上，这些我们都感受到了。银装素裹的大地延绵至天边，远处时不时出现舒缓的、起起伏伏的山脉。薛涛说，路上能见到的山岭都是长白山的余脉。刚刚落下的大雪并没有完全遮盖住地上的庄稼，干黄的玉米秸秆倔强地冒出脑袋，为银白增添了一丝色彩。

路上我问薛涛，写作的时候有目标读者对象吗？

他回答得很坚定：“没有。我写作的时候从没想过读者，满足的是我创作的欲望和自我表达的诉求。如果说我写作的时候面向了一个人，这个人就是我自己。我不相信哪个作家一边写作一边想着爱孩子，那都是假话。”

还有几天就立冬了，太阳早早地便已西斜。我们从午后驶入黄昏，只见天地相接之处一片淡粉，后视镜里则是耀眼的橘红。离开高速时夜色已经降临，车轮下也从柏油马路变成了雪地。

我们路过一个写着“太阳村”的牌子，薛涛说这儿就是他的家。薛涛的作品里经常出现“太阳”“月亮”“银河”“日月”等地名，这些并非薛涛凭空想象出来的风花雪月，都是他成长地图上实实在在的地名。

“晚上能看星星吗？”我问。

“哎呀，我们把天文望远镜带上就好了！”

仰望星空是薛涛从小的习惯，在沈阳的家里就有一个天文望远镜，通过它能看见土星的环。脚踩大地，凝望星空，这也是薛涛作品里的人物常做的事情。

到了辽宁和吉林的交界处，我们也就来到薛涛的地理老师强永飞当校长的辽北育才学校。这所学校由六所初中合并而成，薛涛曾就读的横沟中学（后改名为毛家店中学）也合并在其中。薛涛写过一篇散文叫《我的文学启蒙老师》，里面

就提到了强永飞和其他几位启蒙老师。教薛涛的时候强永飞仅十九岁，两人亦师亦友，师生情、兄弟情从青葱岁月延续到知天命之年。直到现在，薛涛仍经常回昌图看望老师们。

“我的语文是地理老师教的”，这对薛涛来说不是一句笑话。强老师虽然教地理，但是在古诗词上的造诣颇高，加上记忆力惊人，不论是遇上春花还是冬雪，应景诗歌信手拈来。痴迷文学的少年薛涛很快和青年强永飞成了无话不谈的好友，时而彻夜不眠聊到天亮 。

现在的辽北育才学校走廊里，有一块专门介绍薛涛的板块，标题为“学子风采录”。上面写着：“薛涛，1971 年 3 月出生于辽宁省昌图县毛家店镇太阳村。辽北育才学校（原毛家店中学）87 届毕业生。一级作家……在海内外出版《形影不离》《孤单的少校》《砂粒与星尘》等作品 50 余部……”如今作为校长的强老师还鼓励学生们阅读薛涛的书籍，校园作文比赛邀请薛涛来颁奖。“最近的星星是最亮的。”强老师说。对这些孩子来说，这样一个榜样的作用一定是无穷的。

在餐厅里，我隔着韩式烤肉问强老师：“您的学生里，像

注：全文中《形影不离》（薛涛著）的图片来源于青岛出版社。

您与薛涛老师关系这么好的多吗？”

“再没有了。”强老师说。

“薛涛老师是个特别有情义的人。”我说。

“有来才有往，有恩方有情。”薛涛说。

十点已过晚餐才结束，强老师把我们送到酒店，跟薛涛依依不舍地说了再见。第二天一大早，他又出现在了酒店大堂，再一次来跟薛涛话别。

我们的下一站是毛家店镇先锋村，薛涛在这里只读完小学一、二年级。他曾经的班主任仍然住在这儿。一路上我们再次被瑞雪初停后的景象所折服，千里沃野白茫茫，小小的村庄如此安详。

“太美了，真是太美了！”开车的薛涛一遍又一遍感叹。

王素凡老师已八十多岁，见到薛涛笑得合不拢嘴。薛涛坐在大炕上，握着王老师的手说着近些日子的事。年初的时候薛涛已经来看过一次老师，因为薛涛在丹麦的一个夜晚突然梦见了王老师，回国的当天就赶到老师身边。

“上次来看我的时候薛涛哭了，我也哭了。”王素凡说。

“小时候我们家跟王老师是邻居，一放学我就来她家玩。

注：全文中《砂粒与星辰》（薛涛著）的图片来源于安徽少年儿童出版社。

跟她两个儿子也玩得可好了。”薛涛说。

读薛涛的儿童文学作品会发现，儿童间的玩乐、游戏是经常出现的主题。这和薛涛的童年经历有着不小的联系。薛涛从小就是个爱折腾的孩子，上天入地，无所不能。作业躺在树杈上写，自己做火药枪，自己做蒸汽船，还对种树很有一番研究。他帮受人欺负的弟弟出气，连对付恶劣的老师都有很大的胆量和独到的办法。

临走时，王老师一定要出门相送。她穿着单薄的衣裳站在雪地里，一直目送我们离去。

我们的行程继续，又见了薛涛的四姑和舅舅、舅妈。四姑不是薛涛的亲姑，但是因为小时候住得近，一直对薛涛家很照顾，比亲姑还亲，这份情义薛涛不会忘。

午餐过后，薛涛直接从昌图坐高铁前往哈尔滨，连夜赶往塔河县做田野调查。我负责开着薛涛的车子把舅妈送回家，再南下回到沈阳。在车上，舅妈说：“薛涛特别淳朴、善良、孝顺，也特别重情义。每次回家都来看舅舅、舅妈，还经常带国内国外的朋友一起来。我说你舅舅、舅妈就是普通老百姓。他说，你们是我的亲人啊。”

舅妈的话让我差点落下泪来。这一路上，我有过太多次眼眶湿润的时刻。在寒冬里的辽北乡村，我看到和感受到的是人与人之间最真挚和最美好的感情，是深深的关心和爱，是互相的给予和陪伴。

带着爱的滋养，带着对文学的赤诚之心，带着对东北的热爱，带着对生活的激情，薛涛创作出一部又一部优秀的儿童文学作品。从早期的小小说，到幻想文学，再到重返现实世界，描摹北方大地，薛涛从未停止探索。

童年就该上天入地

我从出生到现在就践行了一句话，
人到世界就是来折腾的。

爱阅公益：我对这个小木屋特别感兴趣。您很多作品的最后都写着某年某月某日“于薛叔叔的小屋”，就是这里吧？

薛涛：对，这里是我的领地。我也偶尔去我弟弟家的木屋写作，读书。他住在山里，那地方叫宝石沟。我弟弟原来在长春工作，后来我劝他搬到沈阳的山里。兄弟俩在一块儿，父母也能照顾得更好。我是这样劝说弟弟的，你看我守着一条大河，你守着一条山沟，我们可以在大自然中生活，就像小时候一样。我说服了弟弟。弟弟搬来不久，就在宝石沟为我建了个木屋，这样我就有条件去山中的木屋写东西。我的朋友们从外地来，我们可以在木屋里面吃烧烤，喝啤酒，聊天，谈文学，谈人生，谈各种事情……

爱阅公益：在家创作的时候一定来这儿吗？

薛涛：我在三楼还有一个书房，但我还是最喜欢在这个木屋里写作。你看这墙体和房顶的木板都是松树，只是简单处理了一下，没有做防腐或者碳化。现在我们能闻到浓烈的松香味道，是不是就像坐在森林里？松香是一种树脂，作用大着呢。二胡的弦上定期要抹松香，发出的声音才会更响亮。小的时候骑自行车玩，想要刹车的时候跟摩托车一样发出嘎吱一声，也在闸皮上抹松香，于是刹车声就特别响。

爱阅公益：您守着这条浑河，在沈阳的东郊住多久了？

薛涛：四年了。之前为工作方便不得不住在城里，我不喜欢城市的喧闹，其实读书写作的人不可能喜欢城市。我从小生活在乡下，母亲是乡村的语文老师，也是我的语文老师。父亲是电影放映员，骑着自行车带着拷贝一个村一个村地放电影，当年是一位很受欢迎的人物。小时候我活得任性、自由，我一度想在屋后的大树上弄个木屋，但是没弄成。原因是这棵树太小，我也没有工具。后来我带着弟弟把一些树枝铺上去，做了个鸟巢。我往上面一躺，这个小树杈挂鞋，那个小树杈挂书包，我在树上看书，写作业。我经常被人围观。

爱阅公益：您的很多作品里写了儿童的玩乐、游戏。

薛涛：这是我从小就有的情结，所以我这个人最终还是要回到野外，回到自然。

爱阅公益：您小时候还有什么好玩的事能跟我们分享一下？

薛涛：我从出生到现在就践行了一句话，人到世界就是来折腾的。

八岁那年，我把一只鹅折腾到天上，鹅会飞了。是这样的，我们家一只小鹅受伤了，我就天天训练它。怎么训练？我把它举起往天上一扔，它使劲折腾几下，砰的一下摔在地上。我就这样每天训练好几次，后来它的翅膀长得特别结实，有劲儿，竟然会滑翔了。邻居小孩经常来求我："你再给我们弄一下。"然后我就把鹅抱起来一扔，它便在四周飞上一圈。于是我和鹅都听见了笑声和掌声。

九岁的时候我造了第一把火药枪。做完以后我不知道它安不安全，就把它绑在一个树杈上，用一根特别长的绳子连上扳机。拉一下绳子，砰地响了，实验成功，但那把枪也没了踪影。

我还做过一艘蒸汽船，真是蒸汽动力的，不是胡扯的。驶了一半，翻了。反正我玩这些东西都是一次性的，成功的一刻也就是它消失的一刻。

我还喜欢栽树。上二三年级的时候，我家院子四周都是我栽的树，存活率达到百分之百。我对它们太用心了。夏天，树苗容易被太阳光晒死，这不行啊。大约第三节课的时候开始变得炎热，我就利用课间十分钟跑到家里，把向日葵的大叶子折下来盖住树苗，然后再跑回学校。晚上放学的时候，太阳落山，我再把叶子一片一片揭开，给树苗浇水。每天都这么干，几年以后我栽的树都长过我家墙头了。

插画选自《砂粒与星辰》

爱阅公益：这么好动的一个人又是个文学青年，还挺有意思的。

薛涛：我就喜欢折腾，现在我也喜欢到处走走，坐不下来。我不是一个爱读书的人，我读的书不太多，我更注重亲身体验。

爱阅公益：看您的房子里这么多书，其实读得不少吧？

薛涛：跟“书虫”们相比肯定是太少了。我担心读得越多越迂腐，别人的思想对自己来说是启发，同时也是干扰。我不依赖阅读，反而更好地建立了自己的世界。

从两千字到五十万字

我母亲跟我说，你不能这么写，

再这么写就写死了。

爱阅公益：您是从什么时候开始创作儿童文学的？

薛涛：九几年的时候吧。一开始我就是个文学青年，文学青年该干的事都干过，想过的事也都想过。和一些同学在一块儿搞个朗诵，谈谈人生，谈谈哲学，谈谈那些不食人间烟火的事情，也写很多散文和小说练笔。我用很长的时间做准备，总觉得自己还没有准备好。

后来我写儿童文学是受到一个老师的影响。我在铁岭师范高等专科学校中文系读书，那时候是文艺青年嘛，经常去市文联和老师们聊天。文联的肖显志老师是一位儿童文学作家，对我们特别热情，给我们提供了无私的帮助，我的创作受到了他的影响。

1992 年我参加了工作，在老边区高中当老师，那时候开始写儿童小说。最初觉得不太满足，不过瘾。后来越写越不好写，有难度了，就过瘾了，于是一直写下来。

爱阅公益：当高中老师的时候开始创作儿童文学，您教的学生会给您的创作带来启发吗？

薛涛：他们让我写出了少年小说。我原来不承认有这种影响，现在不得不承认，我受到了高中生的影响。如果当年我在小学工作，写的一定就是纯粹的儿童小说，而不是少年小说。这一点，从郑春华、杨红樱等作家的创作中都能找到证明。

生活经历对一个人的创作肯定有很大的影响，越是到后来影响越大。

年轻的时候我的作品完全是虚构的，甚至是捏造的。但仔细想想，那些文字还是自己生活体验的缩影，只不过严重变形，看不到原来的影子了。这几年我越写越诚实，越写越坦荡。

爱阅公益：我之前读到您把自己的创作分为三个阶段："想象力可以创造文学奇迹"的想象阶段，长篇幻想小说的创作阶段，以及"返回现实世界"扎根于土地的现实小说阶段。是这样吗？

薛涛：大致是这样的。当时《文艺报》约我写一篇文章，我借机把这些年的创作变化梳理了一下。这只是一个角度，如果换一个别的角度，可能又是另外的景象。从不同的角度打量，我的创作也许呈现出不同的脉络和痕迹。

爱阅公益：您之前也提到，早期的作品没有动用真实生活中积累的资源。为什么会这样做？

薛涛：那些生活资源太宝贵，储备也不够，所以舍不得启用。存折里的钱不能轻易花掉，要尽量往里边存。除非万不得已，否则家底儿不能动。所以那时候我就尽量虚构，去创造故事，很多人物连姓名都没有，都是“他”“女孩”“男孩”“老人”“中年人”，作品里的人物更像是一个符号。

爱阅公益：这也算是一种创作方式上的表达吗？还是只是纯粹地不想动用“存款”？

薛涛：我的创作受到先锋文学的影响更大，从前的作品有先锋文学的痕迹。我读的儿童文学不多，我的少年小说也并没有受到同时期的少年小说的影响，所以很多人说我的少年小说跟别人的不太一样。我是按照对文学最基本的了解和认识写出的自己的少年小说。

爱阅公益：您说的先锋文学有哪些特点？

薛涛：先锋文学不是传统的现实主义文学。传统的现实主义主张写得要像生活，要忠实于生活。“源于生活，高于生活”这句话其实主要是讲源于生活。先锋文学是对现实的一种变形，它看上去是脱离现实的，它把现实揉碎了，重新捏出一个新的形状。我的文学就受这种思潮的影响。我的作品写的并不是生活，至少不是身边能看到的生活。它是我头脑里的一个世界，但是这个世界也是现实生活的投射，并不是脱离现实的。只不过，我描述出一个和身边的现实很不一样的现实。

爱阅公益：这些作品的灵感主要来自哪里？

薛涛：就是冥想，连原型都没有。那时候我白天在学校工作，回到家里快速吃饭，也不跟家里人聊天，整天脑子里就是小说的世界，每天睡觉特别晚，有时候写到后半夜两三点。我那时候特别瘦，感觉整个人都被小说给榨干了，就剩一把骨头，肉都没有了。

我母亲跟我说，你不能这么写，再这么写就写死了；天天熬夜，再年轻的身体也受不了。最后母亲有一句话说服我了：“你才二十多岁，要写到六十岁的话，还有将近四十年，你着什么急呢？”于是，我不熬夜了。

当时就是这么一个写作状态，痴迷，癫狂。我生活在两个世界里，一个是生活和工作的世界，有学校、家庭、父母、厨房，还有上班要走的那条路。另一个是小说的世界，我是一个建筑师，把满地的砖瓦一块一块捡起来，修建自己的文学大厦。

爱阅公益：这种痴迷的状态也是一种幸福的状态。您教书教了多少年？后来还去报社当编辑了？

薛涛：我 1998 年调到营口报社做副刊编辑。其实还是文学工作，收到作者投的小说、诗歌、散文，我选出好的把它们在报纸上发表出来。很多作家的经历都和我差不多，当老师，工作挺忙，受束缚，都想换个地方。写东西写出点成就了，一般就能调到一个党报的副刊当编辑，这算是离文学又进了一步。

接着我又走了很多作家必走的路，到作家协会工作。我开始从事文学培训工作，后来到了创研部，这个部门负责文学评奖，还办了一个理论刊物。

爱阅公益：我看您早期的作品都是以短篇小说为主。

薛涛：对，短篇小说。最早的时候连短篇小说都不是，是小小说，就一两千字。阿·托尔斯泰说过一句话："小小说是训练作家最好的学校。"一两千字也必须是完整的小说，鼻子眼睛胳膊腿缺哪个都不行。读者读完之后还得觉得绝妙，所以特别难。

我写了一百多篇小小说，在几十家刊物发表，出版了两本小小说集。那时候你随便翻小小说刊物，都极有可能遇到我的作品。

爱阅公益：然后到了您说的第二个阶段，是不是就变成长篇了？

薛涛：我越写越长。我就是一个老实人，干一件事要踏踏实实，我不希望摸奖券一下子摸个五百万的，摸个五十的也行。搞创作也是这样，我写小小说，两千字我看能不能把它写明白，然后我再考虑五千字，一万字，五万字。我现在开始考虑五十万字了。

爱阅公益：您的许多幻想小说也是贴近生活的，和儿童真实的日常生活有很多连接，而非完全进入虚构的世界。这是您创作哲学的一种映射吗？

薛涛：总体来说还是有一个基本的生活框架。我不太愿意滥用作家的想象力，滥用想象力是对生活的不敬。因此我的幻想文学也不是天马行空的，因为文学总体上还是要对生活有所提示，有所反映。我的脑子里还是现实主义的文学观在作怪。

另外我觉得天马行空的幻想没有价值，也没有意义。文学是给人看的，给站在大地上的人看的，它离不开土地。如果飞得太高太远，顶多就是个消遣。文学作品沦为消遣，它的意义就不大了。在愉悦人的同时，对人心有所启发、警示、慰藉才是好的文学。因此，我的幻想文学被我的文学观左右，在现实的基础上开辟另一个世界，但它永远有一个走廊与现实相连。

爱阅公益： 您之前提到早期读的儿童文学作品不多，后来也是如此吗？

薛涛： 一直读得不多。去年曹文轩老师有一本新书发布，请我做嘉宾。我这人喜欢说实话，我说的实话是《草房子》我根本没读完，我只读过他的几个短篇。我为什么不再读了，因为我知道这是一个好作品，我也受到了启发，如果再读下去会受到它的影响，我不能受到它太大的影响，我要写自己的小说，否则死路一条。

爱阅公益： 在您的作品里确实看不到传统的成长小说的范式，比如不一定遵循开头、遇到困难、解决困难、成长、结尾类似这样的结构，您的作品有些像散文。

薛涛： 我不太愿意用现成的技术，其实那些技术我都了解。我提醒自己，技术层面的东西知道得越少越好。文学写作是一种创造，自己发明的东西才叫创造，我尽量自己创造。至于从前的经验，不可避免地还是会有所借鉴和继承，我毕竟不是生活在真空世界。

面向东北大地，写出自己的人生

我希望我的作品不管是排成一道岭，还是铺成一片森林，都是我身边的，我看到的，我经历过的。

爱阅公益： 近些年您的创作回归现实，扎根东北大地。是什么让您觉得“我准备好了”？

薛涛： 因为我家底儿足够厚了。我都四十多岁了，家底儿已经不错了，可以用一用了。我最近几年的作品就能很清晰地看见东北的印记，里边会有我真实的经历。

作家最终还是要把自己的一生写出来，这也算是一个交代。如果所有的作品都无关我的生活，那是悲哀的。如果作家从始至终都不曾写自己，那么他在干什么呢？他究竟在写什么呢？那些东西值得写吗？我表示怀疑。

爱阅公益： 您觉得属于东北大地的特质有哪些？

薛涛： 寒冷、多雪、厚实、辽阔、宽敞。下午我们去老家，你就能看见东北的广阔。它不但辽阔还丰富，有森林，有山脉，长白山的余脉，所以你看见的所有山岭都可以叫长白山；有河流，我门口的浑河曾是辽河的支流；有草原，科尔沁草原；有沙漠，科尔沁沙地。

我太富裕了，我是最富裕的作家，这些东西都在我身边，我不用再虚构了。我要逐渐把它们都写出来。将来我的作品排成一列的时候，它们就像长白山一样，像浑河和辽河一样。把它们铺开来，就像我家附近的森林，或者那片沙地、草原。我希望我的作品不管是排成一道岭，还是铺成一片森林，都是我身边的，我看到的，我经历过的。

我不再关心别人的事，你家门口那条河是你的，不是我的，我不会去写它。我要写我门口的，我要把它写出来，让更多人知道它。这是我的使命。

爱阅公益：我也特别喜欢您对东北自然的描写。您对东北土地的了解，是长期的积累吗？会在创作时专门去采风吗？

薛涛：这是慢慢积累的，我不喜欢即时采风，那样的积淀是不够的。

这相当于酿酒，不是说今天晚上我们要喝葡萄酒了，我们就去弄一些葡萄来酿，那酒是酿不出来的。我写的东西都是多年的积累，偶尔的现场采访是为了激发一下，唤醒一下灵感，比如《砂粒与星尘》写了一个驯鹰老人和两个少年的故事。故事里的沙地其实是科尔沁沙地，我非常了解，那个地方我每年都去转一转。为了把鹰的故事写清楚，我就去鹰屯做了采访。鹰从小就出现在我们的天空，有时候还抓走我们家的鸡，有时候又把鹅给叼走了，但是驯鹰人的生活我从前了解得不多，所以就到鹰屯去做了采访。书里关于如何训练鹰的内容是我采访得来的，但整个作品呈现的生活样貌、人的性格不是采访来的，那是多年来在我脑子里形成的印记。

爱阅公益：所以您平时喜欢到处走走看看？

薛涛：我喜欢走，我不是"宅男"。我只有写作的时候才能坐下来，而且写作的时候也不是一坐就几个小时，思维卡壳了我就喜欢到河边转一转。你看我们家什么工具都有，电锯、电钻、刀都在这儿摆着，我就爱弄这些东西。

爱阅公益：您的家乡昌图是一个什么样的地方？

薛涛：是一个我刚才说的那些东西都有的地方。那里有座天桥山，就是长白山的一座小山。有东北防护林，那是人造防沙的。昌图县境内有科尔沁沙地，也有草原。草原和沙地是邻居，土地衰变的顺序是这样的：森林里的树没有了，就退化成草原。草原如果也活不下去，就退化成沙地。既有沙子也有草叫沙地，最后沙地上的草也没法活，就变成了沙漠。所以在我老家有沙漠，还有沙地，有草原，还有森林。

二百年前昌图是蒙古科尔沁的一个放牧地，有大片的草原。昌图由蒙古语“常突额勒克”（绿色草原）的前两字的谐音而得名。后来经过开垦，昌图现在已经成了产粮大县。

爱阅公益：您的一些作品里还提到“萨满教”，它曾盛行于东北大地。“萨满教”对您的世界观有什么影响吗？

薛涛：我们就管那叫“跳大神”的，严格说不算一种宗教，它属于原始宗教，就是一种很原始的信仰。它是一些东北人对树木、对鸟、对生命的一种认识，它认为万物有灵。树、鸟、狐狸、黄鼠狼和人是有沟通的，人听不懂它们说什么，只有一个人能听懂，这个人就叫“大神”，也就是“萨满”。万物有灵对我的创作很有启发。一切皆有生命，多好啊，多适合文学啊，它符合文学对生命的敬畏。

爱阅公益：您自己觉得近些年的东北小说比早期的更好吗？

薛涛：所有的创作都是我一个字一个字写出来，一滴汗一滴汗流出来，甚至一滴血一滴血流出来的，我觉得都好。这我没法谦虚，自己的东西就是好。我不跟别人比，写作是与自己的较量，对自身的探索。我在意自己是不是写出了更新鲜的东西。

《满山打鬼子》——构筑刚健的人格

如果一部作品呈现出来的就是快乐、有趣、搞笑，那是一种假文学，因为生活不是这样的。

爱阅公益：《满山打鬼子》是您“返回现实”后创作的第一本书，对吗？为什么从东北现代历史入手？创作的源起是什么？

薛涛：应该和我喜欢历史有关系。东北沦陷长达十四年，我一度对这段历史很感兴趣。当年在我老家毛家店就有义勇军把日本车站给端了，车站里有八个日本兵，全被宰了。后来我就想写一部抗日题材的作品，《满山打鬼子》之后又写了《情报鸽子》和《第三颗子弹》，组成了“满山三部曲”。

爱阅公益：关于满山的三部曲是基于史料的创作吗？

注：全文中《满山打鬼子》（薛涛著，李海燕绘）的图片来源于青岛出版社。

薛涛：是基于真实的史料去写的。满山是一个加入东北抗日联军的少年，当年的抗联有少年营，如杨靖宇将军建立少年铁血队，加入的都是一些十四五岁的小男孩。我从东北的历史写到了现在，就有了《孤单的少校》《砂粒与星尘》《菜窖里的姥爷》等写东北的作品。

爱阅公益：我看您这本书的后记里有这么一段：“我面向良心写作，从未取悦读者。现今的读者热衷于阅读‘身边的校园故事’，那些轻浅的校园故事固然能陪伴他们度过快乐的一天，可是，一个人的生命历程中不仅仅是‘快乐的今天’，等待他的还有无数个‘明天’，‘明天’并不仅仅是快乐，也有责任、艰难、坎坷。无数个丰富的‘明天’才构成一个人的未来。满山的故事不仅是一个好玩的故事，它通篇都在铸造刚健的人格，通篇都在书写一个男孩如何成长为一个真正的男人，担当起道义和责任。”

薛涛：一个人想成长为真正的人，快乐是帮不上他的。快乐只能让一个人成长为“傻白甜”。没经历过痛苦，没经历过磨难，怎么能成为一个成熟的人？所以我就不赞同那些快乐学习，快乐阅读的说法。快乐是个什么东西？我觉得不是

注：全文中《菜窖里的姥爷》（薛涛著）的图片来源于安徽少年儿童出版社。

个好东西。对于一个孩子来说，不是好东西；对一个成年人来说，天天只是快乐，还能有责任感吗？一个担负责任的人，他怎么能快乐？他的表情肯定是庄严的 。

他的精神固然总体是要向上的，但是快乐解决不了所有的问题。我觉得什么都要有，有快乐，更要经历磨难，要有痛苦，有委屈。

如果一部作品呈现出来的就是快乐、有趣、搞笑，那是一种假文学，因为生活不是这样的。那是某种麻痹，某种对真相的背离。好的文学就是用深刻的故事去阐述和揭示，让读者了解生活的真相。好的阅读或许就是人生的一次演习。阅读过后，感受到的是精神上的醒悟，这才是好的文学。

爱阅公益：您觉得什么是儿童文学？和成人文学有什么区别？

薛涛：儿童文学首先是文学。文学从它产生那天开始，形成了一部又一部的经典。文学的标准不是几个人研究确定下来的，它就是一部一部经典呈现出来的。通过读《静静的顿河》，通过读《诗经》，通过读《百年孤独》，人们在脑子里形成了“噢，这是文学，这是好文学的标准”。

儿童文学要用单纯的方式表现深刻，语言要明快一些。我有我的读者，不是所有的小孩都愿意读那些好玩的、简单的作品，也有一批孩子愿意读有文学性的作品，我为他们写作。

我的句子都很简短，句子成分不太复杂，这是我对语言的要求。我觉得高级的语言就是用简单明快的语言说复杂的思想。这恰好符合儿童文学，恰好容易让孩子把作品读下来，容易有代入感。

《九月的冰河》——因一条河而诞生的故事

一条界河挡不住小狗九月回家的路，

更挡不住两个少年的跨国情谊。

爱阅公益：《九月的冰河》是您作品中我个人非常喜欢的。能跟我们分享一下创作灵感和过程吗？

薛涛：这本书写一条河，河的两边不是一个国家，不是一个国家就意味着两个国家的人不能随便跑。但狗没有国度，它可以随便跑，故事就来了，但是这中间经历了一个酝酿的过程。我们家门口就有一条河，我天天在河边散步，还经常用我的天文望远镜观鸟，连鸟的舌头都看得见，但写这条河没什么意思。这该怎么办呢？许多年前我去漠河开会，河对面就是俄罗斯，那儿有一个村庄。我一下子就开朗了，我把门口这条河挪到那儿去吧。

注：全文中《九月的冰河》（薛涛著）的图片来源于新蕾出版社。

爱阅公益：您希望通过这本书给孩子带来什么？

薛涛：世界确实很大，但是并不通畅，我们的眼前和身后有各种阻隔，政治、宗教、种族……都是阻隔，单是语言就能让我们“无言以对”。《九月的冰河》写了一个冲破阻碍的故事。人与狗、人与人、国与国，最终都“握手言和”了。我希望读到这个故事的人，能用仁爱、悲悯、开阔的目光打量这个世界。一条界河挡不住小狗九月回家的路，更挡不住两个少年的跨国情谊。

爱阅公益：这部作品里狗是一个重要的角色，您的很多其他作品里也有动物。您自己跟动物很亲近吗？

薛涛：我的生活就是这样的。我写的不是动物小说，也不是自然文学，就是文学，我生活里有的自然就会把它写进去。我永远在探索人，动物是人生活里的一部分。

爱阅公益：您生活中主要有哪些动物？

薛涛：从小就有鹅，有狗，但是我养狗是失败的，一只都没活下来。终于有只狗活了，还被疯狗咬了，最后得处决它。我们跟狗太有感情了，我爸下不去手，我更不行，最后把我姑父叫来，把那狗给打死了。之后我们全家人好几天都不会笑了，就会哭。

我自己的狗养不活，我四姑家有狗，我就想去把她的狗弄到我家来。我经常去偷偷喂它，那狗跟我关系特别好，天天和我形影不离。这把我表哥气坏了，他说："我们家的狗天天跟着你走。"但是那狗挺有底线的，到了晚上肯定不在我家待着，还是回到姑姑家。

爱阅公益：您在不少作品里谈到对星空的仰望，这本书也是如此。这与您的个人信仰有关吗？

薛涛：这就是我的生活。

爱阅公益：从小就这样？

薛涛：小时候我家屋顶是平的，有一阵我心情不好就跑到屋顶上一躺，看星星。有一次我梦见了整个星空，但是这个星空是抽象的，星星都不正常运行。那个梦对我影响很大。我家里现在也有天文望远镜，不是特别高级，但能看见土星的环。

《孤单的少校》——在游戏中构建自我

我希望读到这本书的孩子，或者大人，能够发现自我，

反观自我，建立起自我与世界的联系。

爱阅公益：《孤单的少校》这部长达二十六万字的小说，您四个月就完成了？您的创作速度好像一向很快。

薛涛：其实很慢。我酝酿的时间太长了，一旦动笔就写得很快。就像盖房子，设计图纸时间很长，这房子究竟要盖成什么样子迟迟决定不了。一旦决定了，就快了。

爱阅公益：刚才听您说了那么多关于您童年的游戏，我觉得这本书特别真实地反映了您童年的状态。

薛涛：我小时候学习挺好的，也是一个挺老实的人。但我经常帮我两个弟弟报仇，小弟弟比我小两三岁，经常挨欺负。有一次我领着邻居五六个小孩去找另外五六个小孩打架，那几个孩子就是不三不四的坏孩子，他们一放学就去我家后边，蹬我家的菜窖，欺负我弟弟，还侵犯我“领土”，这就是

挑衅。我想这已经欺负到头上了，我该反击了。我们哥仨人手不够，开始招兵买马。我们家邻居姓陈，他跟我们家有亲戚关系，我就打亲情牌跟他聊："你看咱们都是亲戚，还是邻居，算你一个？""好，算我一个。"

另外一家是个铁匠，跟我们隔着两家，我也让他儿子帮忙一块儿加入。我好像用什么东西收买了他们，算是雇佣军。这样我凑了五六个人，两边就叫上板了。这都是课余的事，上课都还好好上。放学以后"敌人"在小树林里坐成一圈讨论，我们埋伏在附件窃听，知道了他们放学从哪儿回家。我们家后边有个水库，水不多，成了一个小盆地，下面有一条河。我们事先埋伏好，在远一些的地方放好土块。他们下去了，我们悄悄跟着，然后拿土块朝里面一通打，打得鬼哭狼嚎。

晚上的时候，"敌人"的爸爸来找我爸谈判。我爸表示道歉，答应他以后对我多加管教，他们的谈判就跟外交部谈判似的。其实我爸是高兴的，他们欺负我们，我们反击成功了。

爱阅公益：是怎么由童年的经历想到写《孤单的少校》的？

薛涛：有一次我跟我的朋友刘军聊天，聊起小时候的事。大人看起来就是玩，是个游戏，但是孩子是在认认真真地玩。斗智斗勇，玩呗。人类所有的事都是一个游戏。

我跟刘军越聊越起劲儿，我说我得写本书。我当时在写《砂粒与星尘》，就撂下了。我没怎么构思，一口气就写完了，一写就是特别厚一本。

爱阅公益：书里面有好多角色，为什么书名叫《孤单的少校》?

薛涛：实际上这些孩子挺孤单的，他们为什么要抱团在一块儿玩？自己玩不行啊？这是写人精神上的一种状态。其实每个生命都是孤单的，而生命一旦觉醒，反而陷入新的孤单。我写的是生命的状态，这其实是个哲学问题。

爱阅公益：您的书里这么写道："上校、少校和我，还有所有的士兵都不想让战争过早分出胜负。战争是我们的好日子，我们希望这好日子像羊肠河的流水长又长。"他们希望游戏能一直继续。

薛涛：在大人看来就是胡扯，但这个游戏孩子玩得一本正经。不写作业，整天折腾来折腾去的，不亦乐乎。

爱阅公益：这本书您希望给孩子带来什么？

薛涛：首先是好看。然后想让读者发现自己，认识自己。哲学的价值固然是认识世界，更在于认识自我。人在认识和寻找自我的过程中产生了哲学。当然同时也发现了世界，发现了人和世界的关系。我希望读到这本书的孩子，或者大人，能够发现自我，反观自我，建立起自我与世界的联系。

爱阅公益：您说的构建自我，是通过游戏的过程发现的？

薛涛：孩子们更多的是在游戏中发现自我。很多做儿童行为研究的人，他们给孩子一些玩具，让他摆一个形状，然后去分析这个孩子跟世界的关系。我书里的这些男孩，通过游戏解决了不少问题。书里有一个“叛徒”，他老搞不清楚自己是哪一伙儿的。我的意思是人不属于任何人，你不是你老公的，也不是你父母的，你是你自己的。但这需要一个发现的过程，当一个生命发现你是你自己的时候，你就找到了生命存在的价值和意义，你才找到了坐标。否则的话，一个生命永远是依附的状态，这不是成熟的生命，你也找不到你的价值和意义。

比如故事里的乒乓，他老是被说成是叛徒，实际他并不是叛徒。如果你是你的，你就不是叛徒了。如果你是他的，你不跟他玩了，他就认为你是叛徒。后来“我们”就成立了自己的队伍——兄弟连，一支独立的队伍。

爱阅公益：您作品里人物的名字都很有意思，您取名字

插画选自《砂粒与星辰》

的背后有蕴藏特殊的含义吗？

薛涛：人名有信息，有张力。比如《孤单的少校》里的乒乓，他是一个左右不定的人，后来我发现“乒”左边一个点，“乓”右边一个点，正好表现他的性格。

《砂粒与星尘》这本书的书名，既是两个人名，也是我作品里的思想。我探索的是生命和它的价值的问题。生命都是卑微的，像砂粒一样被人踩在脚下，低到不能再低，但它也有存在的价值，它可以向往星尘，它可以飞起来，这样它就有了意义。

《砂粒与星尘》里的人物都很普通。那鹅，它觉得它不是一只光会下蛋的鹅，它的祖先是大雁，它能飞。砂爷，一个无人村庄的村长，多么卑微，但他在做一件他认为值得的事。

当一个卑微的生命开始追寻价值，他的生命就有了意义。

我作品里的地名也都不是随随便便取的，大多都有来历。我出去旅行就特别留意地名，我有个本子，记了很多地名，写作的时候就选择一个适合的。

比如席麻滩、横道河子，还有桃花吐。我写《形影不离》的时候，里面的一个林子就叫桃花吐，还有一个镇子叫风镇，内蒙古有一个镇就叫丰镇。

爱阅公益：您的创作经历了不同的阶段，您觉得未来您的写作会走向哪里？

薛涛：写作是一条路，它总体上朝着某个方向，但有很多岔路。岔路的产生都是因为在这路上走不下去了，就往旁边走两步。我的创作还会有很多岔路，但是我不会走得太远。我有大体方向，那个方向就是写最好的文学，向着经典致敬。

爱阅公益：您最喜欢的经典有哪些？

薛涛：太多了。萧红的《呼兰河传》，大家知道的《小王子》《蝇王》等等。我喜欢厚重、深刻，又特别单纯的作品。我的单纯还不够，这是需要我努力的。我想再单纯一些，又不失去深刻。

爱阅公益：这也是儿童文学最难的地方了。

采访时间：2019 年 12 月 16 日—18 日

郝广才

儿童阅读
跟打疫苗
同等重要

郝广才

推动华语世界的绘本发展，郝广才是探路者和领路人。
作为一名绘本创作者，郝广才同样开辟出了别样又广阔的天地。

“我不想只做一棵树，我想造一座山，甚至一条山脉。”郝广才说。

“出道”三十多年，集出版人、作者、编辑、译者于一身的郝广才做到了。不论是与世界各地插画家合作出版的作品，还是自己的创作，那些书都已像山脉那样“横看成岭侧成峰”。

台湾的儿童绘本出版和儿童阅读推广比大陆开始得早，但在三十五年前，二十四岁的郝广才无意中接触到儿童绘本时，哪怕是在台湾，绘本也还是个新鲜事，连书店里都见不到踪影。

机缘巧合，学法律的郝广才被绘本深深吸引，并义无反顾地走上了绘本出版和创作的道路。后来他创立格林出版社，并广泛地与全球插画家合作，把远离国际舞台中心的中文绘本推向世界。连续多年，格林出版社是作品入选博洛尼亚插画展数量最多的出版社。郝广才也成为该展有史以来第一位，也是最年轻的亚洲评审。

在网络上搜索“郝广才”，我们很容易找到他分享绘本和儿童教育的视频和文章，他十几年前出版的《好绘本如何好》如今已成为海峡两岸的经典阅读指导书，他的《写作教练在你家》让不爱写作的孩子在玩乐中得到高分。郝广才从不吝啬于分享自己的发现和经验，在这次电话采访中，他同样是倾囊相授。

推动华语世界的绘本发展，郝广才是探路者和领路人。

作为一名绘本创作者，郝广才同样开辟出了别样又广阔的天地。我们知道，儿童都喜欢听有节奏和韵律的童谣和童诗，但用韵文写故事并不容易。郝广才决定试一试。“把珠穆

注：全文中《更少得更多》（郝广才文，［西］何雷洛图）的图片来源于新疆青少年出版社。

朗玛峰放在面前，我能登上去吗？登上去了，就形成了自己的风格。”郝广才说。

他登上去了。我们一起来读一读郝广才轻快有趣、耐人寻味的语句吧：

两个人是日日晴天，是夜夜月圆，是满天星点，都可以许愿！

一个人吃饭，不是太淡，就是太咸，盘盘没新鲜，道道都吃厌！

——《更少得更多》

一条河，两只熊，一说西，一说东，
你一句，我一句，越说越不通。
吵过春夏秋冬，吵到天寒地冻，
吵得忘记冬眠，直到河冰消融。

——《鱼之乐》

茶叶与热水相遇，化作一室蒸汽。
茶汤与杯盏相遇，倒映一团绿意。

——《茶》

郝广才1986年完成了他的第一个绘本故事，至今仍以每年数本的速度创作着。我十分好奇他的秘诀是什么，他有哪些源源不断捕获灵感的不二法门。没想到郝广才这样回答：“当这是一份工作的时候，就不能靠灵感了，因为每天都要有。灵感也有方法。灵感就像打猎，它不是天上掉下来的，打猎需要的是技巧和经验。”

用这些技巧和经验，郝广才不停歇地创造，让华语世界以及全球的孩子在丰富的精神滋养中成长。

插画选自《更少得更多》

注：全文中《茶》（郝广才著，[意]莫妮卡·巴伦戈绘）的图片来源于读库，新星出版社出版。

把中文作品推向世界的出版人

格林出版社一开始就坚定国际化的路线，

到现在合作过接近五百个插画家。

爱阅公益： 您毕业于台湾政治大学法律学系，后来却成了童书出版人、绘本作者、译者。您最开始是怎么接触到绘本，然后投身到这个事业中的？

郝广才： 这是因缘巧合。1985 年我服完兵役后，本来计划去加拿大或美国读法律硕士，我的父母当时在加拿大。我 8 月退伍，打算圣诞节前去加拿大，这中间大概有三个月空当。

因为我以前都没有打过工，就想找个工作，我想工作经验可能对申请学校有帮助。可律师事务所不要短工，签约少说两三年。刚好那时候汉声出版社在招人，他们原来是做民俗文化的杂志，那时候也在做儿童书。三个月以后有个大项目要结束，正好需要短工。

我就这样进去了。到汉声才真正接触到外国的绘本，以美国的为主。这时候才看到原来世界这么大。学法律的人总归有一点儿理想，有一点儿改变社会的期望。当时我就想，人家从小看这么好的书，所以社会比较美好，我们从小看差书，所以社会的发展也不如别人。我就这样栽了进去，开始做绘本。

现在回想当时的决定，其实跟理想无关，还是跟兴趣有关。我从小就喜欢画图，曾立志要做画家。我也喜欢故事。人生有很多偶然和必然，我可能偶然到了汉声出版社，但我必然会走入这个行业。即使我当时真的出国念法律，可能也不会做法律的工作。偶然并不要紧，如果你必然往那个方向去，每一次偶然的机会你都会抓住。

爱阅公益：您去汉声出版社的时候，台湾地区的儿童绘本多吗？是一个什么状态？

郝广才：很少。我们小时候看到的一些都属于翻印，开本和印刷都不如国外的原版。汉声开始引进少量绘本时，书店里都还不卖绘本，因为书店并不想处理绘本这样的种类，大大小小的开本不一样，而且一定要封面朝外摆放才行。一个社会在处理书或者其他货品时，越细致、越复杂，社会的发展程度也就越高。

爱阅公益：您在汉声出版社工作三个月后，是继续在那里工作了吗?

郝广才：对，在那边大概待了两年。然后就到了远流出版社，开始做原创绘本，做台湾的民间故事、童话、风土民俗、台湾历史的漫画等等。在远流做了快四年，后来就自己出来创立了格林出版社。

爱阅公益：当时为什么想自己创立一个出版社?

郝广才：我在汉声和远流待得也挺愉快，老板都很器重我，但是我慢慢地发现，有时候个人的目标会跟团体或者老板的目标不一致。在汉声碰到的问题是，我当时想要做原创绘本，可是老板不相信台湾有好的画家或者能做出规模来，所以我就跑到远流去了。远流当时没有儿童书，老板王荣文先生和总经理詹宏志先生愿意支持我做这件事，我就组织了一群台湾的年轻插画家开始做。

但后来我跟王先生有不一样的看法，我觉得我们可以用国际的插画家来做有国际市场的绘本。台湾只有大概两千万人口，如果只是在这个市场里折腾，能做的事情很有限。同时因为台湾市场小，相对培养出来的插画家也不够。可是，老板很难相信在台湾可以做出国际性的作品，所以我就自己出来做了格林出版社。

格林出版社一开始就坚定国际化的路线，到现在合作过接近五百个插画家，台湾和大陆的加起来也就十人左右，大部分都来自意大利、法国、英国、加拿大、日本等，连俄罗斯和乌克兰的都有。

爱阅公益：为什么一定要用国际的插画家？

郝广才：第一，台湾插画家本身不够。第二，要有国际的市场，就要生产国际性的题材，不能老写自己的故事，《老鼠娶新娘》别人不一定看，做莎士比亚、托尔斯泰可能更容易被接受，使用西方插画家的时候，他们在考据等各方面也可能做得更准确。

能生产国际性的题材，就会有国际的舞台。市场、题材、人才，这三者是铁三角，抓住任何一个都可以。我们就这样做起来了，取得了和一些大师的合作，书卖出了国际版权。这样一来，我们的池子也就大了，不仅仅在池塘里游，还有机会到大海里去。

爱阅公益：国外的插画家为多，但文字的创作者还是以台湾地区的为主？

郝广才：文字是以本地的作者为主。还有很多经典的作品是不用版权的，比如安徒生的童话，莎士比亚、王尔德、海明威等的作品，都可以直接拿来用。文字不像图画，很难做到国际性。

爱阅公益：您说的国际性问题，我们也经常讲原创绘本的国际化和走向世界舞台，纯中国式的故事和绘画也有不少成功输出多国版权的例子。

郝广才：对，单本作品没有问题。马尔克斯写《百年孤独》，他也是以哥伦比亚为蓝本，写偏僻小镇的魔幻现实主义故事。

做出版社就不是这样了，做出版社不能只出一本书，以前我们一年可以出一百二十本书，那就不能只有本地的题材。台湾当时在世界上属于很边陲的地方，那个时候大陆也还没有绘本的市场，所以如果不国际化，我们面对的市场很小。

现在的大陆跟以前不一样了，本身的市场这么大，一本书卖得好，会吸引别的国家也来试试看。

爱阅公益：一开始找外国插画家合作困难吗？

郝广才：比我想象中容易。我们把以前做过的作品寄给这些插画家，告诉他们我们现在想做什么故事，询问他们有没有兴趣合作。运气不错，一开始就有一些有才华的插画家愿意跟我们合作。只要做得好，信用会快速累积，而且信用的累积是呈指数增长的。

爱阅公益：您选择和策划出版书籍时，有哪些标准？

郝广才：先是要找到好的故事，找插画家的时候，在精湛技术的基础上，最重要的是风格是否能搭配故事，以及我们有没有办法运用插画家的风格把故事做得特别。风格越鲜明，作品的能量越大。

爱阅公益：您 1996 年就受邀至“博洛尼亚国际童书展”担任童书插画展的评审，成为该展有史以来第一位，也是最年轻的亚洲评审。能跟我们分享一下这段经历吗？

郝广才：我被邀请做评审，跟格林出版社大量使用了国际插画家有关。博洛尼亚有一个插画展，我们连续六七年都是入选作品最多的出版社。他们觉得我们很特别，这么小的出版社竟然可以使用这么多插画家，所以就请我去做评审。以前没有请亚洲的评审，主要原因是经费比较高。

当时博洛尼亚书展的执行长叫弗朗西斯卡·法拉利（Francesca Ferrari），她现在已经退休了。但打造出来整个博洛尼亚书展，她的功劳最大。她非常注重培养出版家，比如她觉得我的出版社做得不错，就邀请我去做评审，然后把我介绍给其他出版社，这样一来，我们就有机会做成更多生意。大家的生意做得越好，书展也就越成功。博洛尼亚书展做的是联结的工作，插画展也是为了联结插画家和出版社。

当时担任评审的情景我还记得很清楚。1 月份的意大利很冷，早上七点就起来了，八点多到会场。我们的时间很紧，五个评委在三天的时间里要从三千组作品里挑选八十组。这三千组作品来自全世界各地的插画家，来自当年的新书或是未出版的绘本，每组作品里有五幅插画，它们都必须来自同一作品。

爱阅公益：您挑选插画的时候，是以什么标准去挑选的？

郝广才：弗朗西斯卡当时请的大部分评审都是出版社的老板或者总编辑。因为画展的目的是要让画家跟出版社合作，她需要的是出版社和编辑的观点，并不是学院的观点。学院要做的是大胆、创新、前卫，可能不在乎市场。出版社的观点就不一样了，我们要看到市场的需求。当然，并不是说市场上就不需要大胆、创新、前卫。

我们挑作品基本上有一个共识，看一幅画的时候，不是看画得好或者不好，是看它是否能传递最多的讯息。如果画得很好，但不知道在讲什么故事，这就放到一边去了。插画最重要的是传递讯息，它为故事而存在。米开朗琪罗、拉斐尔、达·芬奇都是 illustrator（插画家），他们都在讲故事。

作品挑出来以后肯定比入选名额要多，我们要继续筛选。最重要的考量标准是风格，有时候会有一点点政治考量，比如一位南非和一位美国的插画家水平相当，但只能选一位，就会选南非的，因为南非有这样机会的插画家比较少。

爱阅公益：当我们在欣赏和评价绘本里的插画时，是不是也可以按照这个思路？比如像《菲菲生气了》这种经典，初看并不觉得画得很漂亮，但是能够很好地表现故事。

郝广才：对，看能不能表现故事，看风格特不特别。比如说《好饿的毛毛虫》，它的厉害之处在于不只是插画有风格，它把书变成了玩具。毛毛虫变蝴蝶这么简单的故事，可以做到这么好玩，它就永垂不朽了。

每一个叫得出名字的插画家就是一种风格。

爱阅公益：您觉得绘本插画家应该找到自己的风格，然后在每一本作品里不断延续，还是尝试使用不同的风格去创作不同的作品？

郝广才：应该这么说，画家能找到一种风格就很不容易了。艺术家里像毕加索这么厉害的很少，他可以进入每一种风格，并在每一种风格里做领头羊。其他人一辈子能画出一种风格就不得了了。

我觉得也不用刻意寻找风格，画就对了，慢慢地，你的风格一定会呈现出来，因为我们每一个人都受到不同文化背景和成长环境的影响。但不必刻意说要创造一种风格，这样可能会忽略故事的基本元素。每一本书一种风格当然可以，但这太难了。

像打猎那样用技巧获取灵感

我不想只做一棵树，我想造一座山，甚至一条山脉。

爱阅公益：您自己也是绘本作者，您是从什么时候开始创作的？

郝广才：在我大概二十五岁的时候，汉声出版社的一位同事李汉文是做纸雕艺术的，他做得非常好，他想要参加信谊幼儿文学奖的绘本创作比赛，希望我能帮他写一个故事。我就根据他的风格创作了《起床啦，皇帝》，这是我的第一本书。

从那时候开始，我就一直在创作。我的工作大概是一半时间创作，一半时间做编辑。

爱阅公益：您创作时非常注意文字的押韵和节奏感，作品也有非常鲜明的个人风格。能跟我们聊一聊这方面的思考吗？

郝广才：我第一次读到苏斯博士的书很惊讶，他运用很

注：全文中《巨人与春天》（郝广才文，王家珠图）的图片来源于海燕出版社。

简单的英文单词，大概两三百个词，就能创造非常复杂的韵律，同时还能讲出一个有趣的故事。

我想既然英文可以这样做，中文也可以，只是需要花更多力气。那我就来挑战吧，把珠穆朗玛峰放在面前，我能登上去吗？登上去了，就形成了自己的风格。

有韵律的文字还有一个好处，小朋友听故事之余，也能感受文字韵律的美感和音乐性，这让他们更容易融入文字里。

我一直努力这样做，一本、两本、三本，越做越顺，找到了越来越多的方法帮助我完成音韵的部分。当然，并不是每个人都要这么做，别人不这么做也能写出好作品。

爱阅公益：您的不少作品改编自国外已有的故事，比如《巨人与春天》《小红帽来啦》《皇帝与夜莺》等，您为什么喜欢改编故事？

郝广才：我们当时在台湾以卖套书为主，如果成套卖，这些故事就要有相同的主题或特征，所以我们选了二十个童话来改写。

爱阅公益：改写经典童话有哪些挑战？

郝广才：比如改编自王尔德的《自私的巨人》的绘本《巨人与春天》，我希望用不同的观点也能达到和原作一样的效果。跟王尔德来比试比试，这并不容易，我有可能被巨人

插画选自《巨人与春天》

踩在脚下，但我也有可能踩在巨人的肩膀上。

王尔德的故事里说，自私的巨人不让小朋友来他家的花园里玩，但等外面的世界春暖花开了，他的家中依然冰天雪地。原来，只有分享自己的花园，春天才会来临。王尔德的故事有点惩罚意味。

我换了一个角度，我说如果巨人只是自己一个人拥有春天，而外面的世界冰天雪地，这样他会快乐吗？我想他也不会快乐。人们的幸福快乐必须建立在周围人也幸福快乐的基础上。孩子读《巨人与春天》还有一个好处，他们会发现原来故事是可以改编的，这也可以鼓励他们去做出自己的诠释和改编。

爱阅公益：您改编的童话很多原本并非绘本故事，改编成图文结合的绘本形式，在文字创作上，需要有哪些不同的思考？

郝广才：做绘本跟只写故事不一样，做绘本就要想到画面。我们把故事写出来后交给画家去画，等画家画完了，我们会把故事重写一次，已经画出来的东西我们会删掉。

爱阅公益：您之前改编很多外国童话，但我看这几年您主要的关注是在中国传统文化上？

郝广才：对，我们现在正在改编中国的童话。比如说很快要出的《老鼠娶新娘》，我们不会只把故事做出来，我们会设计成老鼠村长举行比武招亲，但比的是做菜的功夫，煎煮炒炸样样都有，等于《舌尖上的中国》童话版。老鼠娶了新娘以后还要请客，请客的时候就有四冷盘、四大碗、四大碟、四热炒等等。透过《老鼠娶新娘》这样一个童话，孩子不只读了故事，还了解了结婚的习俗和中国菜的概念。

现在的改编跟之前《巨人与春天》的改编不同之处在于，之前改的是内容，用不同的角度说故事，现在是把文化放到童话里。

爱阅公益：您也改编了不少类似《论语》《庄子》这样的经典，把它们变成了孩子更能理解的故事。想请您聊一聊改编的过程和思考。

郝广才：我们从小让小朋友背《论语》，但他们并不懂其中的道理。现在我们把《论语》变成《伊索寓言》的故事，比如鹤跟狐狸的故事，动物换上中国古代的服装，这样他们就懂了。通过故事来讲道理，将来孩子们读经典的时候就没那么痛苦。

再比如我们的绘本《鱼儿水中游》是把《庄子》里的道理集合在一起讲。而《熊梦蝶·蝶梦熊》讲的是庄周梦蝶的故事，在原本故事的基础上，我们还做了更多的延展。

爱阅公益：我看您有不少绘本是跟 2018 年国际安徒生奖获奖者欧尼可夫（Oleinikov）合作的。

插画选自《鱼儿水中游》

注：全文中《鱼儿水中游》（郝广才著，［意］朱里安诺绘）的图片来源于读库，新星出版社出版。

郝广才：我们已经合作好多年了。有意思的是，在他获奖的前两三年，他已经慢慢不画童书了，他想做一些小说的插画，结果后来就得奖了。

欧尼可夫有一个很妙的地方，他能把中国的古代服饰和环境画得很可爱。有些外国人画古代的中国，就会把中国人的眼睛画得细细的，再加上两撇胡子。欧尼可夫没有这个问题，他能够画得很可爱、生动。一直以来，中国人都不太会画可爱风的东西。

插画选自《鱼儿水中游》

爱阅公益：欧尼可夫画中国是需要自己去查找资料做研究吗？

郝广才：这很大一部分是编辑的工作。我们会给他一个固定的时空，因为中国不同朝代的服饰完全不一样，比如说《夫子说》是在春秋时期，然后我们会给他很多资料。

爱阅公益：我看到您还写了一个“中国基因”系列，涉及茶、瓷器、豆腐、陀螺等很有中国特色和传统文化的东西。

郝广才：中国文化有很多非常特别的东西，比如瓷器和茶，以前只有中国人才有这些东西。它们背后都有很深的底

插画选自《熊梦蝶 · 蝶梦熊》

注：全文中《熊梦蝶 · 蝶梦熊》（郝广才文，［俄］欧尼可夫图）的图片来源于读库，新星出版社出版。

蕴。作为中国人，我们应该要对瓷器有些了解，可是大部分人只会用，完全不知道怎么做。久而久之，我们对这个东西没有了感情，也就没办法讲究。我们是 Chinese，却不懂 china，这不应该。

在日本专门出产茶叶的宇治，小学有一种特别的课程，就是喝茶。小朋友从小就要在学校喝茶，不同品种的绿茶一喝就能喝得出来。这么做并不是让全宇治的人都做茶叶，而是在于如果这里的人对茶叶没有感情，文化就传不下去，这份执着也传不下去。

我想我们可以把中国特有的文化做成故事，让孩子很小的时候就接触，这样他们才有雅趣。我们这些故事里通常都有亲情，让文化变成了生活的一部分，文化和亲情合在一起就是传承。

中国的文化我们自己不做，外国人不会帮我们做。如果等到有一天，外国人真的来做，我们就失去了自己诠释的机会。比如说《功夫熊猫》或者迪士尼的《花木兰》，它们已经非常深入人心，我们之后去做相同的主题，都容易跟着这个基调走。我不是说好或者不好，但我们一定希望能

注：全文中《夫子说》（郝广才著，[俄]欧尼可夫绘）的图片来源于读库，新星出版社出版。

插画选自《夫子说》

多一些自己的基调。

爱阅公益：不论是改编还是自己创作，感觉您喜欢写有一定教育意义、人生思考的故事。

郝广才：我们写作都是想要传递某些概念，我们有话要说，才会想写东西，如果无话可说，就不会写了。

爱阅公益：刚才您提到，小时候很喜欢画画，还曾立志要当画家，为什么您只是写文字，没有自己画插画？

郝广才：我当时也很努力想画图，后来发现我贪多，我不想只做一棵树，我想造一座山，甚至一条山脉，而自己画就太慢了，我需要和别人合作，来成就山脉。也有可能我画得不够好，如果我一画就成功了，我可能也不用去想其他的事情了。

爱阅公益：您既是出版人，也是很优秀的作家，而且还特别高产。您的灵感一般来自哪里？

郝广才：当这是一份工作的时候，就不能等灵感自己来了，因为每天都要有。捕捉灵感也有方法，就像打猎，猎物不是天上掉下来的，打猎需要的是技巧和经验。

爱阅公益：猎到灵感有什么方法？

郝广才：那太多了，我写过一本书叫《写作教练在你家》。里面有一半是讲写作技巧，还有一半是在讲灵感。书里有很多练习，比如说让孩子把故事倒过来说，把故事放在不同地点说，等等。这些故事游戏，就是找到灵感的方法。

爱阅公益：您自己的作品也跟全世界的插画家合作，您是如何选择插画家的？

郝广才：第一是看谁的风格最能诠释故事，第二是插画家得刚好有空，这就跟挑演员一样。

爱阅公益：我看您好像跟欧洲的插画家合作比较多，跟美国的很少合作。

注：全文中《写作教练在你家》（郝广才著）的图片来源于读库，新星出版社出版。

郝广才：对，因为美国市场非常大，对插画家而言，最重要的是跟美国出版社合作，到了美国，就站上了世界的顶峰，所以美国插画家当然优先跟本地出版社合作。很多最好的欧洲插画家，他们最大的市场也是在美国。比如画《铁丝网上的小花》的意大利插画家罗伯特·英诺森提（Roberto Innocenti），他所有的书都是先在美国出，然后再卖回给意大利的出版社。

好绘本到底如何好

我写这本书，以及出版一本又一本书，
都是希望孩子有结构性的思考。

爱阅公益：想要更好地了解绘本，您写的《好绘本如何好》可以说是必读书目之一了。十几年前您写这本书的初衷是什么？

郝广才：绘本慢慢流行起来后，很多绘本专家就冒出来了，介绍绘本的书也多，可是我发现大部分的书讲不到重点。他们都在讲书的“意义”，却从不谈“技艺”，也不说书到底怎么好，是怎样让孩子喜欢的，他们找不到通则。

所以我想把自己的经验分享出来，这样可以帮助插画家、编辑和家长。当家长知道书是怎么做的，就会知道应该怎么讲给孩子听。

爱阅公益：好绘本很多，书里面介绍的这些绘本，您是

注：全文中《好绘本如何好》（郝广才著）的图片来源于读库，新星出版社出版。

如何选择的？

郝广才：我看了这么多绘本，发现它们大概都有几个原理，然后我会选择最能够体现这些原理的绘本，用它们做范例。有一些书会牵扯到版权的问题，别人不给我用，那我就得换一本。原理用很多绘本都能阐释，但有些绘本是奠定这个原理的，那就要特别介绍了。

伟大的艺术家并不仅仅是作品创作得好而已，而是开创了一种新的风格。这就是为什么贝多芬比莫扎特伟大。巴哈奠定了很多伟大的规则，莫扎特把巴哈的规则运用得特别漂亮，而贝多芬突破了巴哈的规则。

爱阅公益：从这本书里，还能看出您很强调结构，而绘本作为有结构的一组图画，对建立孩子思考的结构至关重要。

郝广才：让孩子阅读，或者让他们学习任何东西，一定要让他们学会结构。学习结构最好的方法，就是通过阅读最好的作品，来理解结构的美和奥妙。

比如说读诗不应该只是背而已，里面的平平仄仄平平仄，也应该教给孩子。心中没有结构，学习学得很费力，学得一塌糊涂。我写这本书，以及出版一本又一本书，都是希望孩子有结构性的思考。

爱阅公益：如果让您用简单几句话去描述什么样的绘本

是好绘本，您会怎么描述？

郝广才：好的书有点像鼎泰丰的包子，没有吃的时候会想起来，每次吃的时候都觉得很好吃。好的绘本就是这样子，没读的时候会想起来，每次读都很感动。

爱阅公益：您也经常来大陆参加活动，进行绘本的推广。您如何评价现在大陆绘本出版行业的状态？有哪些需要注意的吗？

郝广才：也谈不上有什么需要注意的。像大陆这么大的市场，世界上找不到第二个，而且未来发展的空间还很大。

在大陆，现在听到很多人说会不会引进的绘本太多，我觉得不会，市场这么大，本来就应该出这么多书。为什么现在感觉很多？可能是因为以前出得太少了。有人问引进绘本会不会压缩原创的空间，我认为不会，因为空间这么大。我不相信大陆的出版社都没志气，引进外来书就不出本土的，他们一定会想做出自己的东西来。

有人说有些并不好的书也引进来了，那是那个出版社没眼光，不是故意要出一本差书。过一段时间，质量差的书就会被市场淘汰。应该让每一个出版社去经历市场的考验，这样才能筛选出真正好的作品，顶尖的人才会冒出来。

像球类教练一样教写作

没有创造，就只是巨婴。

爱阅公益：之前了解到您每个星期教六个八岁的小朋友写作，现在还是这样吗？

郝广才：现在没有了，但我教了四年。当时找了几个小朋友来试验我的写作方法，四年做下来差不多成功了，就停下来做别的事情。

爱阅公益：《写作教练在你家》这本书算是您教小朋友写作的经验结集吗？

郝广才：不只是教小朋友的经验结集，也是我自己写作的经验结集。

我写这本书的目标是希望一个本来不喜欢写作的小孩，读了以后或许开窍了，在学校得到了好成绩和很多的鼓励，人生因此有了改变。我收到很多小读者给我的反馈，他们有的以前作文从没得过满分，读了我的书后得到了；而且他们用的不是传统的方法，而是好玩有趣的方法，生活也变得更有乐趣了。

爱阅公益：您把自己称为“教练”而不是“老师”，也是有特别意义的，对吧？

郝广才：在现在的教育之下，老师的工作是让每个人都一样。每个人都要语文一百分，数学一百分，英文一百分，品行要良好，体能也要好，等等。而教练不同，他们只管专长。

有人说离婚律师会看到人性最恶的一面，刑事律师会看到人性最好的一面，因为哪怕是杀人犯，刑事律师也要找到他们可贵的地方，而离婚律师则要把对方说得一无是处。起点不同，终点也不同，过程也会不同。

教练选人来打篮球，不会告诉你篮球要会打，足球要会踢，棒球也要会打。教练会让适合的人打前锋，适合的人打后卫，不会说你个子矮，你来打前锋或者中锋吧，因为这不适合。

我想用这个态度来提醒自己，也提醒家长。我希望写作能够像球类运动一样变成一种 play，是一个玩的过程。在游戏中学习，学得不苦，还能学得更好。

爱阅公益：您还很强调学习写作是一种学习思考的过程。

您写道：“写作的能力代表思考的范围，思考的界限等于是人生的极限。”

郝广才：阅读和写作都是人生的范围。读的书越多，人生思考的范围越大。而写作是整理思考，然后创作出来，创作的过程也是思考的过程。这些就是一个人的范围了。爱读书、爱写作的人，他们的人生更丰富，因为他们的思考更多。

爱阅公益：带着“学习写作也是学习思考的过程”这种观念去教孩子，和很多其他语文老师的教法会有什么不同？

郝广才：差别在于一般老师希望孩子变成别人的样子。你能变成李白、杜甫或朱自清就好了。我不是，我要他们超越朱自清，超越李白、杜甫，我要让他们创造。我们学校的问题是，因为要学的东西很多，学会就好，没有时间让学生创造。可是我们让孩子学习，或者我们自己学习，是为了创造。萧伯纳认为，生命的意义不在于寻找自我，而在于创造自我。没有创造，就只是巨婴。

我们的学校还有一个问题，学生只学会了回答问题，从来没有学会问问题。如果没有问问题的能力，就没有创造的能力，所有有创造力的人都是会提出问题的人。在爱因斯坦看来，如果给他一个小时解决问题，他会花五十五分钟想问题。

我教学生写作就是这样，让他们先想我有什么问题，有哪几个问题要解决，这些问题要怎么解决，有什么基本的模式和方法，用同样的模式和方法能不能去解决别的问题，等等。掌握了规则以后，就可以应对不同的变化。这种教法前面可能比较花时间，但当孩子掌握原理后，他们的写作就更轻松自如了。

爱阅公益：绘本有关儿童阅读，而儿童阅读又是教育的一部分。您在 TED 大会的演讲“激发孩子的潜能，给他们最大的翅膀”流传甚广，我看了后也深受感动。我们一直在说教育里的问题，但教育改革又是最困难的。您觉得有哪些方式能让我们的教育给予孩子“最大的翅膀”？

郝广才：我觉得大家都把教育想得太大了。一说到教育，就是几亿中国孩子……这么一想，就有心无力了。但如果你的教育目标只是一个孩子，这样一想，目标就容易了。

可能很多人会说学校的体制有问题，社会的因素不让我改变等，那我们就改变自己能改变的部分，其他的先不管。只会抱怨大环境的人，就是不愿意负责的人。愿意负责任的人，才对社会有贡献。不要总是说教育环境没办法改变，你手上的二十个学生，你自己的孩子，把他们教好就成功了。

写作就是最容易改变的部分，既能改变孩子的思考，开阔他们的视野，还可以帮助考试。有些家长和教育工作者担心孩子读小说会耽误学习，我想一个孩子如果读得懂《红楼梦》，他的中文成绩不会差。一个孩子喜欢爱因斯坦的传记，他怎么可能数学学得一塌糊涂？如果他喜欢爱因斯坦的传记，但是不喜欢数学课，那一定是数学老师太差。

我们一直在说希望教育可以自由开放，但是我们没有教老师能够让孩子心灵自由开放的方法。我们现在说不能体罚学生，这没有错，但我们要教老师怎样不体罚孩子也能够维持秩序。有的父母不打骂小孩一样教得好，有的父母又打又骂，孩子依然教不好。这些都是有方法的。教育工作者和家长还要知道，我们要教育孩子，自己也要成长，因为世界在变，有很多东西是我们以前不知道的。

爱阅公益：演讲里我看您还提到一种阅读机，家长可以自己在机器里录故事让孩子听，这一定程度上解决了家长没时间的问题，但您是否担心这样的机器会让家长变得更懒惰？

郝广才：不会。因为会看我演讲的人，买格林出版社的书的人，自己把故事录到机器里的人，都是关心孩子的人，不是懒惰的人。他们不会因为录了故事，就不陪孩子。

机器里也有专业主播讲的故事，因为小朋友需要听到专业的声音。但除了专业的声音，孩子也需要爱，需要他们熟悉的声音，而且根据我们的经验，孩子一定会先听父母录的。父母现在不可能时时刻刻陪在孩子身边，用这种方式多一些陪伴也是好的。家长发现孩子每次听故事都先听他们的，还会受到鼓励，花更多时间为孩子讲故事。

爱阅公益：爱阅公益基金会是一家专注儿童阅读的公益机构，您觉得我们，以及其他类似的公益机构，有哪些可以去努力的方向？

郝广才：阅读这件事情，要把它看作跟打疫苗同等重要。

做阅读推广可以多把力气放在婴幼儿身上，并且和医疗结合。这样一来，父母的观念就会改变，不再认为阅读是风花雪月，是吃饱以后才想的事。人生的成长和学习不是从幼儿园或者小学开始的，孩子人生最重要的成长导师是他们的父母，父母们把孩子零到六岁的事情做好，后面的事情就好解决了。

零到六岁是孩子大脑成长的关键时期。零到两岁的时候，大脑每秒生长大约一百万个神经元连接。通过外部刺激，才能促进连接建立。超过百分之八十的大脑功能在三岁之前形成。如果关键时期的阅读不够，孩子就失去了成长最快的黄金时间。美国曾有研究发现，不同收入阶层的家庭的孩子到四岁时，接收的词汇差距就达到了三千万之多。

我们需要教导父母怎么帮婴幼儿阅读，比如读到动物的时候，我们可以模仿动物的声音，鸡来了就是“咯咯咯”，羊来了就是“咩咩咩”。这些东西在原来的故事里可能不会写，但家长可以加进去。

跟孩子互动也很重要。我们可以问孩子“狼在哪里呀”“猪跑到哪里去了”“如果你是乌龟，看到兔子睡着了，你是爬过去，还是叫醒他”等等。在阅读的过程中，让孩子学会想问题，学会问问题。

采访时间：2020 年 2 月 13 日，2 月 17 日

附 录

爱阅童书 100

“爱阅童书 100”书目每年汇集整理首次在国内出版的童书，由儿童文学、儿童教育、儿童阅读研究、儿童心理、少儿科普、美术等专业领域内专家组成评委会，以公正、科学、专业的标准评选出当年适合 6—12 岁儿童阅读的 100 本优秀童书，为学校、社区、公益组织、家庭提供高品质图书的专业选择。

准确丰富的新书数据、专业科学的书单结构、严谨的评选机制、通读全书后的专家评荐，是决定“爱阅童书 100”书目品质的四个关键因素。为了让小学阶段的阅读更全面系统，爱阅公益基金会对书单结构做了专业科学的设计，并遵循四大研制理念筛选好书：既关注作品的价值观，也强调多元思考；既尊重孩子的兴趣，也强调书目的引导性；既关注作品的趣味性，也关注作品的思想性；既凸显本民族的文化传统，也强调国际视野。

2018年度“爱阅童书100”书目入选图书来自2018年1月1日至2018年12月31日首次在国内出版的新书。由项目组委会分四个季度梳理筛选适合6—12岁儿童阅读的新书数据；专家评委会按照一定的结构、比例初步确定四个季度的入选图书；终评委员会每个季度在通读全书的基础上确定当季入选童书；最后经过激烈的现场辩论，终评委员会从四个季度的入选童书中评选出100册优秀童书。为了让教育工作者和家长开阔视野，了解前沿的教育思想，还会评选出10本教育类图书。

此次入选图书中，包含低年级（一、二年级）适读图书33本、中年级（三、四年级）适读图书36本、高年级（五、六年级）适读图书31本。文学、人文、科普的童书数量占比分别是63%、20%、17%；入选图书涵盖中国、美国、英国、法国、日本等18个国家的出版物，其中中国原创图书占比35%，入选图书出版社共计45家。

2018 年度“爱阅童书 100”书目入选图书

书名	出版社	作者	译者	分类	年级
动物大数据	新星出版社	[美] 史蒂夫·詹金斯 / 著	曾　菡	科普	低年级
脚下的世界	陕西人民教育出版社	[英] 夏洛特·吉兰 / 文 [以] 尤瓦·左墨 / 图	唐小玉	科普	低年级
了不起的大脑：孩子一看就懂的人体科普	安徽科学技术出版社	[日] 川岛隆太 / 编著	李文欢	科普	低年级
摩天轮	北京科学技术出版社	[日] 福井优子 / 著 [日] 镰田美佳 / 绘	肖　潇	科普	低年级
一座岛的 600 万年	长江少年儿童出版社	[美] 陈振盼 / 著绘	何　锴	科普	低年级
大自然的一年	北京联合出版公司	[英] 海伦·阿普恩斯瑞 / 著	李遥岑	人文	低年级
我们的家：世界建筑发现绘本	电子工业出版社	[意] 卡特莉娜·拉萨尔第 / 著 [意] 西尔维娅·茅里 / 绘	王筱青	人文	低年级
儿童历史百科绘本：我们怎样走遍世界	人民邮电出版社	巴娜娜 张帅军 赵菁 / 文 赵梦雅 / 图		人文	低年级
丝路寻蝶	新疆青少年出版社	[法] 伊莎贝尔·辛姆莱尔 / 绘著	赵佼佼	人文	低年级
小鸡一世的冒险：我是谁?	江苏凤凰美术出版社	[法] 埃里克·施密特 / 著 [比] 嘉睿 / 绘	张雯琴	人文	低年级
最黑的黑暗	二十一世纪出版社	[加] 克里斯·哈德菲尔德 / 著 [美] 范氏兄弟 / 绘	黄伟芬	人文	低年级
别让太阳掉下来	中国和平出版社	郭振媛 / 文　朱成梁 / 图		文学	低年级
步步蛙很爱跳	北京联合出版公司	林小杯 / 文图		文学	低年级
地球的笔记	广西师范大学出版社	林世仁 / 著　唐唐 / 绘		文学	低年级

年级	分类	译者	作者	出版社	书名
低年级	文学	陈滢如	[日] 花田鸠子 / 文	北京联合出版公司	对不起，我不是故意的
			[日] 福田岩绪 / 图		
低年级	文学		格日勒其木格・黑鹤 / 著　九儿 / 绘	接力出版社	鄂温克的驼鹿
低年级	文学		程玮 / 著	浙江少年儿童出版社	海龟老师 4：带弓箭的小孩子
低年级	文学	柳　漾	[美]D.B. 约翰逊 / 著绘	广西师范大学出版社	亨利徒步去菲奇堡
低年级	文学	阿　甲	[美] 杨志成 / 著绘	中信出版集团	饥饿山的猫
低年级	文学		金炬　吴敬 / 编绘	四川少年儿童出版社	金鸟
低年级	文学	杨玲玲	[美] 麦克・巴内特 / 文	明天出版社	狼、鸭子和老鼠
		彭　懿	[加] 乔恩・克拉森 / 图		
低年级	文学		向华 / 文	二十一世纪出版社	狼来了，人来了
			万昱汐　[德] 昆特・国斯浩里兹 / 图		
低年级	文学	王志庚	[美] 希瑟・亨森 / 著	广西师范大学出版社	马背上的女图书馆员
			[美] 戴维・斯莫尔 / 绘		
低年级	文学	王　林	[美] 艾诺・洛贝尔 / 文图	明天出版社	明锣移山
低年级	文学	王晓刚	[英]大卫・阿尔蒙德/著	新蕾出版社	男孩向前冲
			[英]萨尔瓦多・卢比诺/绘		
低年级	文学		孙莉莉 / 文　谷米 / 图	新世纪出版社	生蛋快乐
低年级	文学		李星明 / 文图	连环画出版社	水獭先生的新邻居
低年级	文学	魏　舒	[法] 克洛德・旁帝 / 著绘	浙江少年儿童出版社	我的山谷
低年级	文学	阿　甲	[荷] 马克・杨森 / 文图	北京联合出版公司	小岛
低年级	文学		袁晓峰 / 著　赵晓音 / 绘	中国少年儿童出版社	小老鼠又上灯台喽

书名	出版社	作者	译者	分类	年级
一颗子弹的飞行	中国少年儿童出版社	白冰 / 著　刘振君 / 绘		文学	低年级
有呀有呀书店	中信出版集团	[日] 吉竹伸介 / 著绘	任青云	文学	低年级
自由的线	郑州大学出版社	[巴西] 小克莱顿 / 著	青豆童书馆 七月	文学	低年级
$88\frac{1}{2}$ 科学实验挑战书	电子工业出版社	[英] 尼克・阿诺德 / 著	王燕平	科普	中年级
奥拉学编程	中信出版集团	[加] 科曼・辛格 / 著 [土耳其] 伊佩克・科纳克 / 绘	梅　静	科普	中年级
当成语遇到科学	广西师范大学出版社	史军 / 主编　临渊 杨婴 / 著		科普	中年级
红唇美猴传奇	中国少年儿童出版社	赵序茅 李明 / 著		科普	中年级
如何制作一个哥哥：探索人体结构与运转的秘密	浙江教育出版社	[法] 安纳斯・芙吉拉 / 著	曹　杨	科普	中年级
寿命图鉴：从生物至宇宙，汇集万物的生命图鉴	新世纪出版社	[日] 伊吕波株式会社 / 著 [日] 山口香绪里 / 绘	颜　翠	科普	中年级
为什么香蕉是弯的：给好奇孩子的故事书	天津科技翻译出版有限公司	[德] 佩特拉 – 玛丽亚・施密特 [德] 克里斯蒂安・德雷勒 / 著 [德] 海克・福格尔 / 绘	褚　静	科普	中年级
用两万年修厕所	新蕾出版社	光诸 / 著　光诸 夏小茶 / 绘		科普	中年级
无所畏惧：影响世界历史的50位女科学家	接力出版社	[美] 瑞秋・伊格诺托夫斯基 / 著	小　庄	科普	中年级
汴京的一天	北京联合出版公司	[宋] 张择端 / 绘　曾孜荣 / 编著		人文	中年级
菜市 夜市	北京联合出版公司	张哲铭 / 著绘		人文	中年级

年级	分类	译者	作者	出版社	书名
中年级	人文	吴　琼	[美] 罗伯特·伯德/著	新星出版社	富兰克林：人间盗火者
中年级	人文	王　扬	[美] 梅丽莎·斯威特/著绘	广西师范大学出版社	了不起的作家：怀特的故事
中年级	人文	佟　画	[比] 克拉斯·菲尔普朗克/著绘	辽宁少年儿童出版社	马格里特的苹果
中年级	人文	王志庚	[乌拉圭] 何塞·穆希卡/口述 [日] 草场 YOSHIMI/ 编著 [日] 中川学/绘	光明日报出版社	全世界最穷的总统爷爷来演讲!
中年级	人文	袁筱一	[法] 奥斯卡·伯瑞尼弗/文 [法] 雅克·德普雷/图	长江少年儿童出版社	与众不同的人
中年级	人文	佟　画	[美] 马修·奥尔尚/著 [美] 苏菲·布莱科尔/绘	中信出版集团	云端旅行：人类第一次气球跨国飞行
中年级	文学		幾米/著	九州出版社	不爱读书不是你的错
中年级	文学		安培/著	江苏凤凰少年儿童出版社	当害怕来敲门
中年级	文学		张菱儿/著　赵光宇/绘	朝华出版社	福星歪照小笨仙儿
中年级	文学	邓雪球	[英] 特德·休斯/著 [英] 乔治·亚当森/绘	北京联合出版公司	很久很久以前
中年级	文学	沈念驹	[俄罗斯] 伊戈尔·欧尼科夫/著	云南科学技术出版社	狐狸和兔子
中年级	文学	任　真	[法] 菲利普·勒歇梅尔/著 [法] 黛尔芬·裴莱/绘	光明日报出版社	会写信的荷兰猪
中年级	文学	印姗姗	[美] 克里斯·范·奥尔斯伯格/著	新星出版社	驾驶西风号的少年
中年级	文学		梅子涵/著　贵图子/绘	北京少年儿童出版社	蓝马和苍鹰
中年级	文学	刘清彦	[冰] 安德里·斯奈·德纳森/著	贵州人民出版社	蓝色星星的孩子国

书名	出版社	作者	译者	分类	年级
		[冰]奥丝拉格·琼斯多特尔/绘			
狼的故事	外语教学与研究出版社	[美]威廉·麦克利里/著	张淮海	文学	中年级
		[美]沃伦·查普尔/绘			
那一年，叶子没有落下来	外语教学与研究出版社	[意]葆拉·马斯特罗科拉/著绘	娄翼俊	文学	中年级
			刘　蕾		
拳击少女	浙江少年儿童出版社	[法]雷米·古琼/著绘	张　昕	文学	中年级
我的狼兄弟	山东教育出版社	[比]瓦力·德·邓肯/文	王奕瑶	文学	中年级
		[比]安妮·维斯特文/图	张雯　审译		
我给爸爸当保镖	漓江出版社	[俄]米哈伊尔·巴拉诺夫斯基/著	闫兰兰	文学	中年级
夏天守则	连环画出版社	[澳]陈志勇/文图	常　立	文学	中年级
想变成人的猫	天津人民出版社	[美]劳埃德·亚历山大/著	胡　彬	文学	中年级
小船长全集	人民文学出版社	[荷]保罗·比格尔/著	蒋佳惠	文学	中年级
		[荷]卡尔·霍伦德/绘			
小狐狸奇遇记	北京少年儿童出版社	[乌克兰]玛丽安娜·克尼亚泽维奇/著	[俄罗斯]平乐夫	文学	中年级
		[乌克兰]伊万·苏里马/绘			
远山牛铃声	江苏凤凰少年儿童出版社	李如青/著		文学	中年级
给孩子的环保生态小百科	陕西人民出版社	[法]德尔芬·葛林宝/著	潘　蕾	科普	高年级
快来帮帮我，我们要做实验了！	北京联合出版公司	[法]埃莱娜·潘斯　[法]罗贝尔·潘斯/著	时　征	科普	高年级
		[法]吉勒·麦格诺　[法]迪图瓦纳/绘			
小小工程师	湖南少年儿童出版社	[加]香农·亨特/著	张　维	科普	高年级
		[加]詹姆斯·汉考克/绘			

年级	分类	译者	作者	出版社	书名
高年级	人文	李树波	[美]J. 帕特里克 · 刘易斯 / 著	新星出版社	被窃的微笑
			[美] 加里 · 凯利 / 绘		
高年级	人文	梅思繁	[美] 格雷格 · 皮佐利 / 著	天津人民美术出版社	骗子维克
高年级	人文		曾孜荣 / 主编　时光 / 著	中信出版集团	神仙中人赵孟頫
高年级	人文		格日勒其木格 · 黑鹤 / 著	天天出版社	我的原始森林笔记
高年级	人文		邹凡凡 / 著　王可 / 绘	江苏凤凰少年儿童出版社	写给孩子的名人传：巴赫与超级演奏会
高年级	人文	林馨怡	[法] 菲利普 · 纳斯曼 / 著	新星出版社	艺术 × 科学
高年级	文学	赵文伟	[智利] 玛塞拉 · 帕斯 / 著　方卫平 / 主编	安徽少年儿童出版社	巴贝路乔不做"熊孩子"
高年级	文学		彭素华 / 著	浙江大学出版社	穿越时空的告别
高年级	文学	赖庭筠	[日] 重松清 / 著　[日] 塚本靖 / 绘	接力出版社	吹口哨的孩子王
高年级	文学		赵菱 / 著	江苏凤凰少年儿童出版社	大水
高年级	文学		薛涛 / 著	接力出版社	孤单的少校
高年级	文学		叶广芩 / 著	北京少年儿童出版社	耗子大爷起晚了
高年级	文学	张　昕	[丹麦] 约恩 · 里尔 / 著	外语教学与研究出版社	极地少年传奇
			[法] 克里斯特尔 · 埃斯皮耶 / 绘		
高年级	文学	曹雷雨	[美] 丹 · 格迈因哈特 / 著	广西师范大学出版社	马克的完美计划
			黄雅玲 / 绘		
高年级	文学		陈帅 / 著	天天出版社	莫里
高年级	文学		常新港 / 著	天天出版社	尼克代表我
高年级	文学	孙　妮	[美] 艾非 / 著	北京联合出版公司	亲爱的爸爸

书　名	出版社	作者	译者	分类	年级
人鱼女孩	北京联合出版公司	[美]唐娜·乔·纳波利/文	江建利	文学	高年级
		[美]大卫·威斯纳/图	徐德荣		
莎莎的石头	北京联合出版公司	[美]艾伦·贝克尔/著		文学	高年级
隧道的森林	长江少年儿童出版社	[日]角野荣子/著	魏　雯	文学	高年级
		[日]大庭贤哉/绘			
逃离巴斯特谷仓	北京联合出版公司	[美]丽贝卡·邦德/著绘	马爱农	文学	高年级
提灯的天使	新蕾出版社	[美]凯特·迪卡米洛/著	高雪莲	文学	高年级
我的湾是大海	青岛出版社	张吉宙/著		文学	高年级
我的克莱曼汀号	明天出版社	[美]艾米·诺弗斯基/文	赵　霞	文学	高年级
		[意]罗伯特·英诺森提/图			
午夜动物园	北京少年儿童出版社	[澳]索尼娅·哈特奈特/著	叶　硕	文学	高年级
			谭　静		
萤火谷的梦想家	长江少年儿童出版社	[美]艾莉森·麦吉/著	马爱农	文学	高年级
		[美]克里斯托弗·丹尼斯/绘			
鱼骨之歌	北京联合出版公司	[美]加里·保尔森/著	刘　颖	文学	高年级
正阳门下	天天出版社	史雷/著		文学	高年级

译者	作者	出版社	书名
杨雨辰	[日]森川阳太郎/著	北京联合出版公司	如何培养不怯场的孩子
肖芬	[英]罗博·普莱文/著	中国青年出版社	提升学生小组合作学习的56个策略
刘静 高婧娴	[美]珍妮佛·塞拉瓦洛/著	北京科学技术出版社	美国学生阅读技能训练
	成尚荣/著	华东师范大学出版社	儿童立场
赵琴	[美]温迪·L.奥斯特罗夫/著	中国轻工业出版社	理解0—12岁儿童的学习——应用儿童发展科学的教学策略
	郝广才/著	新星出版社	写作教练在你家
	于永正/著　于然/编	上海教育出版社	我的教育故事
	刘绪源/著	广西师范大学出版社	文心雕虎全编
黄程雅淑	[美]詹姆斯·M.朗/著	中国青年出版社	如何设计教学细节
周姚萍	[西]蒙瑟拉·沙尔朵/著	北京联合出版公司	读书会的75个阅读作战法

图书在版编目（CIP）数据

寻找童书的真生命：世界童书创作者访谈录. 2 / 王欣婷著. — 南宁：接力出版社，2022.11

ISBN 978-7-5448-7958-3

Ⅰ.①寻… Ⅱ.①王… Ⅲ.①儿童文学－作家－访问记－世界－现代 Ⅳ.① K815.6

中国版本图书馆CIP数据核字（2022）第194910号

责任编辑：李雅宁　　文字编辑：肖　贵　　装帧设计：王　悦
责任校对：王　蒙　　责任监印：刘　冬
社长：黄　俭　　总编辑：白　冰
出版发行：接力出版社　　社址：广西南宁市园湖南路9号　　邮编：530022
电话：010-65546561（发行部）　　传真：010-65545210（发行部）
网址：http://www.jielibj.com　　E-mail：jieli@jielibook.com
经销：新华书店　　印制：北京利丰雅高长城印刷有限公司
开本：710毫米×1000毫米　1/16　　印张：28.5　　字数：280千字
版次：2022年11月第1版　　印次：2022年11月第1次印刷
定价：98.00元